第五届中国农村发展研究奖获奖作品文集

农村发展研究专项基金管理委员会　编

中国财政经济出版社

图书在版编目（CIP）数据

第五届中国农村发展研究奖获奖作品文集／农村发展研究专项基金管理委员会编．—北京：中国财政经济出版社，2012.7

ISBN 978－7－5095－3757－2

Ⅰ.①第…　Ⅱ.①农…　Ⅲ.①农村经济发展－中国－文集　Ⅳ.①F32－53

中国版本图书馆 CIP 数据核字（2012）第 139413 号

责任编辑：林治滨　张立宪　　　责任校对：一　鸣
封面设计：海　东　　　版式设计：一　鸣

中国财政经济出版社出版

URL：http：//www.cfeph.cn

E－mail：cfeph@cfeph.cn

社址：北京市海淀区阜成路甲 28 号　邮政编码：100036

发行处电话：88190406　财经书店电话：64033436

北京富生印刷厂印刷　各地新华书店经销

787×960 毫米　16 开　18.75 印张　240 000 字

2012 年 7 月第 1 版　2012 年 7 月北京第 1 次印刷

定价：35.00 元

ISBN 978－7－5095－3757－2/F·3077

（图书出现印装问题，本社负责调换）

农村发展研究专项基金
第五届中国农村发展研究奖
专家评审委员会名单

序

改革开放是决定中国前途命运的正确抉择，永无止境。20年前邓小平同志的南方谈话，既是对之前改革发展、对外开放实践经验的深刻总结，也对之后的改革开放事业发挥了巨大的指导作用、产生了强大的推动力量，意义重大。

农村改革步入深水攻坚区，务必深度谋划。财产权利保护，民主权利保障，既得利益调整，公共难题破解……无不具有内在性、综合性、根本性，涉及广、难度高、风险大。深化农村改革的顶层设计，既要从整体上建立有利改革推进的综合协调机制，设计符合发展要求的运行体制机制，更要充分考虑千差万别的基层条件，深入研究各类主体的多元需求，以基层探索创新实践为基础。

农村发展进入关键转型期，需要协调推进。市场取向的农村改革，使农业农村发展成就斐然，但产业结构升级不够、区域协调发展不顺、资源环境保护不力、社会管理能力不强等不协调问题突出。要保障粮食安全，又要发展高效农业；要提高资源利用效率，又要保护环境、治理污染；要满足农村农民多样化需求，又要保障社会管理有序有效……增强协调性成为农村发展重点。

农村改革发展跃进新时代，亟待科技支撑。“三化同步”新时期，“三农”事业的根本出路在科技。激发农民创造力，增强农村生命力，提高农业竞争力，都需要科学武装和科技引领。只有崇尚科学、普及科学，农民才能摆脱愚昧和迷信，农村才能赋有生机和活力，农业才能充满光明和希望。深化“三农”科技创新和支撑，急需改善条件、健全机制、造就人才、强化应用。

为鼓励农村改革发展创新、支持农村发展调查研究而设立的“农村发展研究专项基金”，已圆满组织五届“中国农村发展研究奖”评选活动。现将第五届获奖作品结集出版，以示祝贺。

杜润生

二〇一二年七月

目　　录

第五届“中国农村发展研究奖”专著奖获奖作品

《粮安天下——全球粮食危机与中国粮食安全》
…………………………………………………… 尹成杰（1）
《中国工业化、城镇化进程中的农村土地问题研究》
…………………………………………………… 曲福田等（6）
《合作经济理论与中国农民合作社的实践》
…………………………………………… 张晓山　苑　鹏（10）
《农民家庭内部分工及其专业化演进对农村土地制度变迁的影响研究》 ………………………………… 陈会广（14）
《农村金融与农村经济协调发展研究》
…………………………………………………… 熊德平（18）
《农民长久合作——万载百年鲤陂水利协会研究》
…………………………………………………… 刘谟炎（22）

第五届“中国农村发展研究奖”论文奖获奖作品

参保人为何集中选择缴费档次中的最低档
…………………………………………… 蒋中一　金成武（25）
优质猪肉供应链合作伙伴竞合关系分析
——基于15省（市）的761份问卷调查数据和深度访谈资料
………………………………… 孙世民　陈会英　李　娟（36）

中国淡水养殖业的科技瓶颈与突破
…………………… 陈 洁 朱玉春 罗 丹 刘 杰（60）
2008年中国农村土地使用权调查研究
——17省份调查结果及政策建议
……………………………… 叶剑平 丰 雷 蒋 妍
罗伊·普罗斯博曼 朱可亮（79）
公司农场：中国农业微观组织的未来选择
……………………………………………… 何秀荣（108）
贫困地区农户的正规信贷约束：基于配给机制的经验考察
…………………………………… 刘西川 程恩江（134）
中国建设用地增量时空配置分析
——基于耕地资源损失计量反演下的考察
……………………………… 李效顺 曲福田 郧文聚（161）
成本快速上升背景下的农业补贴政策研究
…………………………………… 方松海 王为农（185）
贸易自由化对中国土地密集型农产品调整成本的影响分析
——从边际产业内贸易的角度
…………………………………… 朱 晶 张 姝（229）
农田水利的利益主体及其成本收益分析
——以湖北省沙洋县农田水利调查为基础
…………………………………… 贺雪峰 郭 亮（246）

第五届“中国农村发展研究奖”专著奖提名奖名单 ………（275）

第五届“中国农村发展研究奖”论文奖提名奖名单 ………（277）

第四届“中国农村发展研究奖”专著奖获奖名单 …………（280）

第四届“中国农村发展研究奖”论文奖获奖名单 …………（281）

第三届“中国农村发展研究奖”专著奖获奖名单 …………（283）
第三届“中国农村发展研究奖”论文奖获奖名单 …………（284）
第二届“中国农村发展研究奖”专著奖获奖名单 …………（286）
第二届“中国农村发展研究奖”论文奖获奖名单 …………（287）
第一届“中国农村发展研究奖”专著奖获奖名单 …………（288）
第一届“中国农村发展研究奖”论文奖获奖名单 …………（289）

第五届“中国农村发展研究奖”专著奖获奖作品

专著名称：

《粮安天下——全球粮食危机与中国粮食安全》

著作者姓名：尹成杰

著作者单位：农业部

出版社名称：中国经济出版社

责 任 编 辑：邵岩　郑潇

出 版 时 间：2000 年 1 月

内容提要

粮食安全是国家经济安全的基础。手中有粮，心里不慌。吃饭问题始终是治国安邦的头等大事。

本书从全球视野和中国粮食生产实际出发，从理论上、政策上对全球粮食危机与中国粮食安全问题进行研究，以生动的笔触和大量的实证分析，用 6 章的篇幅描述和揭示了全球粮食危机发生的始末、根源以及带来的影响；用 16 章的篇幅回顾和概括了中国发展粮食生产的不凡历程、现实途径、未来潜能和中国手中有粮的成就原因，以及做到长远手中有粮的对策和措施。中共中央政治局委员、国务院副总理回良玉同志专门为本书撰写了序言。

本书上篇“全球粮食危机”，分析了耕地、淡水资源供求矛盾和粮食供求偏紧趋势，概述研究了国际市场粮价暴涨引发通货膨胀和社会动荡、粮荒威胁全球安全、农业跨国公司巨头在粮食危机中攫取超额利润、美国发展生物质能源一年“烧”掉2.1亿人的口粮、富人汽车吃掉穷人的面包、迷信贸易自由主义使一些国家在粮食危机面前束手无策等问题。书中特别对一些国家用粮食发展生物质燃料、实行巨额农业补贴、推行粮食自由贸易主义、不能掌握自己饭碗的教训等事关全球粮食安全的因素作了分析评判，让人耳目一新。

本书下篇“中国粮食安全”，从中国手中有粮的的理念和格局入手，就新时期“三农”政策理论、粮食生产重大跨越、粮食波动规律、粮食生产徘徊期与通货膨胀、粮食稳定增产高峰期、现代农业建设与粮食安全、农业国际化与农产品有效供给、国家粮食安全的新挑战等问题作了全面分析论述。书中以大量事实和数据，分析了中国应对全球粮食危机的底气和从容是从何而来、中国手中之粮来自何方、中国能不能养活自己等世人关注的问题。

《粮安天下——全球粮食危机与中国粮食安全》目录

上 篇：全球粮食危机

第一章 耕地——粮食安全的基础

第一节 世界耕地资源与粮食生产需求

第二节 世界耕地资源分布与潜力制约

第三节 世界耕地资源变化与粮食安全

第二章 淡水——粮食安全的命脉

第一节 世界淡水资源与粮食生产需求

第二节 世界淡水资源分布与潜力制约

第三节 世界淡水资源利用与粮食安全

第三章 世界粮食生产与消费需求

第一节 世界粮食生产现状与趋势

第二节 世界人口增长与粮食消费

第三节 世界工业粮食消费需求快速增长

第四节 世界畜牧业发展与粮食消费增长

第五节 世界生物质能源开发与人争粮

第四章 世界粮食危机的发生与影响
第一节 粮食危机：概念与理论
第二节 粮食危机波及众多国家
第三节 世界粮食危机的特征
第五章 世界粮食危机发生的背景与原因
第一节 自然灾害和极端气候危害粮食生产
第二节 石油危机推动粮食成本与价格飙升
第三节 生物质能源利用烧掉缺粮国部分口粮
第四节 农业投入不足弱化粮食生产能力
第五节 迷信贸易自由化造成粮食自给能力下降
第六节 巨额农业补贴政策冲击一些国家农业
第七节 金融类因素推动粮食价格上涨
第六章 消除世界粮食危机的政策路径与前景
第一节 世界应对粮食危机的紧急措施
第二节 粮食保护主义与粮食贸易自由化：争论中的两条路径
第三节 扑朔迷离：发达国家削减农业补贴前景
第四节 仍行其道：粮食型生物质能源开发加快
下 篇：中国粮食安全
第七章 中国特色粮食安全理念及格局
第一节 中国特色粮食安全理念
第二节 手中有粮，供求基本平衡
第三节 手中有粮，居民消费结构明显改善
第四节 手中有粮，来自不竭源头
第八章 改革创新：农业和农村发展的根本动力
第一节 改革解放和发展农村生产力
第二节 农村改革的历史性贡献
第三节 坚持解放思想、实事求是、与时俱进
第九章 粮食生产重大跨越与加强农业基础地位
第一节 粮食生产阶段性发展与阶段性重大跨越
第二节 农产品供求关系发生历史性转变
第三节 粮食生产与强化农业基础
第四节 粮食生产与保护农民积极性
第五节 提高粮食产量的关键与措施

第十章 粮食生产波动规律与超常性波动
第一节 粮食生产波动的状况及特征
第二节 粮食生产波动形成的主要因素
第三节 粮食生产超常性波动的影响
第四节 防御粮食生产超常性波动及影响
第十一章 粮食生产徘徊期与通货膨胀
第一节 粮食生产徘徊期及成因
第二节 粮食生产徘徊期引发推动通胀的原因
第三节 加强农业与防止通货膨胀的启示
第十二章 加快农业发展与“三农”工作理念创新
第一节 作出农业发展新阶段的重大判断
第二节 实现多予少取放活方针
第三节 确立“重中之重”的战略思想
第四节 实施统筹城乡发展方略
第五节 作出“两个趋向”重要论断
第六节 作出推进社会主义新农村建设战略决策
第七节 提出中国特色农业现代化道路
第十三章 粮食稳定增产高峰期与强农惠农政策
第一节 粮食生产创造“五丰五增”的奇迹
第二节 粮食发展与扶持政策效应
第三节 粮食增产与科技支撑
第四节 粮食生产与基础设施建设
第十四章 10000亿斤粮食的重量与分量
第一节 粮食生产再上10000亿斤台阶
第二节 10000亿斤粮食：经济社会发展的坚实基础
第三节 粮食重返10000亿斤台阶的启迪
第十五章 国家粮食安全面临的新挑战
第一节 农业比较效益下降及其影响
第二节 粮食生产发展面临严重资源制约
第三节 粮食需求刚性增长态势明显
第四节 国际农业竞争影响日益加深
第五节 自然灾害频发对农业影响加重
第十六章 粮食综合生产能力的含义与提升
第一节 粮食综合生产能力的内涵

第二节 国家粮食安全的重要基础
第三节 提高粮食综合生产能力的战略选择
第四节 提高粮食综合生产能力的措施
第十七章 现代农业建设与国家粮食安全
第一节 现代农业的基本内涵与发展趋势
第二节 我国现代农业的地位与发展
第三节 积极探索中国特色农业现代化道路
第四节 现代农业建设的任务与措施
第十八章 国家粮食安全与粮食主产区建设
第一节 粮食主产区的重要战略地位
第二节 加强粮食主产区建设的对策措施
第三节 现代农垦企业与提高粮食生产率
第十九章 国家粮食安全与生物质能源开发
第一节 积极推进非粮型生物质能源开发利用
第二节 发展生物质能源的潜能与作用
第三节 发展生物质能源的形式与策略
第二十章 农业国际化与农业产业安全
第一节 农业跨国公司对全球农业的主导与控制
第二节 农业跨国公司开展全球农业布局的策略
第三节 农业跨国公司对驻在国农业的双重影响
第四节 正确把握农业国际化的机遇与挑战
第二十一章 国家粮食安全与构建长效机制
第一节 构建国家粮食安全长效机制的意义及思路
第二节 建立健全国家粮食安全财政支持机制
第三节 建立健全国家粮食安全金融支持机制
第四节 建立健全国家粮食安全耕地保护机制
第五节 建立健全国家粮食安全风险防范机制
第六节 建立健全国家粮食安全价格形成机制
第七节 建立健全维护国家粮食安全储备机制
第二十二章 中国完全能够养活自己
第一节 布朗先后两次提出一个问题
第二节 重读《中国的粮食问题》白皮书
第三节 用多维视角看中国吃饭问题
第四节 坚持做到长远稳定解决中国吃饭问题

专著名称：
《中国工业化、城镇化进程中的农村土地问题研究》
著作者姓名：曲福田 等
著作者单位：南京农业大学
出版社名称：经济科学出版社
责 任 编 辑：刘欣欣
出 版 时 间：2010年12月

内容提要

本书以快速工业化、城镇化为背景，运用经济学、管理学和法学等多学科的理论方法，在准确把握中国工业化城市化阶段特征、农村土地问题的主要矛盾及其原因的基础上，以优化土地资源配置效率和保障农民合法土地权益为目标，分析了中国土地非农化的运行机制、生态影响和适度水平，探索了土地制度体系改革和土地管理机制创新的目标和路径，提出了农村土地法律体系的建设任务和立法建议。

第一，本书在准确把握工业化、城镇化阶段特征和农村土地问题主要矛盾基础上，提出了农村土地问题研究的两大理论命题。当前中国农村土地问题的主要特征是大量的农地非农化配置。基于资源配置效率理论基础，本书提出了“两种损失”、“两种失灵”的命题，即依据市场功能是否发挥有效作用，将当前的农地非农化理论划分为两种形态，即当市场能充分反映土地资源价值情况下的农地非农化配置为农地的代价性损失，当市场不能充分反映土地资源价值情况下所导致的农地非农化配置为农地的过度性损失。又根据市场不能充分反映价值的原因是市场失灵和政府失灵，相应地将过度性农地损失划分为过度性损失Ⅰ和过度性损失Ⅱ。土地非农化两种理论形态的划分，不仅为本书提供了重要的理论基础，也进一步明确了农村土地问题的政策目标。

第二，在分析农地非农化机制基础上，从协调推进工业化、城镇化和农业现代化出发，回答了中国土地非农化的适度水平。研究发现，耕地资源流失与经济发展之间呈现明显的库兹涅茨曲线规律，当前和未来一段时间，土地的快速非农化还要持续，当工业化进入中后期和城市化达到60%左右时，农地非农化速度会逐渐降低；在不同级别、不同区域城市用地扩张上存在较明显的空间分异，我国的东中部、平原城市、城乡交错区是农地非农化的活跃地区。为了揭示农地非农化的生态影响，在理论上构建了一个工业化、城镇化以及由此引致的农地非农化对农地质量等环境影响机理的分析模型，并通过实证分析研究产业结构变化、就业结构变化和城镇规模扩张三大基本因素对土地质量的影响传导机制。

第三，基于合理确定适度土地非农化水平、有效保护农民合法土地权益和提高农地资源配置效率等多重目标，土地制度改革的主要内容包括三个部分。一是通过对农村人口迁移、非农就业和农村土地制度变迁规律的研究，探索工业化、城镇化进程中改进农地资源配置效率的途径。二是通过产权公共域理论分析和农民意愿调查，深入分析了如何完善农地产权和改革征地制度，设计切实、有效地保障农民权益的政策行动框架，并诉诸公平以平衡市场化改革的效率取向以及可能引致的市场失灵。三是通过研究农村集体建设用地流转模式比较，提供了农村集体建设用地流转多样化制度创新的解释。

第四，基于纠正土地利用中政府失灵和市场失灵的机制创新，本书探讨了现阶段农村土地价格矫正思路和农地规制建设的的路径。农地价格扭曲不仅导致农民权益的损失，也由于低估了土地价值，导致了严重的农地过度非农化（过度性损失Ⅰ）。政府失灵与市场失灵是农地价格扭曲主要原因。本书建议，进一步明晰农地产权，明确农地的完全产权与完全价格，逐步实现土地征用价格的市场化；将土地的生态和社会价值逐步纳入农地的价格核算之中，即运用社会成本定价方式确定农地价格。要有效消除土地利用的市场失灵，另一个途径就是创新政府治理模式，尤其是加强和完善政府对农地利用的规制。当前中国农地规制制度主要是借助土地利用总体规划、土地用途管制、基本农田保护与农用地转用管理等制度进行农地保护，减少或避免由于土地利用存在着明显的正外部性导致农地资源的过度非农化。

第五，根据工业化、城镇化进程中土地制度改革和土地管理机制创新的本质要求，提出了农村土地法律体系建设的思路和具体立法建议。由于工业化、城镇化进程中的诸多农村土地问题相互交织在一起，工业化、城镇化进程中相关制度政策的改革必须要与中国社会主义市场经济体系建设的总目标相一致。因此，本书关于土地制度和管理机制的创新，必须反馈于法律关系调整，土地法律体系建设就成为农村土地问题解决的路径中关键的一环。

《中国工业化、城镇化进程中的农村土地问题研究》 目录

第一章 绪论

第一节 问题提出

第二节 中国工业化、城镇化的进程及特征

第三节 现阶段工业化、城镇化进程中土地利用的主要特征

第四节 现阶段工业化、城镇化进程中的农村土地问题

第五节 现阶段工业化、城镇化进程中农村土地问题的主要成因

第六节 工业化、城镇化进程中农村土地问题解决的目标与思路

第二章 中国农地非农化机制与适度水平分析

第一节 经济发展与农地数量变化的规律分析

第二节 农地非农化与城市用地的扩张机制

第三节 农地非农化的空间差异分析

第四节 中国农地非农化的适度水平及调控

第五节 结论及政策含义

第三章 中国工业化、城镇化与农地质量变化

第一节 工业化、城镇化影响农地质量的理论框架

第二节 土地利用结构变化对农地质量的影响

第三节 农户生产行为变化对农地质量的影响

第四节 环境污染对农地质量的影响

第五节 工业化、城镇化对农地质量影响的个案分析

第六节 结论与政策启示

第四章 农民非农就业、人口迁移与农地制度变迁

第一节 农民非农就业、人口迁移与农地制度需求

第二节 农民非农就业与土地租赁市场的关系

第三节 农民非农就业、人口迁移与土地财产权利选择
第四节 非农就业、人口迁移与土地股份合作制发展
第五节 结论及政策含义
第五章 征地制度改革与农民权益保障
第一节 中国现行征地制度：回顾与反思
第二节 征地过程中农民土地权益受损及其原因
第三节 农户和政府视角的征地制度分析
第四节 典型国家或地区征地制度比较及启示
第五节 农村土地产权制度改革的基本思路
第六节 征地制度改革的政策建议
第六章 土地资本化及其市场机制
第一节 工业化、城镇化和农民土地权利：矛盾与困境
第二节 土地资本化及其市场机制相关理论问题探讨
第三节 土地资本化：地方模式比较及其经验
第四节 土地资本化的制度安排及其评价：江苏省常州市的调查
第五节 进一步改革的思路
第七章 农地价格扭曲及其矫正
第一节 农地价格扭曲及其成因分析
第二节 农地价格扭曲度的测算
第三节 农地价格矫正的思路
第四节 结论与政策建议
第八章 农地保护的规制研究
第一节 规制与农地规制
第二节 现行农地保护规制及其评价
第三节 典型国家农地保护规制的比较与借鉴
第四节 农地保护规制新思路——构建耕地保护补偿机制
第五节 农地保护规制的改革与完善
第九章 中国工业化、城镇化进程中的农村土地法律制度建设
第一节 工业化、城镇化进程中农村土地法律制度面临的困境
第二节 典型国家或地区农村土地法律制度比较与借鉴
第三节 农村土地法律体系建设
第四节 农村土地法律制度建设的若干立法修改建议

专著名称：
《合作经济理论与中国农民合作社的实践》
著作者姓名：张晓山　苑　鹏
著作者单位：中国社会科学院农村发展研究所
出版社名称：首都经济贸易大学出版社
责 任 编 辑：田玉春
出 版 时 间：2009 年 8 月

内容提要

本书分为上、下两篇。上篇重点论述合作经济的基本理论，下篇主要描述并分析中国各类农民合作社的实践。全书形成的主要观点如下：

第一，合作社的由来和发展证明，市场机制和政府体制都不是万能的。在市场由私人或公共企业所控制的情况下，合作社是市场中企业组织的一种替代形式，是具有一定社会功能的特殊经济组织，它的存在有助于完善市场秩序和规则。是政府、公司（私人或公共企业）以及农户都需要的一种组织形式。西方的合作运动是资本主义物质文明的产物，也是资本主义精神文明和政治文明的产物。在处于社会主义初级阶段的中国，各种类型的合作社应该成为社会主义市场经济中一个不可或缺的有机组成部分，它既是社会主义物质文明建设的一部分，也是社会主义精神文明和政治文明建设的一部分。促进合作社的发展、保持合作社的自主权及生命力将有助于巩固社会主义国家政体，有助于转变政府职能，有助于促进社会稳定及和谐。

第二，农民合作社是市场经济的产物，但其发展并不单单是经济问题，它和农民民主意识的觉醒、人文精神的发育有着密切的关系，农民合作社的产生必须有其人文基础。合作社的民主控制原则就是要培育社员的参与意识和民主意识。在民主控制中，重要的不是决策，而是决策的过程。通过不同类型社员之间的利益碰撞，最后达成共识，形成决策。这个过程是通过民主参与、公民社会的发育而形成的，是一个漫长的发展过程，这就是合作社文化的建设。没有这个建设，合作社即使发展起来，也会走形、变味，甚至中途夭折。

第三，具有较强经济实力、组织体系健全的中国农民合作社是解决“三农”问题的一项治本之策。应鼓励和支持成立以农产品生产为主业的专业种植、养殖农户组成农产品生产营销专业合作社，在条件成熟时将这样的合作社在更高层次上组织成联合社或联合会。通过这种组织创新使农民的专业合作社能够与政府有关部门以及农产品加工企业协商对话、沟通信息，同时也使政府找到了进行宏观调控、优化资源配置的“抓手”。这将是保障中国粮食安全和保障主要农产品基本供给的重要制度安排，也是中国农业走向世界的必由之路。

第四，合作社的理念必须服从经济生活的实际，合作社的发展不能脱离现实的经济发展水平和农民的思想认识水平，不能突破既定的经济体制框架。中国农民组建合作社，在很大程度上是为了保障经济利益，而不是追求某种理念，中国农民合作社的人文基础还很不牢同。同时，合作社的发育程度与市场经济的成熟程度紧密相关，只有全国性的统一、开放的人市场建立起来，农业生产专业化、区域化布局得以形成，农民专业合作社才有可能在较高层次上得到长足的发展。

第五，农民与市场对接可以有多种形式，应让农民自由选择，鼓励农民开展多种类型的合作和联合。合作社只是一种企业组织形式，它不是万能的。但合作社与其他类型经济组织的区别必须清晰，政府的政策导向要有利于合作社内部治理结构向合作制导向演变。这样，才能避免出现泛合作化的现象。

《合作经济理论与中国农民合作社的实践》 目录

上 篇

1. 合作社的基本原则及相关问题

1.1 合作社原则的演进

1.2 对合作社基本原则的诠释

1.3 有关合作社基本原则的几个理论问题

2. 合作社理论的来源与发展
2.1 合作运动的历史渊源
2.2 20世纪前期西方合作思想流派
2.3 西方当代合作经济理论的发展历程
2.4 与思想流派有关的几个问题
3. 农业合作社理论与实践的发展
3.1 农业合作社与垂直一体化经营
3.2 当代农业合作社理论的演进
3.3 经济全球化背景下国外农业合作社理论与实践的发展
4. 合作社与国家
4.1 西方合作运动与国家之间关系的演变
4.2 发展中国家的合作运动与国家干预
4.3 苏联与改革开放前中国合作社与国家之间关系的理论
4.4 改革开放后中国合作社与国家之间的关系
5. 国家立法与合作社的发展
5.1 世界各国合作社的立法进程
5.2 与《农民专业合作社法》有关的几个问题
5.3 《农民专业合作社法》颁布后的新变化、新动向
6. 发展中国家的农业合作运动
6.1 发展中国家的农业生产合作
6.2 发展中国家合作社发展所揭示的问题
6.3 农业生产合作的前景
6.4 国家的不当干预是发展中国家合作运动溃败的根源
下 篇
7. 中国农民合作社发展的必然性及基本条件
7.1 合作社是构建和谐社会、促进人类可持续发展的重要力量
7.2 农民合作社兴起的背景
7.3 中国农村发展合作社的必要性和合理性
7.4 中国农民合作社发展的基本条件
8. 中国新型农民合作社的发展
8.1 新型农民合作社的诞生
8.2 新型农民合作社的演进
8.3 农民专业合作社发展的新特点
9. 农业生产合作社

9.1 土地合作经营
9.2 土地合作经营——农业基本经营制度创新的一种走向
9.3 农副产品加工合作企业
9.4 关于生产合作社的理论分析

10. 农产品销售合作社

10.1 引言
10.2 农产品销售合作社的几种类型
10.3 农业产业化经营——农产品销售合作社的发展方向
10.4 21世纪农产品销售合作社面临的新挑战
10.5 政府针对营销合作社的公共政策工具

11. 农业供给合作社

11.1 农业供给合作社的基本功能
11.2 农业生产资料公司领办的农业投入品供给兼农产品销售合作社
11.3 农民自发组织的联合购买投入品合作社
11.4 农业供给合作社的发展趋势

12. 农业资金互助合作社

12.1 引言
12.2 资金互助合作社
12.3 社区基金的新尝试
12.4 合作金融——小农国家合作社发展的重心

13. 农业服务合作社

13.1 农业服务合作社的基本类型
13.2 农技推广部门领办的技术服务协会
13.3 政府资助创办的农业机械共同利用合作社
13.4 从技术服务协会走向农产品销售合作社

14. 农民合作社与股份合作制企业

14.1 劳动基础上的民主企业的理论与实践
14.2 中国乡村集体企业的股份合作制改造
14.3 乡村集体企业股份合作制改造的理论分析

15. 促进以专业户为主体的农民合作社的发展

15.1 发达地区农民专业合作社的发展昭示了中国农业基本经营制度的走向
15.2 政府在扶持农民专业合作社时已经出现和可能出现的问题
15.3 政府应创造有利于合作社发展的法律和政策环境
15.4 农民专业合作社的发展要处理好的几种关系

专著名称：
《农民家庭内部分工及其专业化演进对农村土地制度变迁的影响研究》
著作者姓名：陈会广
著作者单位：南京农业大学
出版社名称：上海人民出版社
责 任 编 辑：林 青
出 版 时 间：2010 年 10 月

内容提要

本书以分工、专业化为切入点，以农民经济组织为分析单位，在描述中国农民参与分工、专业化及其引起农民经济组织演化的基础上，探索其中隐含着生产的制度结构的意义，构建家庭内部分工、专业化演进对农村土地制度变迁的影响理论框架，从而拓展解释农村土地制度变迁的领域。并在现实背景中提炼出四个问题：(1)为什么农户兼业化一直为人们所诟病却长期存在？(2)劳动力、土地两个关联的要素市场之间，为什么会出现非农就业率高而土地流转参与率低的不协调现象？(3)中国土地市场发育程度低且不完备，为什么还会出现土地股份合作的制度与组织创新的现象？(4)农民合作组织替代不完备市场对土地权利结构会产生什么影响？为回答和解释这些问题，本书提出了三个命题、五个工作假说。

命题Ⅰ收入与保险效应。试图揭示农村土地制度变迁的收入与保险效应。首先，用工作假说Ⅰ论证农户兼业化是农民进退自主的保险机制和收入多样化的理性选择。其次，用工作假说Ⅱ说明家庭内部分工引起农民对土地制度变迁的需求变化：即发生由追求收入效应到以保险替代收入效应为主的变化，农户土地经营规模也趋于稳态。最后，用工作假说Ⅲ解释农户在家庭内部分工经济与土地流转的预期净收益权衡后，其土地承包经营权流转意愿降低。

命题Ⅱ 替代与节约效应。由于土地租赁市场发育程度低、不完备的事实，土地股份合作是合作组织对不完备市场的替代，实现土地承包经营权流转外部利润内部化的一种组织创新形式，可以节约农民在不完备市场上搜寻交易对象的成本（工作假说Ⅳ）。

命题Ⅲ 地权差别化效应。农民与地权关系的结构含义主要分收入权与控制权两种。在不完备的土地租赁市场中，农户追求的是收入权。随着分工与专业化的演进，合作组织开始替代不完备市场。由于土地股份合作社与农民专业合作社的治理机制不同，在合作组织中农户追求的收入权和控制权可能出现结构化差别。这可以由工作假说Ⅴ验证。

本文从农户兼业化与土地制度、家庭内部分工与土地流转、分工演化与产权缔约、专业化演进与财产自由四个方面展开研究，研究内容与结构安排如下：

1.分工、专业化与农村土地制度变迁分析框架

2.家庭内部分工与农村土地制度变迁

3.分工演化、产权缔约与土地股份合作的效率

4.专业化演进、财产自由与农民土地权利结构变迁

通过对上述问题的回答和解释，本书贡献了一个分工、专业化演进与农村土地制度变迁的分析框架，揭开了家庭“黑箱”内部的关系，研究发现农户兼业化是一种理性选择，丰富了兼业农户以家庭内部分工获取多样化收入规避风险的行为特征。同时，也为农户土地流转行为的研究提供了替代性、竞争性的理论解释，并以个案研究与博弈论分析贡献了分工演化与产权缔约、专业化演进与财产自由方面新的事证和新的研究发现。

本书形成了五点结论：

结论Ⅰ家庭内部分工可以为农户兼业化提供多样化收入与保险机制；

结论Ⅱ家庭内部分工引起土地制度变迁需求的保险替代收入效应的变化；

结论Ⅲ 农民家庭内部分工会降低其土地承包经营权流转意愿；

结论Ⅳ 合作组织可以节约不完备土地市场上农民搜寻交易对象的成本；

结论Ⅴ 合作组织替代不完备市场会引起农民与地权关系的结构化差异。

《农民家庭内部分工及其专业化演进对农村土地制度变迁的影响研究》

目录

第一章 导论

一、研究背景
二、研究问题
三、研究方案
四、本书结构与安排
第二章　文献综述
一、分工、专业化与经济组织的理论脉络及进展综述
二、制度变迁理论研究进路：总结与评价
三、中国农村土地制度变迁的理论与经验研究述评
四、对研究问题的启示：概念背景与理论基础
第三章　分工、专业化与农村土地制度变迁分析框架
一、方法论
二、概念界定
三、概念框架
第四章　家庭内部分工、农户兼业化与农村土地制度选择
一、引言
二、已有的理论局限于农户演化决策
三、农民家庭内部分工与专业化经济理论模型
四、理论假说
五、初步的证据与进一步讨论
六、结论性评价
第五章　农民家庭内部分工与土地承包经营权流转
一、引言
二、家庭内部分工与专业化经济模型
三、数据来源和样本特征
四、估计方法与结果
五、结论性评价
第六章　分工演化、产权缔约与土地股份合作的效率
一、引言
二、分工演进与土地承包经营权股份化：一项土地股份合作社的调查
三、农民合作组织替代不完备土地市场的集体行动逻辑
四、产权缔约与土地股份合作的效率
五、结论性评价

第七章 专业化演进、财产自由与农民土地权利结构变迁
一、引言
二、农民财产自由与土地权利结构
三、农村土地制度变迁中的农民土地权利：1949 年以来中国历史经验
四、专业化演进与农民合作组织治理
五、合作组织替代不完备市场对农民土地权利结构的影响
六、对土地股份合作制度创新的政策启示
七、结论性评价
第八章 研究总结与展望
一、研究结论
二、政策含义
三、可能的创新之处与不足之处
四、研究展望

专著名称：
《农村金融与农村经济协调发展研究》
著作者姓名：熊德平
著作者单位：宁波大学商学院
出版社名称：社会科学文献出版社
责 任 编 辑：周志宽
出 版 时 间：2009年1月

内容提要

一、本书研究目的和意义

本书关注农村金融与农村经济协调发展机制与模式的研究，研究的基本定位是：以农村经济为中心，以农村金融为重点，以协调发展为主线，通过理论与实证分析，探索市场经济条件下，中国农村金融与农村经济协调发展机制与模式，为农村金融与农村经济协调发展战略和政策制定及实施提供理论和实证依据。从交易视角和功能范式上界定研究的基本范畴和分析基点；规范性地定义和解释农村金融与农村经济协调发展的概念内涵、基本特征，揭示其传导机理、均衡过程、约束条件和微观基础；借鉴国际经验，形成研究启示；运用历史分析和计量检验方法，从制度和数量方面，实证中国农村金融与农村经济关系失调及特征，剖析其根本原因、深层原因和直接原因，进而构建了以制度协调为中心，以市场协调为基础，以政府协调为重点，多种协调手段配合使用的中国农村金融与农村经济协调发展总体模式及其多元化的模式类型和构建程序，并围绕协调发展机制的生成，有重点、分层次地提出了以观念创新和政府职能转变为前提，以营造宏观制度环境为保证，以解除农村经济约束为基础，以强化农村金融功能为突破的中国农村金融与农村经济协调发展机制建设路径，以及与之相对应的系统化的可操作性政策建议。

二.本书的基本结论

1.农村金融与农村经济协调发展是农村金融与农村经济关系的理想状态及其实现过程。

2.农村金融与农村经济协调发展是宏观制度环境下二者相互促进达成的最优供求均衡。

3.农村金融与农村经济协调发展必须以良好的产业发展、信用关系和主体行为为条件。

4.经济发展中农村金融与农村经济协调发展模式具有多样性，但成长路径具有一致性。

5.中国农村金融与农村经济制度变迁模式不同，在时间、结构及其相互影响上不协调。

6.转型时期中国农村正规金融与农村经济受内外因素影响未能在相互促进中协调发展。

7.中国农村金融与农村经济关系失调源于制度环境、农村经济和农村金融的共同约束。

8.中国农村金融与农村经济协调发展模式具有实现机理一致性和实现形态多样性特点。

二.本书的重要观点

1.农村金融与农村经济协调发展是国民经济协调发展的内在要求和重要内容。

2.农村金融与农村经济协调发展必须建立基于交易视角和功能范式的农村金融发展观。

3.农村金融与农村经济协调发展既符合协调发展的一般原理，又具有自身的独特性。

4.农村金融与农村经济协调发展，既表现在总量上，又表现在结构上；既受宏观制度环境约束，又受农村金融和农村经济系统自身能力限制；既是制度、技术和结构变迁相协调的过程，又是多样化实现手段相协调的过程。

5.经济转型过程中的我国农村金融与农村经济关系失调的原因复杂多样，既有历史的，又有现实的；既有直接的、表层的，又有间接的、深层的，但从根本上讲是制度抑制长期积累的结果。

6.实现农村金融与农村经济协调发展，关键在于机制与模式构建。

四.本书的主要创新

1.建立了基于交易视角和功能范式的分析框架。

2.揭示了农村金融与农村经济协调发展的内涵。

3.发现了农村金融与农村经济协调发展的机理。

4.实证了中国农村金融与农村经济关系不协调。

5.明确了农村金融与农村经济协调发展的路径。

五.本书的政策建议

1.营造农村金融与农村经济协调发展的宏观制度环境。

2.解除农村金融与农村经济协调发展的农村经济约束。

3.强化农村金融与农村经济协调发展的农村金融功能。

《农村金融与农村经济协调发展研究》目录

前 言

第一章 总论

第一节 研究的问题与背景

第二节 研究的目标与假设

第三节 研究的思路与方法

第四节 研究的依据与内容

第二章 理论回顾与借鉴

第一节 金融与经济关系理论

第二节 协调与协调发展理论

第三节 制度变迁与创新理论

第三章 农村金融与农村经济协调发展的理论内涵

第一节 农村金融与农村经济协调发展的分析基点

第二节 农村金融与农村经济协调发展的概念内涵

第三节 农村金融与农村经济协调发展状态的特征

第四节 农村金融与农村经济协调发展过程的特征

第四章 农村金融与农村经济协调发展的实现机理

第一节 农村金融与农村经济协调发展的传导机理

第二节 农村金融与农村经济协调发展的均衡过程

第三节 农村金融与农村经济协调发展的约束条件

第四节 农村金融与农村经济协调发展的微观基础

第五章 农村金融与农村经济协调发展的国际经验

第一节 欧美农村金融与农村经济协调发展的典型
第二节 亚洲农村金融与农村经济协调发展的典型
第三节 国外农村金融与农村经济协调发展的启示

第六章 中国农村金融与农村经济制度变迁的关系

第一节 农村金融与农村经济制度变迁的初始条件
第二节 新中国成立以来的农村经济制度变迁分析
第三节 新中国成立以来的农村金融制度变迁分析
第四节 农村金融与农村经济制度变迁的相互关系

第七章 转型时期中国农村金融与农村经济关系的实证

第一节 农村金融与农村经济关系的实证方法
第二节 农村金融与农村经济关系的数量特征
第三节 农村金融与农村经济的相互影响
第四节 农村金融与农村经济关系的评价

第八章 中国农村金融与农村经济关系失调的原因分析

第一节 宏观制度环境约束是根本原因
第二节 农村经济发展制约是深层原因
第三节 农村金融功能不足是直接原因

第九章 中国农村金融与农村经济协调发展的模式构建

第一节 农村金融与农村经济协调发展模式的基本构成
第二节 农村金融与农村经济协调发展模式构建的内容
第三节 农村金融与农村经济协调发展模式框架与构建

第十章 中国农村金融与农村经济协调发展的机制建设

第一节 农村金融与农村经济协调发展机制建设的基本原则
第二节 营造农村金融与农村经济协调发展的宏观制度环境
第三节 解除农村金融与农村经济协调发展的农村经济约束
第四节 强化农村金融与农村经济协调发展的农村金融功能

第十一章 研究结论与政策运用

第一节 研究结论
第二节 政策运用

专著名称：
《农民长久合作——万载百年鲤陂水利协会研究》
著作者姓名：刘谟炎
著作者单位：中共江西省委农村工作部
出版社名称：中国农业出版社
责 任 编 辑：周 珊
出 版 时 间：2010 年 12 月

内容提要

本书以目前世界上最“长寿”的民间水利管理组织之一——万载鲤陂水利协会（成立于1871年）为研究案例，论述了民间水利组织在传统农业社会特别是稻作经济中的形成过程、历史地位和重大作用，认为水利协会的产生与长久运行既有广大村民对水利工程及科学管理组织的渴望与需求，也有广大农民的用水观念、分配和共用水资源的群体行为等历史动因；本书总结了万载百年鲤陂水利工程的简朴性、管理机制的科学性、综合效益的延伸性等主要特征，以及小农经济对水利命脉的根本依靠、人民公社对水利建设的强力推动、领导机构产生体制和监督机制、农民合作与自主治理机制的保持和发展等水利协会生存发展的成因；本书采用博弈论等分析方法，构建了鲤陂灌区水利设施管理的博弈模型，并引入社会资本概念深入探讨了村民达成合作制度均衡的机理，用自主治理制度理论分析了鲤陂水利协会的内在运行机制，提出了进一步改善农田水利工程管理的创新方案。

本书通过鲤陂水利协会案例的研究证明，要向农民提供稳定而且低成本的公共物品，首要的是调动广大受益农户的参与积极性，农户交水费不是农民负担，是一种农民合作方式；民间水利协会要实行农民自主式管理，有明确的组织边界、民主决策机制、有较为广泛社会人际关系网络的管理人员、有效的共享规范和合适的水利设施管理制度以及需要地方政府的适度支持。

本书的研究是丰富而深入的，它从各个侧面细致解读了以水为中心的鲤陂灌区社会和水利协会合作机理，特别是将其研究建立在扎实的实证材料基础之上，以自身的学术实践阐释研究的真谛所在。从行文过程中可以看出，作者所依据的基本史料包括口述史料、碑刻资料和族谱、故事传说、地方文献等，主要是从田野调研中收集而来，同时作者也将自己在田野中的历史感悟融入到了研究之中，"走田野与社会、实践与理论交融研究之路"。本书不仅仅是简单地收集资料，更是作者将典型实践凝练并提升为理论的结晶，这体现了作者一贯的严谨作风与对学术的不懈追求。

《农民长久合作——万载百年鲤陂水利协会研究》目录

前 言

第一章 万载民间鲤陂水利协会的产生背景

第一节 稻作社会主导作用

第二节 村民互助合作传统

第三节 乡绅主办公益事业

第二章 万载鲤陂水利（工程）协会运行的主要特征

第一节 鲤陂水利工程的简朴性

第二节 管理机制的科学性

第三节 综合效益的延伸性

第三章 万载鲤陂水利协会经历的时代变迁

第一节 清末民初万载乡村社会革命

第二节 万载苏区白区国共两党对立对乡村秩序的冲击

第三节 新中国成立后万载土地改革对乡村社会的重塑

第四章 万载鲤陂水利协会生存发展的成因
第一节 小农经济对水利命脉的根本依靠
第二节 人民公社对水利建设的强力推动
第三节 农村改革后乡村组织与水利建设的困惑
第五章 万载鲤陂水利协会发展的理论思考
第一节 鲤陂水利协会是村落社区农民合作体
第二节 鲤陂水利工程是村落社区受益户共有制
第三节 鲤陂灌区水力合作是一种混成规制

第五届“中国农村发展研究奖”论文奖获奖作品

参保人为何集中选择缴费档次中的最低档

蒋中一　金成武

内容提要：新农保制度实行后，参保人的缴费结构形成了极度的偏态分布，将影响到新农保制度长期运行的稳定。究其原因有三个方面：政策设计和农民理解的信息不对称；配套的补助政策存在偏差；参保人的成本和收益不尽合理。因此，建议加强政策宣传、调整配套补助的比例、校正参保人的缴费分布结构。

关键词：缴费结构分布　配套政策　成本收益　调整补助

2009 年 9 月国务院颁发了《关于开展新型农村社会养老保险试点的指导意见》（以下简称《指导意见》），以“政府组织引导与农民自愿参保相结合”的工作原则，随即在各省区的 320 个县启动了新农保的试点工作，《指导意见》中有如下五条政策规定：

（1）参保对象：年满 16 周岁（不含在校学生）、未参加城镇职工基本养老保险的农村居民可在户籍地自愿参保。

（2）个人缴费标准：年缴费设定有100元、200元、300元、400元、500元五个档次，地方政府根据本地的情况可以增加更高的缴费档次，但不能降低缴费档次。

（3）政府对符合领取条件的参保人全额支付新农保基础养老金，其中中央财政对中西部按中央确定的基础养老金（目前为每人每年55元）给予全额补贴，对东部地区给予50%的补贴。

（4）有缴有补，地方政府对参保人缴费给予每人每年不少于30元的补贴。

（5）家庭联动，新农保实施时，已年满60周岁、未享受城镇职工基本养老保险待遇的不用缴费，可按规定领取基础养老金，但其符合条件的子女应当参保缴费。

新农保的制度设计中的（2）、（3）、（4）三条规则，包含着两个政策目标：第一，实现制度的“保基本”和“广覆盖”；第二，将来给参保人发放养老金时，控制住养老金之间的差距，避免养老金的差距成为扩大老年人收入差距的因素，这是一个既简洁又完善的政策设计。试点工作开展后，这些政策落实到农村现实的社会环境里，将会产生一些什么结果呢？我们抱着这样想法到安徽省当涂县（试点县）作调查。

一、当涂县参保人员缴费档次的分布状况

当涂县位于长江东岸，东接江苏省南京市，地理区位较为优越，总人口为65万，农业人口占80%。该县2009年的GDP为125亿元，在安徽省各县中位列第5；可用财力为7.7亿元，位列第5；农民人均纯收入7100元，位列第1[①]。该县隶属于马鞍山市，马鞍山市最近被长三角经济协作区接纳为成员城市，它的经济发展水平和政府管理能力已经进入了全国的第一阶层。由此可见，当涂县的

① 参见《安徽省统计年鉴2009》，中国统计出版社2009年版。

经济发展水平和政府管理能力，在安徽省属于第一阶层。我们在当涂县调查得到的初始信息是：根据本县农民人均收入水平，绝大多数农民都具有了较高的缴费能力，所以增设了600元/人年、700元/人年、800元/人年三个档次。新农保的参保动员工作结束后，当涂县的新农保工作做得相当出色，参保人的基本信息都进入计算机的信息管理系统，全县的参保率为74%。参保人员八个缴费档次的实际分布情形如图1中的直方图所示，而其中的曲线是根据实际分布（对应的均值与标准差）估计的正态分布情形。一般认为，更接近正态分布的缴费结构是更合理的、更稳定的。

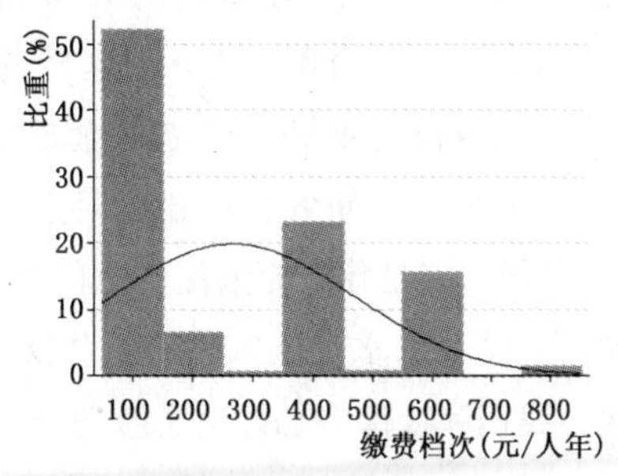

图1　当涂县参保人缴费档次分布

可以看到，图1中的直方图与曲线存在较大的差异，这种差异反映了：(1) 各缴费档次的实际分布和理想状态相差很大；(2) 缴费档次分布在100元/人年、400元/人年和600元/人年档次上形成三个峰。这是否表明参保人员在选择缴费档次时明显受到了奇异因素的影响？首先我们就400元和600元这两个峰的形成原因向当涂县社保中心求解。得到的解释是，早在当涂县2009年成为全国新农保试点县之前，马鞍山市已经于2007年率先开展了自己的新农保工作。当时的新农保只设了400元/人年和600元/人年两个缴费档次。当涂县成为试点县之后，原先参保的人员依然选择了相同的缴费档次。修正了这个奇异因素的影响后，所模拟的分布情形如图2所示。

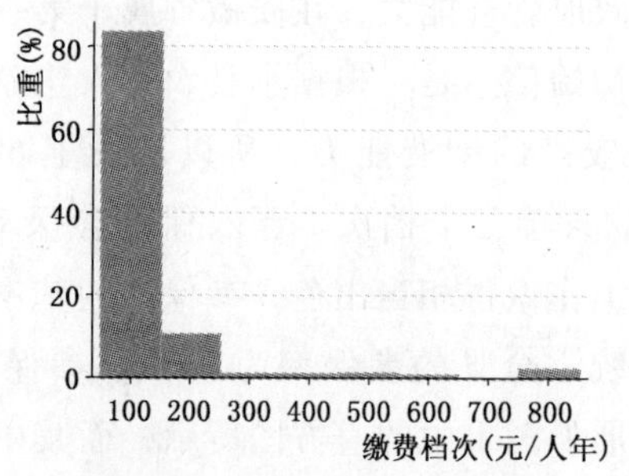

图 2 修正后参保人缴费档次模拟分布

图 2 中的模拟情形是一个极为偏态的分布状态，选择最低档 100 元/人年的参保人员占到了 80% 以上。这样的缴费结构对后续扩大养老基金规模的政策极为不利，养老基金规模如果被现在的缴费结构限制在一个低水平上，新农保的稳定性和可持续性就会变得很不明朗。因此，必须探究是什么原因促使农民做出了这样的群体选择？很显然，当涂县农民收入水平的因素可以排除，他们都有能力选择较高的缴费档次。我们和社保中心讨论了缴费分布极度偏态的原因，得到的解释是：（1）由于过去干部办过较多的失信于民的事情，所以农民对干部的宣传不太信任；（2）老农保的政策和新农保变化较大，所以农民对新农保心存疑虑，选择最低档是投石问路。这些解释显然是合理的，但是，是否还会有其他原因？为此，我们到护河镇和护河村访问了干部和参保农民，进一步了解他们的想法和行为。

二、护河镇政府的引导行为

调查案例 1：护河镇有 3.2 万户籍人口，外出打工的劳动力有 1 万人。本镇有铸造、服装和电子三个行业，就业劳动力为 1000 人左右。2009 年本镇的 GDP 为 5.3 亿元，财政收入 3000 万元，可用财力为 1600 万元，农民人均纯收入 7880 元，本镇农业户口人口有 2.9 万，参保率为 70.6%。本镇在当涂县的乡镇经济发展水平中属于偏上的阶层。当涂县实行镇财县管的运行模式，所有收入上缴县金库，财政支出由县里核定代发。现在本镇对县财政的结余债务为2100万元。实行新农保后规定，对于参保人的补贴，省财政补20元/人年；对于参保100元/人年档次的，县、镇两级各补15元/人年；对于其余缴费档次，按缴费额县、镇各补20%。若按缴费200元/人年计，县里补贴20元/人年，镇里补贴20元/人年，比缴费100元/人年每人需增加补贴5元。护河镇参保人口为16000人，扣除领取基础养老金的5200人，缴费参保人口为10800人。其中，约有9000人选择100元/人年档次，镇里需补贴13.5万元/年；对于其余档次的1800人，需要补贴21万元/年；合计补贴34.5万元/年。如果参保率增加10%，估算需增加补贴5万元/年，总补贴40万元/年。对于护河镇的赤字财政，如果引导更多的农民参加新农保和选择较高的缴费档次，就要支出更多的补贴，积累更多的债务。

因此，从这个案例中不难推断，如果不出现某些特殊的条件，护河镇不会对参保人采取正向的引导行为，保持较多选择100元/人年档次的参保人是理性行为。类似于护河镇的经济状况的或者低于其水平的乡镇，是一个很大的群体，现在针对不同缴费档次设计的各级政府承担的补贴政策，难以促进乡镇政府对参保行为起到正向的引导作用。

三、参保人选择最低档的另一个原因

调查案例2：护河镇护河村农民朱希功的访谈。老朱今年67岁，初中未毕业，做过小生意，有些见识，很善谈。老伴64岁；大儿子已分家另过，在外开车搞运输，月收入4000元；小儿子是城镇户口，干水电工，不常回来。他家原有的4亩地被征走了，因此他和老伴每月有80元的征地补贴。但土地被征走后开发商没有来动工，他就自作主张又种起了那4亩地，种稻子当口粮，种些油菜籽出售，再种些蔬菜自用，悄无声息地经营着一份暂时不用交租税的资源。老朱知晓一些新农保的规则，供需双方的信息有一定程度的对称性，他算是一个有自觉意识的需方人物。因为国家实行了新农保，他和老伴每月都能领到80元的养老金，但他的大儿子两口都必须参加新农保。80元钱是由政府打到他俩的银行卡上，由他到农商行去取回来。领款这件事促使他去了解新农保的规则。老两口每月有320元的现金收入，他抽烟喝酒每月花150元，还可以花些小钱给孙女买零食，觉得眼下的乡村生活颇有幸福感。他知道，新农保的缴费从100～800元/人年有8个档次，他儿子选的是最低的100元/人年档次；如果儿子不缴保费他俩就领不到养老金，那么缴最低的100元/人年就是最划算的。

这是一位具有一定理性的农民的选择。由此可以看到，在一些农民的参保意识中，缴费是为了老人领取养老金而付出的成本，因此他们并没有太在意自己将来的养老金收入。他儿子按照自己的收入水平，应该有能力选择较高的缴费档次，但他选择了100元/人年。这种算计方式在相当部分农民中都认同，成了农村中一种较有影响力的参保意识。

四、参保人为什么产生误解

调查案例3：护河镇护河村妇女主任夏巧凤的访谈。她和丈夫都是本村人。她今年34岁，初中毕业，原先在镇上的企业做工，月收入1100元；去年底村委会改组，她被选上了妇女主任，上任才4个月，当村干部一年的收入8600元，挣得比过去少了。丈夫是泥瓦工，在马鞍山市打工，年收入2万多元；儿子8岁。她的父亲选了600元/人年档次，母亲选了400元/人年档次。原因是，他俩参加老农保时就只有两个档次，转入新农保就没有再改变；她的公公今年刚好60岁，婆婆56岁，所以就“捆绑”了她家，选了100元/人年的档次参保。因为她是村干部，对新农保制度了解得比较透。这是一个供需双方信息基本对称的案例。她算是一个理性的消费者，所以我们的话题就多一些。她解释自己选择100元/人年参保是从众行为，因为她在本村的亲友都选了该档次。农民都有自己的社交圈，遇到搞不太明白的事情大家会一起交流信息，然后就一致行动，反正错了大家一起错，没有什么好埋怨的。看来从众行为可以降低遭遇风险后的心理落差，还能够增进社交圈的认同感，既有失也有得。这种受到乡村文化影响的消费方式，同样也渗入了参保意识中。她在她的圈子里属于后辈，又是女性，虽然当了干部也没啥发言权，多嘴没有什么好处，所以“跟着大家走”是她最好的决策选择。她把自己的行为拿捏得很正确，难怪她被选上了村干部。她认为，大家都选100元/人年不是收入问题，也不是对干部的不信任。过去村干部办过一些失信于民的事情，但现在的干部是大家选的，她原来没有想过当村干部，是大家投票选了她；而且村干部现在已经没有了催粮缴款的事情，他们还帮着政府发种地补贴，干群关系变了，农民不会疑心干部要昧他们的钱。一些农民投档100元/人年是因为受到老农保政策变化的影响，所以要观望一下，将来新农保做实了农民的想法就会改变。最后她说，新农保档次分类的解释没有说清楚，“缴100元将来可以得养老金96元，缴200元得到108元，多缴100元才多领12元”，有些农民算不过来账，年和月的区别没有进入他们的脑子，简单加减一下就认为划不来，所以很多农民自然就选了100元/人年。我们从其他的受访者也听到了同样的说法。

和夏主任交谈获得的信息量很丰富，这个案例揭示了，农民作为养老保险的需求方，她观察到的农民的消费心理和消费的行为。夏主任的看法仅仅是一个案例。可以推测，对于农民群体来说，他们具有多种多样的消费心理和消费方式。在调查中我们发现，新农保作为养老金服务的提供方，对需求方的心理和行为还缺乏深入了解。也就是说，目前信息的不对称是双向的，现在需方对供方信息的了解受到一定程度的重视，供方已经做了很多的宣传工作；相比之下，供方缺失需方的信息，这方面供方重视程度不够，判断中主观偏向明显。农村社会养老保险事业的可持续发展，取决于确立双方互信和互动的信用体系，逐步消除供需双方信息的不对称程度，这是基础性的工作，而增进供方对需方的了解，工作难度更大，投入的成本也更高。此外，我们认为，夏主任提出的：农民对“缴100元将来领96元养老金，缴200元得108元”的误判颇值得斟酌，农民容易把养老金的年缴费额和月发放额的时间单位发生混淆。如果以个人社交圈的方式来传播信息，这个错误的信息在部分人群中显然能够迅速扩散，将来要纠错也绝非易事。我们查看了当涂县发给农民的新农保宣传单，其中印制的表格如表1所示。

表1　当涂县新农保的缴费标准和个人账户积累额[①]　单位：元

缴费标准	100	200	300	400	500	600	700	800
省政府补贴	20	20	20	20	20	20	20	20
县、乡补贴	30	40	60	80	100	120	140	180
个人账户金额	150	260	380	500	620	740	860	980

数据来源：《当涂县新型农村养老保险政策问答》，2010年2月。

表1的信息模糊之处在于，没有标明将来领取月养老金的数额。接受我们访谈的农民，较多是从村干部的动员宣传中得知信息的，口头传达方式免不了模糊性。“缴100元将来领96元养老金，缴200元领108元”。即使把月养老金数额列入宣传单，有些农民受限于理解能力，容易接受把年和月的时间单位混淆起来的信息。由此可见，首先是宣传工作没有打到关节点上，对重要政策的宣传力度还不够；其次对部分农民的认知能力和依靠口口相传接收信息的传统方式估计不足，宣传方法有待改进。一旦错误的信息在某些人群中沉积下来，今后对提高农民的参保自觉性将造成较大的困难。

① 数据来源：《当涂县新型农村养老保险政策问答》，2010年2月。

五、当前养老金产品的“成本—收益”评估

这个“缴100元领96元养老金，缴200元领108元”信息引起了我们的另一个设想：对缴费档次理解上的偏差，今后肯定会被纠正，不过有个时间长短的过程；如果将来农民对参保选档接受了“成本—收益”评估的观念，以表1为基础，将会计算出一个什么样的结果呢？参见表2。

表2　　新农保不同缴费档次的“成本—收益”比较①

缴费期间各年当期								
个人缴费	100	200	300	400	500	600	700	800
省政府补贴	20	20	20	20	20	20	20	20
县及镇政府补贴	30	40	60	80	100	120	140	160
个人账户余额	150	260	380	500	620	740	860	980
开始领取养老金时								
个人账户累计余额	2874	4981	7280	9578	11877	14176	16475	18774
个人缴费累计余额	1916	3831	5747	7663	9578	11494	13410	15326
月个人账户养老金	21	36	52	69	85	102	119	135
月基础养老金	80	80	80	80	80	80	80	80
月养老金领取额	101	116	132	149	165	182	199	215
领满139月后								
个人收益累计余额	11838	13621	15566	17510	19455	21400	23344	25289
个人累计收益缴费比	6.18	3.56	2.71	2.28	2.03	1.86	1.74	1.65
个人累计收益缴费差	9922	9789	9818	9847	9876	9906	9934	9964

① “成本—收益”计算的假设有：（1）本地农民身份不变；（2）个人缴费档次不变；（3）在退休时缴满且仅缴满15年；（4）本地政策不变；（5）储蓄年利率3%不变；（6）退休后领满计发的139个月的养老金。

注：除成本—收益比外，其他各项的单位都是元。

以选择“100 元/人年”的缴费档次为例，表 2 最后两行数值的意义是：以开始按月领取养老金的时点为界，把之前的缴费积累与之后的收益积累都折成该时点的存量值，这样，参保农民缴费与受益的全过程相当于，在该时点参保农民用 1916 元的成本换到了 11838 元的收益，收益成本比高达 6.18，而收益成本差为 9922 元。

但是，如果提高了缴费档次，收益成本比反而下降，缴费 200 元的“成本—收益”比例降为 3.56；从不同缴费档次的收益差成本来看，“100 元/人年”档次排在第 3 位，低于 600 元/人年档次 12 元，低于 800 元/人年档次 42 元，因此从投资角度看，选择 100 元/人年是最理性的。对农民群体来说，要进行如此的精算确有很大的困难，但“成本—受益”评估过程就是供需双方的博弈过程，可以预见，过不了多久农民中的精英人才就能够把类似的结果计算出来，一旦信息流传开来，不仅证实了当前选择 100 元/人年的缴费档次是最划算的，而且会给今后执行为改变新农保的缴费结构和扩大养老保险基金总额出台的政策造成很大的困难。所以我们认为，现在设计的养老保险的产品结构存在着较大的隐性缺陷，照顾了新农保要实现的两个政策目标，但没有顾及新农保必须形成的稳态缴费结构，所以必须兼顾两方，给予平衡和矫正。

六、两点建议

1. 应该进一步重视供需双方信息的沟通，目前的状态是供方向需方宣传制度的基本信息工作积极，把各种能够使用的宣传方法都动用了。但需方应该达到的知晓程度远低于供方的预期，其中一个很重要的原因是，供方对需方的认知能力和接收方式缺少调查和了解，一些效果较好的宣传方法，必定建立对参保对象的价值观和习惯的接收方式有深入了解联系的基础上。但我们在不同试点县的调查中看到，一是他们采用的宣传方式竟然都大致相同；二是传播方式都是单向的，没有反馈和校正的机制。因此建议，新农保的管理机构应该重视和村干部、农民多加沟通，改变工作方法，找到更多适合农村文化的宣传手段，提高农民的知晓率。

2. 从促使新农保形成比较稳态的缴费结构这个角度来看，除了某些财政状况很好的乡镇，在新农保的初建阶段可以不要求乡镇政府承担补贴，同时相应地调整省和县财政的分担份额，省政府应该增大分担的比例。这样可以激发乡、村干部引导农民参保的积极性，有利于新农保形成一个较为稳态的缴费结构。新农保的制度建设稳定后，在实行增加养老金补贴的后续政策时，再来增加县和乡镇的分担比例。这是一个比较稳妥的财政补贴政策。

作者单位：农业部农村经济研究中心　中国社会科学院经济研究所

出版单位：收入《社会公平和社会共享——全国农村老龄问题高峰论坛论文集》，中国文联出版社 2011 年 9 月版

优质猪肉供应链合作伙伴竞合关系分析

——基于15省（市）的761份问卷调查数据和深度访谈资料[①]

孙世民　陈会英　李　娟

内容提要：供应链管理强调既合作又竞争的竞合双赢思想，是目前中国解决猪肉质量安全问题的有效途径。

本文利用来自山东省等15省（市）的761份问卷调查数据和深度访谈资料，从合作发起、合作动机、合作内容以及质量与价格、监管与争议等方面分析了优质猪肉供应链中养猪者、屠宰加工企业和超市三者间的相互竞合关系。研究结果表明：养猪者、屠宰加工企业和超市均具有较强的合作意愿，其动机是在保障猪肉质量安全的前提下追求稳定、持续的高收益；合作过程中，彼此之间能够提供相关服务和支持并通过协商解决有关争议，70%以上的养猪者满意现有竞合关系并愿意继续合作。不过，现有竞合关系尚存在许多不足，这些不足包括合同期限较短、内部信息不对称、主体地位不平等、重个体轻整体、重监管轻服务、对动物福利和健康养殖重视不够等。为此，应尽快树立供应链管理和健康养殖的基本理念，大力提高屠宰加工企业的综合能力，努力营造有利于改善优质

① 本文得到了国家自然科学基金项目“优质猪肉供应链合作伙伴的选择与竞合机理研究”（项目编号：70572100）的资助。

猪肉供应链成员间竞合关系的外部环境。

关键词：供应链　优质猪肉　合作伙伴　竞合关系　质量安全

一、引　　言

食品质量安全已经成为21世纪全人类普遍关注的热点和焦点问题。猪肉是人类的主要食品和重要营养来源。作为世界上的猪肉生产和消费大国，中国的猪肉产量虽然占全球猪肉总产量的47%左右，但猪肉质量安全隐患仍普遍存在，既有消费者难以觉察到的重金属、兽药残留超标等问题，又有严重的"瘦肉精"中毒事件等（例如，2006年9月上海市336人因食用含有"瘦肉精"的猪肉而中毒，2008年11月嘉兴市70人、2009年2月广州市67人因同样原因中毒）。如何加快优质猪肉的生产已经成为政府、学者和广大消费者共同关心的重大现实问题，迫切需要得到解决。在解决途径上，国内学者普遍认为，实施供应链管理，构建由适度规模的养猪者、屠宰加工企业和超市为主要节点的优质猪肉供应链，是解决中国猪肉质量安全问题、保护消费者身体健康与生命安全的有效途径（例如卢凤君、叶剑、孙世民，2003；陈超、罗英姿，2003；孙世民，2006）。

作为优质猪肉供应链管理的重点之一，其合作伙伴①间的竞合关系受到了国内外学者的广泛重视。Kliebenstein et al.（1995）分析了美国养猪生产合同，指出合同的主要作用在于规范生猪饲养者的质量安全行为、降低风险、增加收入。Boger（2001）分析了波兰生猪养殖行业的组织模式，指出改善猪肉质量是决定生产者采用合同生产的关键因素。Hobbs et al.（1998）分析了丹麦猪肉供应链中各环节的质量安全行为和质量管理协作方式，指出养殖、屠宰和销售等各环节协调的质量安全合作关系对于保证高质量猪源供

① 本文所分析的优质猪肉供应链中的合作伙伴包括养猪者、屠宰加工企业和超市。其中，养猪者包括年出栏量为100～500头的养猪专业户和年出栏量为500头以上的规模养猪场。

给、促进猪肉出口具有非常重要的作用。近年来，国内这方面的研究文献陆续出现。周曙东、戴迎春（2005）利用二元选择计量模型，分析了江苏省养猪户采用合同生产方式的意愿，指出生猪饲养阶段和屠宰阶段的垂直协作是猪肉供应链垂直协作关系中的瓶颈，养猪户与屠宰加工企业垂直协作的最重要动机是减少价格和付款的不确定性。刘玉满、尹晓青（2007）调查分析了山东省某市猪肉供应链中各环节的质量安全问题，认为强化养猪者及屠宰加工企业之间的质量安全合作是中国提高猪肉质量安全总体水平的关键。陈超、谭涛、刘洪波（2006）研究了猪肉供应链的运行效率，认为目前中国猪肉供应链成员之间缺乏稳固的合作关系，且供应链内部信息交流很不充分，生猪屠宰加工企业与上游供货商建立紧密的合作关系能直接或间接提高猪肉供应链的营运绩效。孙世民、唐建俊、王继永（2008）和孙世民、周林、王继永（2009）对优质猪肉供应链合作伙伴的竞合关系作了一些理论探讨，认为养猪者、屠宰加工企业与超市间合作的动机是追求合作优势，在改善猪肉质量安全水平、提高供应链整体利益的同时实现自身利益最大化，竞争的焦点是利益分配和风险分摊。

中国优质猪肉供应链建设与管理刚刚起步，优质猪肉供应链合作伙伴间的竞合关系直接影响着猪肉的质量安全水平。而综观现有研究文献，研究这一重要现实问题的文献在国内外尚不多见。鉴于此，本文将利用来自山东省等15省（市）的761份问卷调查数据和深度访谈资料，分析目前中国优质猪肉供应链中养猪者、屠宰加工企业和超市间的竞合关系，以期为提高优质猪肉供应链建设与管理水平提供参考。本文所研究的优质猪肉是一个整体产品概念，由核心产品、形式产品和延伸产品构成。其主要特征是：品牌知名度高，销售场所信誉好，肉品颜色正常、肌理清晰、新鲜度高，肉嫩多汁、味香、口感好、宜咀嚼，包装合适，品种齐全，单包重量合适，不含激素、传染病病菌和禁用药品残留，有害药物与重金属残留符合标准（孙世民，2006）。

二、数据来源和调查样本情况

（一）数据来源

本文所用数据资料来自于对养猪者、屠宰加工企业和超市的问卷调查和深度访谈。问卷调查的时间为 2008 年 2 月和 8 月。调查实施的步骤为：首先，根据优质猪肉供应链运作实务，分别从养猪者、屠宰加工企业和超市三个主体的角度设计调查问卷，即优质猪肉供应链合作伙伴竞合关系调查问卷，包括养猪者调查问卷（45 个问题）、屠宰加工企业调查问卷（54 个问题）和超市调查问卷（45 个问题）三类。其次，从山东农业大学经济管理学院的本科生和研究生中选择责任心强、做事认真的学生 300 多名，根据他们各自的优势分配调查任务，并就调查的目的、方法、指标含义、统计口径和注意事项等对他们进行了培训。再次，调查人员利用寒假和暑假直接与受访者面谈、现场填写调查问卷。对应于三类调查问卷，受访对象分别是已经与屠宰加工企业建立合作关系的养猪者、已经与养猪者和超市建立合作关系的屠宰加工企业和已经与屠宰加工企业建立合作关系的超市。最后，对收回的调查问卷进行认真审核，得到有效问卷 761 份，其中，养猪者调查问卷 376 份，屠宰加工企业调查问卷 146 份，超市调查问卷 239 份。深度访谈由课题组成员于 2008 年 8 月完成，共计 12 份，访谈对象为问卷调查对象中典型的养猪场或生猪屠宰加工企业，包括山东省的 5 家生猪屠宰加工企业和 3 家规模养猪场、黑龙江省的 2 家生猪屠宰加工企业和 2 家规模养猪场。

（二）调查样本情况

本次调查区域涉及山东、四川、湖南、湖北、河北、河南、天津、黑龙江、吉林、辽宁、浙江、福建、广东、安徽和陕西 15 个省（市），问卷调查和深度访谈对象的分布状况详见表 1 和表 2。在选择对调查区域时，本文兼顾了各地区的生猪生产情况和地域性。从生猪生产情况看，四川、湖南、河南和山东4省是生猪主产区，出栏量占全国生猪出栏总量的35%左右；广东、湖北、河北、安徽和辽宁5省是生猪中产区，出栏量占全国生猪出栏总量的25%左右；福建、浙江、黑龙江、吉林、陕西和天津6省（市）是生猪少产区，出栏量仅占全国生猪出栏总量的12%左右。从地域性看，辽宁、天津、河北、山东、福建、广东和浙江7省（市）属东部地区，黑龙江、吉林、河南、安徽、湖南和湖北6省属中部地区，四川和陕西2省属西部地区。

表1　问卷调查（含深度访谈）对象的地域分布情况

	山东	四川	湖南	湖北	河北	河南	天津	黑龙江
问卷（份）	309	82	53	62	31	42	18	24
比例（%）	40.60	10.78	6.96	8.15	4.07	5.52	2.37	3.15
	吉林	辽宁	浙江	福建	广东	安徽	陕西	合计
问卷（份）	19	18	16	21	26	29	11	761
比例（%）	2.49	2.37	2.10	2.76	3.42	3.81	1.45	100

表2　问卷调查（含深度访谈）对象的地区与产区分布情况

	地区			产区		
	东部	中部	西部	主产区	中产区	少产区
问卷（份）	439	229	93	486	166	109
比例（%）	57.69	30.09	12.22	63.86	21.81	14.33

从受访者的基本情况看，761名受访者主要是养猪者、屠宰加工企业和超市中从事本行业工作多年且近年来主要负责与上下游相邻合作伙伴合作的领导人员或管理人员。其中，男性占84.15%，女性占15.85%；平均年龄44.26岁，样本分布区间为22～60岁，其中，22～40岁的231人，41～60岁的530人；平均受教育年限8.7年，样本分布区间为3～16年，其中，3～5年的211人，6～9

年的315人，10~13年的206人，14~16年的29人；平均从事本行业工作的年限为6.17年，样本分布区间为2~20年，其中，2~5年的431人，6~10年的258人，10年以上的72人。

由于调查与访谈区域兼顾了各地的生猪生产情况和地域性，受访者熟悉猪肉供应链合作伙伴竞合关系、多为男性、平均受教育年限和平均从事本行业工作的年限较长，对调查所涉及的问题有较好的理解与把握，因此，调查与访谈数据具有较高的代表性和可信度。

三、优质猪肉供应链合作伙伴竞合关系分析

（一）优质猪肉供应链合作伙伴合作关系分析

优质猪肉供应链合作伙伴合作关系主要包括合作发起者、合作动机与关心问题、合作内容与运作等方面的内容。

1. 合作发起者。合作发起者，即优质猪肉供应链合作伙伴间合作关系建立时的主动者、联系者或中介者。对合作发起者的调查结果可以反映出养猪者、屠宰加工企业和超市在相互间建立合作关系时的地位与作用。

（1）供应链上游（养猪者与屠宰加工企业之间）合作关系的发起者。养猪者与屠宰加工企业之间通过签订生产合同建立合作关系。调查发现，双方在建立合作关系时的发起者有屠宰加工企业、养猪者、养猪组织或基地和双方的亲戚朋友四类。从表3可以看出，就总体样本而言，屠宰加工企业和养猪者是双方建立合作关系时的主要发起者，认为两者是合作关系发起者的受访者比例接近75%；若考虑养猪组织和养猪基地，则养殖环节的成员是最大的发起者，所占比例接近46%。不过，就个体样本而言，在受访养猪者和受访屠宰加工企业两者中，选择“养猪者”为合作发起者的受访者比例比较接近，但选择“屠宰加工企业”和“双方的亲戚朋友”为合作发起者的受访者比例差别明显。与屠宰加工企业调查问卷的结果相比，养猪者调查问卷结果中将“屠宰加工企业”

认为是合作发起者的受访者比例低了约 24 个百分点，但将“双方的亲戚朋友”选择为合作发起者的受访者比例高出近 16 个百分点。

表 3 养猪者和屠宰加工企业建立合作关系时的发起者 单位：%

	屠宰加工企业	养猪者	养猪组织或基地	双方的亲戚朋友
养猪者调查问卷	32.71	36.70	11.44	19.15
屠宰加工企业调查问卷	56.85	30.82	8.91	3.42
平 均	39.46	35.06	10.73	14.75

（2）供应链下游（屠宰加工企业与超市之间）合作关系的发起者。屠宰加工企业与超市之间通过签订供销合同建立合作关系。调查结果显示，受访的 146 家屠宰加工企业中，57.48% 的企业选择“屠宰加工企业主动”，13.08% 的企业选择“超市主动”，近 30% 的企业选择“第三方牵线搭桥”，这里的第三方包括市场主管部门、双方的亲戚朋友等。受访的 239 家超市中，39.24% 的超市选择“总公司安排”[①]，35.44% 的超市选择“屠宰加工企业主动”，25.32% 的超市选择“超市主动”。

由上述调查结果可以看出，养猪者与屠宰加工企业之间建立合作关系时，前者对第三方（养猪组织或基地和双方的亲戚朋友）的依赖性较大，后者处于主导地位；屠宰加工企业与超市建立合作关系时，前者一般为合作发起者。这间接印证了目前学术界普遍认可的以屠宰加工企业为核心组建优质猪肉供应链的现实可行性。实际操作中，在供应链上游，屠宰加工企业可以首先对若干拟加盟的养猪者进行综合评价，再择优选用；在供应链下游，屠宰加工企业通过综合评价确定优良的备选超市，再与其联系并建立合作关系。

2. 合作动机与关心问题。根据马斯洛的动机行为理论，合作

① 进一步了解得知，在与超市总公司建立的合作关系中，有 70% 以上的是由屠宰加工企业主动联系的。

伙伴的合作动机将决定其合作行为。建立合作关系时双方所关心的问题则构成了合作的参与约束，将直接影响双方相互合作的意愿与合作伙伴的选择结果。

（1）养猪者与屠宰加工企业之间。对养猪者的问卷调查结果显示，与屠宰加工企业建立合作时养猪者的动机有多种，其中，选择频次（可多选）居前三位的依次是“稳定的销售渠道”、“卖个好价钱”和“集中精力养猪”，分别占84.04%、46.81%和45.75%，还有近40%的养猪者选择了“获得生猪饲养管理技术”；就建立合作关系时养猪者关心的问题的调查结果看（详见表4），选择频次明显高出其他项目的是“生猪收购价格”、“生猪收购可靠性”和“付款及时性”。

表4　　建立合作关系时养猪者关心的问题

问题	被选次数	比例（%）	问题	被选次数	比例（%）
品牌知名度	56	14.89	生猪收购价格	276	73.41
猪仔和饲料价格	132	35.11	付款及时性	222	59.04
技术等服务水平	106	28.19	有合作经历	20	5.32
生猪收购可靠性	260	69.15	风险分担程度	130	34.57

注：表中项目可多选，因此，所有选项所占比例之和超过100%。

对屠宰加工企业的问卷调查结果显示，屠宰加工企业与养猪者建立合作关系时，前者对后者有关问题的关心程度[①]居前5位（平均得分值超过3.5分）的依次是：运输距离（4.02分）、发展前景（3.82分）、疫病防疫（3.68分）、社会信誉（3.67分）和投入品质量（3.55分）。

（2）屠宰加工企业与超市之间。对屠宰加工企业的调查结果显示，与超市建立合作关系时屠宰加工企业最关心超市的前6个问

① 采用5分制，分别为1分、2分、3分、4分、5分，分值越高表示越被受访者关心。

题及其得分依次是：超市的市场份额（4.31分）、市场信誉（4.19分）、保鲜设施（4.15分）、发展前景（3.92分）、消费群体（3.86分）和经营理念（3.81分）；对超市的问卷调查结果显示，与屠宰加工企业建立合作关系时，超市对屠宰加工企业所供猪肉的品牌、质量、价格、配送，以及相互间合作经历、合同责任和风险分摊等问题比较关心，其中，被选（可多选）比例超过50%的问题依次是：猪肉质量（98.65%）、猪肉价格（74.32%）、猪肉品牌（63.51%）和猪肉送货及时性（55.41%）。

由上述分析可知，养猪者与屠宰加工企业建立合作关系时，前者的主要动机是获得及时、稳定的高收入，这是由生猪饲养的高疫病风险和高市场风险决定的；后者的主要动机是获得持续、稳定、可控的高质量猪源。屠宰加工企业与超市建立合作关系时，前者最关心后者的市场地位和保鲜设施，后者最关心前者所提供猪肉的质量与价格。可见，尽管养猪者、屠宰加工企业和超市各自动机和所关心问题的内容存在差异，但它们在本质上具有一致性，三者的目标都是在保障猪肉质量安全的前提下获得稳定、持续的高收益。这一结论与笔者的前期理论分析结果（孙世民、周林、王继永，2009）相一致，也与笔者之前对山东省养猪者进行调研得出的结论（孙世民、满广富，2008）相吻合。

3. 合作内容与运作。优质猪肉供应链合作伙伴间的合作，理论上体现为相互之间物流和信息流的有效、持续与协调传递；运作上主要包括相互之间的合同期限、物流配送和相关服务等内容。

（1）合同期限。优质猪肉供应链合作伙伴间通过签订合同建立合作关系，合同期限的长短反映了相互间合作关系的稳定性和持续性。调查结果（详见表5）表明，一半以上的受访养猪场与屠宰加工企业间、屠宰加工企业与超市间的合同期限为2~3年，合作期限在3年以上的不足1/3。可见，优质猪肉供应链合作伙伴间的合同期限较短。根据契约理论，较短的合同期限容易使养猪者、屠宰加工企业和超市产生短期行为，不利于优质猪肉供应链合作关系的稳定和持续发展。

表 5　　优质猪肉供应链合作伙伴间的合同期限　　单位:%

	1 年	2～3 年	4～5 年	5 年以上
养猪者调查问卷	20.56	48.89	26.11	4.44
屠宰加工企业调查问卷	24.82	51.82	12.41	10.95
超市调查问卷	31.07	51.51	9.85	7.57
全部问卷	24.94	50.66	16.95	7.45

（2）物流配送。养猪者与屠宰加工企业间物流配送的内容较多，本次调查主要涉及两个主要方面：一是养猪者出栏生猪的运送方式；二是生猪运送过程中所产生损失的承担者。关于出栏生猪的运送方式，对养猪者和屠宰加工企业的问卷调查结果表明，被双方选择比例最高的选项是“屠宰加工企业取货”（被 71.28% 的养猪者和 47.83% 的屠宰加工企业选择），其次是“养猪者送货”（被 18.09% 的养猪者和 35.51% 的屠宰加工企业选择），最后是“第三方物流”（被 10.64% 的养猪者和 16.67% 的屠宰加工企业选择）；关于生猪运输过程中损失的承担者，根据对养猪者的问卷调查，受访的 376 个养猪者中，选择“屠宰加工企业”的占 54.05%，选择“养猪者与屠宰加工企业分摊”的占 16.76%，选择“生猪运输者”的占 16.22%，选择“养猪者”的占 12.97%。

屠宰加工企业与超市间关于物流配送的协商内容主要包括猪肉的订货数量与频率、运送方式和运送损失承担。关于猪肉订货数量的确定依据，对超市的问卷调查结果表明，受访的 239 家超市中，约 2/3 的超市依据历史数据或需求预测结果，近 1/3 的超市靠经验估计；关于猪肉订货频率，对屠宰加工企业的调查结果与对超市的调查结果非常接近，分别有近 50% 的受访屠宰加工企业和超市选择了“每天一次”，30% 左右的屠宰加工企业和超市选择了“2 天一次”，15% ~20% 的屠宰加工企业和超市选择了“3 ~5 天一次”；关于运送方式，被双方选择比例最高的选项是“企业配送中心”（66.43% 的屠宰加工企业和 84.48% 的超市选择了该选项），其次是“超市采购中心”（17.48% 的屠宰加工企业和 10.11% 的超市选择了该选项），最低的是“第三方物流”（仅有 16.09% 的屠宰加工企业和 5.41% 的超市选择了该选项）；关于猪肉运输中损失的承担者，屠宰加工企业和超市的调查问卷中各选项被选比例的大小顺序完全一致，依次是：“屠宰加工企业”（被 50.71% 的屠宰加工企业和 72.97% 的超市选择）、“屠宰加工企业与超市分摊”（被 28.16% 的屠宰加工企业和 14.86% 的超市选择）、“运输者”（被 12.68% 的屠宰加工企业和 9.46% 的超市选择）和“超市”（被 8.45% 的屠宰加工企业和 2.71% 的超市选择）。综上所述，在优质猪肉供应链运作过程中的物流配送环节，下游销售环节具有订货数量有依据和订货频率高的特征，有利于提高超市猪肉供应的稳定性和新鲜度；在供应链全链条上，屠宰加工企业是生猪和猪肉运输的主力军及运输损失的首要承担者，这对提升其生猪屠宰与猪肉加工这一核心业务及核心能力具有不利影响。

（3）相关服务。为确保优质猪肉供应链的持续健康运行，屠宰加工企业应该为养猪者提供必要的支持和综合服务，超市应该为屠宰加工企业和消费者提供有效的信息服务。

调查结果（详见表 6）表明，屠宰加工企业能够为养猪者提供饲料、种猪、兽药、饲养管理规程、防疫程序、猪舍设计、市场信息、培训、贷款担保等多项服务。其中，受访者选择比例（可多选）处于前 5 位的项目，养猪者和屠宰加工企业的问卷调查结果完全一样。由此可见，屠宰加工企业为养猪者提供的服务中，市场信息是最多的。在目前中国生猪价格波动明显、市场风险较大的情况下，这对于稳定生猪生产、维护养猪者利益是极为重要的；管理制度服务（包括防疫程序和饲养管理规程）居第二位，投入品服务（包括种猪和兽药）最少。显然，屠宰加工企业为养猪者提供的这些服务对双方都有利：对养猪者而言，这些服务的提供有利于改善生猪质量，增加其收益；对屠宰加工企业本身来说，这些服务的提供为其获得稳定的优质生猪供应提供了保障。

表 6　屠宰加工企业为养猪者提供的服务项目　单位:%

	市场信息	防疫程序	种猪	饲养管理规程	兽药
养猪者调查问卷	78.07	51.34	37.43	38.51	35.83
屠宰加工企业调查问卷	61.64	67.12	52.74	36.31	39.04
平　均	70.87	58.26	44.14	37.54	37.24

注：表中项目可多选，因此，所有选项所占比例之和超过 100%。

对屠宰加工企业和超市的问卷调查结果（详见表 7）表明，超市为屠宰加工企业提供的信息服务项目中，数量最多的是消费者的“建议要求”和未来猪肉的“消费趋势”。对超市的问卷调查结果表明，超市在销售优质猪肉的同时，还有 55% ~65% 的超市向广大消费者宣传介绍其生产过程、主要特征和烹饪方法以及健康消费理念等。显然，超市的这些服务有利于增强消费者的质量意识，消费者对猪肉质量的更高要求无疑会对猪肉生产经营者形成更大的压力，进而促进优质猪肉供应链合作伙伴间的合作。这些服务也在很大程度上体现了优质猪肉供应链“既以市场为导向，又引导消费、创造需求”的经营理念。

表 7　超市为屠宰加工企业提供的信息服务项目　单位:%

	建议要求	消费趋势	竞争者状况	替代品状况	政策法规
屠宰加工企业调查问卷	84.51	70.71	43.57	49.29	15.49
超市调查问卷	80.00	58.57	47.14	31.43	40.00
平　均	83.02	66.04	44.34	43.39	23.59

注：表中项目可多选，因此，所有选项所占比例之和超过 100%。

（二）优质猪肉供应链合作伙伴竞争关系分析

供应链管理强调既竞争又合作的竞合共赢思想。美国学者Nalebuff and Brandenburger（1996）对供应链企业之间的竞合进行了诠释：合作把饼做大，竞争把饼分掉。这一对竞合思想的界定被学术界广泛认同。就优质猪肉供应链而言，养猪者、屠宰加工企业和超市之间竞争的焦点在于公平、合理地分享合作带来的整体利益，其竞争具体表现在生猪质量等级的确定、生猪和猪肉价格的确定以及相互间的监管与争议等方面。

1. 生猪质量等级的确定。在生猪按质论价的情况下，生猪质量定级的准确与否直接决定着养猪者与屠宰加工企业间利益分配的合理性。对养猪者和屠宰加工企业的调查结果显示，生猪质量等级的确定者主要有屠宰加工企业、养猪合作组织和养猪基地，其中，74.19%的养猪者和59.6%的屠宰加工企业选择了“屠宰加工企业”，15.05%的养猪者和27.15%的屠宰加工企业选择了“养猪合作组织”，10.22%的养猪者和9.93%的屠宰加工企业选择了“养猪基地”，选择“双方协商”的寥寥无几。进一步调查发现，对于生猪质量等级确定的依据和方法，28.87%的养猪者表示“清楚”，65.78%的表示“一般了解”，5.35%的表示“不知道”。可见，在生猪质量等级的确定过程中，养猪者几乎没有主动权，处于不太知情、被动接受的状态，这种情况有悖于供应链合作伙伴地位平等的基本要求。

2. 生猪和猪肉合同价格的确定与调整。生猪和猪肉合同价格是影响养猪者、屠宰加工企业和超市之间利益分配是否公平、合理的首要因素，也是影响相互之间合作稳定性与持续性的关键。

（1）生猪合同价格与执行。调查结果显示，生猪合同价格的确定方式有多种，但以市场价格和双方协商为主导。受访的376个养猪者和146家屠宰加工企业中，选择“采用市场价格”的分别占47.22%和49.09%，选择“双方协商”的分别占36.57%和

37.58%。可见，在养猪者与屠宰加工企业的合作中，近一半的生猪交易合同采用的价格是市场价格。众所周知，长期以来，中国生猪市场价格波动明显，若过多地依赖市场价格则难以避免市场风险，容易损害养猪者或屠宰加工企业的利益。

在生猪合同价格执行过程中，若合同价格偏离当前市场价格，受访者中只有少部分选择“执行既定价格”（18.62%的养猪者、13.77%的屠宰加工企业），绝大部分选择调整价格。关于由谁调整价格，受访者中，大部分选择了“双方协商”（59.57%的养猪者、61.59%的屠宰加工企业），小部分选择了“屠宰加工企业”（11.17%的养猪者、13.04%的屠宰加工企业），个别的选择了“养猪者”（2.13%的养猪者、1.45%的屠宰加工企业）。从数量上看，受访者中，选择屠宰加工企业或养猪者单独调整生猪价格的受访者比例并不高，但是相比较而言，选择屠宰加工企业调价的受访者比例是选择养猪者调价的受访者比例的5~9倍。可见，在调整生猪销售价格时，除双方协商外，屠宰加工企业还处于较明显的主导地位。

（2）猪肉合同价格与执行。关于猪肉合同价格的确定，对屠宰加工企业和超市问卷调查的结果（详见表8）显示，屠宰加工企业与超市中，选择“双方协商”的受访者比例前者高出后者45个百分点，选择“超市总公司”的受访者比例后者高出前者41个百分点，两类受访者选择同一选项的比例差距很大。其原因是受访超市多为某总公司的分公司，它们大多数没有自主定价权，只能执行总公司的决定。进一步调查发现，超市总公司大多与屠宰加工企业协商确定猪肉价格，这意味着关于猪肉价格的确定者，选择了“超市总公司”在很大程度上就等同于选择了“双方协商”。这样，受访超市中选择“双方协商”确定猪肉价格的比例就达70%左右。由表8可以看出，选择“屠宰加工企业”或“超市”单独决定猪肉合同价格的受访者比例也不高，但“屠宰加工企业”的被选比例几乎是“超市”的2倍。这说明，在确定猪肉合同价格时，除双方协商外，屠宰加工企业略具主导地位。

表8　优质猪肉供应链中猪肉合同价格的确定者　单位:%

	双方协商	屠宰加工企业	超市	超市总公司
屠宰加工企业调查问卷	77.14	10.71	6.42	1.43
超市调查问卷	32.00	17.33	8.00	42.67
平　均	61.40	13.02	6.98	15.81

在猪肉合同价格执行过程中，若猪肉合同价格偏离市场价格，受访屠宰加工企业和超市中九成以上的选择将调整价格。关于调价者，57.33%的超市和61.76%的屠宰加工企业选择了“双方协商”，21.92%的超市和18.38%的屠宰加工企业选择了“超市”，只有12.33%的超市和9.56%的屠宰加工企业选择了“屠宰加工企业”。从这些数据可以看出，“超市”的被选比例是“屠宰加工企业”的近2倍。这表明，在调整猪肉价格时，除双方协商外，超市稍具主导地位。

3. 相互间的监管与处理。消除机会主义，形成规范的履约行为，是优质猪肉供应链合作伙伴公平、合理地分配整体利益的基本要求。因此，养猪者、屠宰加工企业和超市之间在合作过程中会相互进行监督检查，并及时处理监督检查中发现的问题。

(1) 屠宰加工企业对养猪者的监管。对屠宰加工企业的问卷调查结果表明，受访的146家屠宰加工企业中，95.78%的企业依照合同条款对养猪者进行了监督检查；检查频率为：23.13%的企业每月一次，44.03%的企业每季一次，8.96%的企业每半年一次，23.88%的企业随机进行；检查内容涉及养猪者的饲料、兽药、防疫、环境、设施、生猪尿样、生猪行为、饲养员健康状况和动物福利九方面12项内容。其中，被选比例（可多选）居前5位的都超过了60%，依次是防疫状况（82.88%）、饲料质量（69.18%）、兽药使用情况（64.12%）、环境卫生（63.01%）和饲养条件（60.96%）。根据对监督与检查问题的调查结果，违反合同一定次数的养猪者将被解除合约，其中，违约1次即被解除合约的占14.89%，2~3次的占72.34%，4次及以上的占9.93%。调查结果还显示，受访屠宰加工企业对于代表全球发展趋势的动物福利关注很少，将“动物福利”选择作为检查项目的受访者比例不足10%；对于近年来国内政府和学者大力倡导的健康养殖也重视不够，将“健康养殖”选择作为检查项目的受访者比例只有1/3左右。

出栏生猪质量指标是屠宰加工企业最重视的综合检查项目，因为只有高质量的生猪才能生产出名副其实的优质猪肉。对养猪者和屠宰加工企业的问卷调查结果表明，对于质量指标不符合要求的生猪将采用拒绝收购、降价收购和延期收购三种处理方式，具体结果见表9。

表9　质量指标不符合要求的生猪处理方式　单位：%

	拒绝收购	降价收购	延期收购
养猪者调查问卷	33.58	43.35	23.07
屠宰加工企业调查问卷	55.48	32.19	12.33
平　均	39.87	40.02	20.11

综合屠宰加工企业对养猪者监管的调查结果可以发现以下几点：①近70%的受访屠宰加工企业会检查养猪者的饲料质量状况，这对保障猪肉质量安全无疑具有重要意义，因为饲料既是生猪的营养来源，又是“瘦肉精”、农药和重金属等有毒、有害物质的载体。但关于合作中的服务，对养猪者和屠宰加工企业的问卷调查结果均显示，屠宰加工企业为养猪者提供饲料服务的比例不足30%。②总体上超过60%的不合格生猪被降价或延期收购，这体现了对不合格生猪饲养者的惩罚，但也意味着屠宰加工企业对生猪质量把

关不严格。这种重监管轻服务、重惩罚轻把关的做法，难以从源头上保障猪肉质量，是目前屠宰加工企业与养猪者竞合关系中的较大漏洞。

（2）屠宰加工企业与超市间的相互监管。对屠宰加工企业的问卷调查结果（详见表10）显示，近九成的受访屠宰加工企业对超市的质量安全保障条件进行了监督和检查，被选比例（可多选）最高的是“消毒杀菌”，最低的是“操作员的健康状况”。可见，受访屠宰加工企业对超市操作间的卫生状况比较重视，但对操作人员的健康状况重视不够，这是较明显的猪肉质量安全隐患。

表10　屠宰加工企业对超市质量安全保障条件的检查项目

	消毒杀菌	操作间卫生	冷藏设施	销售设施	灭蝇灭虫	操作员健康
数量（家）	115	104	100	83	60	55
比例（%）	78.99	71.43	67.23	57.14	41.18	37.82

注：表中项目可多选，因此，所有选项所占比例之和超过100%。

调查结果还显示，几乎所有超市在接收猪肉前都要检查“三证”（出境证、车辆消毒证、动物检疫证）或“四证”（“三证”加“五号病”防疫证），91.49%的超市对拟入市猪肉的感官指标、生化指标、微生物指标和致病菌进行了检测，检测项目按被选比例（可多选）的大小排列依次是致病菌（68.68%）、微生物指标（58.79%）、感官指标（48.35%）、生化指标（45.61%）。若检测中发现某些指标不合格，对问题猪肉的处理，54.69%的受访超市选择了“退回”，39.23%的超市选择了“退回并罚款”，只有6.08%的超市选择了“降价接收”。可见，绝大多数超市能够严把猪肉质量的最后关口，能够发挥对猪肉质量安全的促进和保障作用。

4. 争议与解决。优质猪肉供应链中养猪者、屠宰加工企业和超市都是独立的利益个体，因此，在整体利益分配过程中相互之间难免会遇到一些争议甚至冲突。

(1) 养猪者与屠宰加工企业间的争议。对养猪者和屠宰加工企业的问卷调查结果（详见表11）显示，双方间争议重点集中在生猪的价格与质量方面，双方在货款支付及时性上分歧较小，在投入品质量与价格上争议最小（这主要是屠宰加工企业为养猪者提供的投入品服务较少的缘故）。对于生猪的价格和质量，屠宰加工企业对两者几乎同等对待，而养猪者更关心价格。养猪者的这种偏执既不符合优质猪肉供应链运作的要求，也不利于增加局部和整体利益。其原因是，对养猪者而言，生猪没有好的质量就没有高的价格；对猪肉供应链而言，生猪质量在很大程度上决定着猪肉质量，决定着消费者的满意度和供应链整体利益，进而影响个体利益。因此，养猪者一味地追求高价格反而会损害自身利益，无疑是一种“囚徒困境”。

表 11　养猪者与屠宰加工企业间的争议　单位：%

	生猪价格	生猪质量	及时付款	投入品质量与价格
养猪者调查问卷	83.87	57.53	35.48	19.89
屠宰加工企业调查问卷	72.22	69.44	31.94	34.03
平　均	78.79	62.73	33.94	26.06

注：表中项目可多选，因此，所有选项所占比例之和超过100%。

(2) 屠宰加工企业与超市间的争议。对屠宰加工企业与超市的问卷调查结果（详见表12）显示，双方间争议的重点集中在猪肉的价格、质量、配送和付款以及进店费等方面。对比表11和表12中屠宰加工企业关于价格和质量的调查结果，可以看出，同样是屠宰加工企业，在向养猪者收购生猪时，它们对生猪价格和质量同样重视，但在为超市提供猪肉时却表现出较明显的重价格轻质量的倾向。这意味着，当屠宰加工企业作为优质猪肉的供给方时，它们在一定程度上也存在着与养猪者一样的“囚徒困境”现象。

表 12　屠宰加工企业与超市间的争议　单位：%

	猪肉价格	猪肉质量	送货及时性	付款及时性	进店附加费
屠宰加工企业调查问卷	65.07	41.78	41.09	41.09	45.21
超市调查问卷	52.86	47.14	52.86	44.28	27.14
平　均	61.11	43.52	44.91	38.89	39.35

注：表中项目可多选，因此，所有选项所占比例之和超过 100%。

（3）合作伙伴间争议的解决。合作伙伴间的争议甚至冲突不可避免，公平、合理地解决这些争议将会增强相互间进一步合作的意愿与动力。对养猪者、屠宰加工企业与超市的调查结果均显示，相互间争议的焦点是生猪和猪肉的价格与质量；当争议发生时，协商解决几乎是惟一的选择，首选（可多选）的都是“双方直接协商”，即养猪者与屠宰加工企业协商解决生猪的价格与质量争议（73.77% 的养猪者和 74.66% 的屠宰加工企业选择了该选项），屠宰加工企业与超市协商解决猪肉的价格与质量争议（80.14% 的屠宰加工企业和 75% 的超市选择了该选项）。这种协商解决争议的做法体现了供应链管理的竞合思想，符合优质猪肉供应链建设与有效运行的要求。

（三）优质猪肉供应链合作伙伴对竞合关系满意度的分析

合作伙伴对竞合关系的满意度是一个综合性指标，在很大程度上反映了优质猪肉供应链运行的总体效果，直接决定着其生存与发展的稳健性和可持续性。作为优质猪肉供应链的源头，养猪者数量多、饲养规模相对较小，市场集中度较低且地域分散，因此，与屠宰加工企业和超市相比，养猪者是否满意于现有竞合关系，对于保障猪肉质量安全水平更加具有现实意义。对养猪者的问卷调查结果（详见表 13）表明，376 家受访养猪场（户）中，满意现有竞合关系的占 80% 以上，不满意和很不满意的不足 3%；近 70% 的受访养猪场（户）愿意与正在合作的屠宰加工企业继续合作。

表 13　受访养猪者对竞合关系的满意度及未来意愿

	竞合关系满意度					继续合作意愿	
	很满意	满意	较满意	不满意	很不满意	意愿	不意愿
数量（家）	38	268	59	7	4	255	121
比例（%）	10.11	71.28	15.69	1.86	1.06	67.82	32.18

另外，对于养猪者最关心的生猪价格和质量定级的合理性，376 家受访养猪场（户）中，14 家认为“很合理”，291 家认为“合理”，71 家认为“不太合理”。这表明，在养猪者与屠宰加工企业间的合作与竞争过程中，超过 80% 的养猪者认可生猪的价格和质量定级。

目前，中国优质猪肉供应链建设与管理还处于起步阶段，其组织效率和运作效率都很低（陈超等，2006），且生猪质量定级的决定权主要掌握在屠宰加工企业手中，为什么养猪者对于自身与屠宰加工企业之间的竞合关系有相对高的满意度呢？对此，本文有如下解释和认识：

1. 优质猪肉供应链已初显合作优势。尽管目前中国优质猪肉供应链运作效率不高，成员之间没有形成稳定的战略合作关系，内部信息交流不够充分，但它已经为合作各方带来了比不合作更大的利益，即合作优势。养猪者加入优质猪肉供应链的参与约束条件已经成立，优质猪肉供应链建设与管理的效果已初露端倪。

2. 与屠宰加工企业的“独断专行”相比，养猪者的“违约”更加明显。对养猪者的问卷调查结果表明，8.61% 的受访养猪场（户）认为屠宰加工企业存在“独断专行”或“将不合理决定强加于人”的现象；对屠宰加工企业的问卷调查结果显示，35.28% 的受访屠宰加工企业认为养猪者存在“违约”问题。可见，与屠宰加工企业的“独断专行”相比，养猪者的“违约”行为倾向更加明显。所以，尽管屠宰加工企业掌握着生猪质量定级权，但强加于人的不合理决定很少，大多数养猪者认可屠宰加工企业所确定的质量等级的合理性。

四、结论与政策含义

综合对12家生猪屠宰加工企业和养猪场的深度访谈资料以及对养猪者、屠宰加工企业和超市的761份问卷的调查结果，本文对目前中国优质猪肉供应链合作伙伴竞合关系作出以下基本判断：

1. 作为优质猪肉供应链上的三大构成主体，养猪者、屠宰加工企业和超市均具有较强的合作意愿，相互之间通过签订生产合同和销售合同建立起基本的合作关系，其中，屠宰加工企业处于主导或主动地位。

2. 养猪者与屠宰加工企业合作的动机是把符合要求的生猪卖出去且卖个好价钱，超市与屠宰加工企业合作的动机主要是获得优质、低价、快速供应的猪肉产品。尽管三者合作动机的内容各不相同，但本质相同，都是在提高并维护猪肉消费者满意度的前提下追求持续、稳定的高收益。

3. 在养猪者和屠宰加工企业、屠宰加工企业和超市的合作过程中，相互间除了进行生猪的购销、猪肉的购销外，还彼此提供相关服务和支持，其中，市场信息和引导消费是最主要的服务项目，体现了提高消费者满意度这一优质猪肉供应链管理的首要目标。

4. 作为优质猪肉供应链的源头，绝大多数养猪者对现有合作表示满意或比较满意，大多数愿意与正在合作的屠宰加工企业继续合作。这表明，养猪者已经通过合作获得了比不合作更多的收益，中国优质猪肉供应链建设与管理已经初见成效。

5. 养猪者、屠宰加工企业和超市间通过签订合同形成合作关系，但相互间签订合同的期限较短，合同期限在3年以上的不足1/4。可见，目前中国优质猪肉供应链合作伙伴间还未形成较长期的、稳定的合作关系，短期行为较明显，不利于优质猪肉供应链组织效率和运行效率的提高。

6. 养猪者、屠宰加工企业和超市间在市场信息方面有较多的沟通和交流，但在生猪的质量定级和价格确定与调整方面仍存在明显的信息不对称问题，且质量定级权主要由屠宰加工企业掌握，反映出供应链内部信息交流的不充分性和主体地位的不平等性，这不利于供应链整体利益的合理分配。

7. 为确保商品猪的质量，营造良好的猪肉销售环境与条件，屠宰加工企业能够根据合同条款对养猪者和超市进行定期或随机的检查，这确实是明智之举。但是，这些监督、检查的内容大多为常规项目且频率较低，对于代表全球发展趋势的动物福利和健康养殖以及生猪饲养员和猪肉加工销售人员的健康状况重视不够，对于饲料这一直接影响猪肉质量安全状况的关键因素存在着重监督轻服务的倾向。

8. 作为相互独立的利益个体，养猪者、屠宰加工企业和超市在合作过程中不可避免地存在着各种各样的争议，这些争议主要集中在生猪和猪肉的价格和质量等级确定以及送货、货款支付及时性等方面，且大多通过双方直接协商解决，体现了供应链管理的基本竞合思想。但是，对于生猪和猪肉的价格与质量，多数养猪者和屠宰加工企业均更加关注前者，表现出“囚徒困境”式的个体理性。

上述研究结论表明，总体而言，目前中国优质猪肉供应链合作伙伴竞合关系是好的，但尚存在一些不足。如何克服这些不足，笔者认为，应重点从如下四个方面入手：一是加强供应链管理理论和健康养殖方式的教育与培训，强化养猪者、屠宰加工企业和超市的经营理念；二是大力培育和扶持屠宰加工企业，以不断提高其对猪肉供应链的组织、协调和运作能力，以及对养猪者和超市的服务与监管能力；三是加强优质猪肉供应链合作伙伴间“竞争—合作—协调”问题的研究，为改善优质猪肉供应链合作伙伴竞合关系提供强有力的理论支撑；四是严格贯彻执行《中华人民共和国食品安全法》、《安全食品供应链标准 ISO22000》等有关法规与标准，营造优质猪肉供应链“要生存与发展就必须加强合作伙伴间的合作，要合作就必须公平、合理地分享合作成果”的环境。

参考文献

1. Kliebenstein, James B. and Lawrence, John D.: Contracting and Vertical Coordination in the United States Pork Industry, *American Journal of Agricultural Economics*, 77 (12), 1995.

2. Boger, S.: Quality, Contractual Choice: a Transaction Cost Approach to the Polish Hog Market, *European Review of Agricultural Economics*, 28 (3), 2001.

3. Hobbs, J. E.; Kerr, W. A. and Klein, K. K.: Creating International Competitiveness through Supply Chain Management: Danish Pork, *Supply Chain Management*, 3 (2), 1998.

4. Nalebuff, B. J. and Brandenburger, A. M.: *Co - opetition*, London: Harper Collins Business, 1996.

5. 卢凤君、叶剑、孙世民：“大城市高档猪肉供应链问题及发展途径”，《农业技术经济》2003 年第 2 期。

6. 孙世民：“大城市高档猪肉有效供给的产业组织模式与机理研究”，中国农业大学博士学位论文，2003 年。

7. 陈超、罗英姿：“创建中国肉类加工企业食品供应链模型的构想”，《南京农业大学学报（社会科学版）》2003 年第 1 期。

8. 孙世民：“基于质量安全的优质猪肉供应链建设与管理探讨”，《农业经济问题》2006 年第 4 期。

9. 周曙东、戴迎春：“供应链框架下养猪户垂直协作形式选择分析”，《中国农村经济》2005 年第 6 期。

10. 刘玉满、尹晓青：“猪肉供应链各环节的食品质量安全问题”，《中国畜牧杂志》2007 年第 2 期。

11. 陈超、谭涛、刘洪波：“猪肉行业供应链效率研究”，《南京农业大学学报（社会科学版）》2006 年第 6 期。

12. 孙世民、唐建俊、王继永：“论优质猪肉供应链中的竞合关系”，《物流科技》2008 年第 2 期。

13. 孙世民、周林、王继永：“优质猪肉供应链合作伙伴有效竞合的内涵与形成机理”，《商业研究》2009 年第 1 期。

14. 孙世民、满广富：“养猪专业户加盟优质猪肉供应链的意愿与动机分析”，《中国食物与营养》2008 年第 4 期。

作者单位：山东农业大学经济管理学院

发表刊物：《中国农村观察》2009 年第 6 期

中国淡水养殖业的科技瓶颈与突破[①]

陈　洁　朱玉春　罗　丹　刘　杰

内容提要：改革开放以来，淡水养殖业保持了比粮食、畜牧业高得多的发展速度，在中国养殖业和农业中的地位也迅速攀升，并成为世界水产业发展中最为突出的进展之一。科技的快速进步在支撑中国淡水养殖业迅速发展中曾经起到非常重要的作用，而利用C—D生产函数进行测算的结果表明，近年来淡水养殖业科技进步明显放缓，这一现象确实需要引起高度关注。淡水养殖业的发展前景广阔，但在养殖面积不可能大量增加和质量安全要求越来越高的情况下，根本的发展动力只能来自科技进步。对1359户养殖户的调查发现，淡水养殖业的科技进步需求非常强烈。本文认为，渔业科技进步贡献率回落的主要问题出在供给方，根本的症结在于体制机制不顺，并着重从加强对基层技术推广机构公益性职能的支持、加强科技创新体系建设和加大科技投入三个方面提出了政策建议。

关键词：淡水养殖业　科技进步　科技需求

一、引　言

渔业是中国农业的重要组成部分，渔业发展对农业发展、农民增收具有重要的带动作用。

---

① 本文得到现代农业产业技术体系建设专项资金资助（NYCYTX－49）。

1978～2008 年，中国水产品产量从 459 万吨增加到 4896 万吨，增长了 9.7 倍[①]；渔业总产值从 22 亿元增加到 5203 亿元，按照不变价格计算增加了 16.7 倍；渔业总产值占农林牧渔业总产值的比重，从 1.6% 提高到 9.0%。2008 年，渔业吸纳劳动力达到 1454 万人。2009 年，渔民人均纯收入预计超过 8000 元，高出农民人均纯收入 60% 左右（牛盾，2009）。

中国渔业之所以取得如此巨大的成就，关键在于改变了渔业发展方式，实现了"以养为主"（李健华，2008）。1978～2008 年，养殖产量占中国水产品产量的比重从 26.4% 提高到 69.7%。在水产养殖中，淡水养殖又是主要部分，2008 年占 60.73%。因此，中国水产业的发展，与淡水养殖业的强劲增长密切相关。1978～2008 年，中国淡水养殖产量从 76.26 万吨增长到 2072.50 万吨，增长 26 倍，年均增长速度达到 11.64%，这一增长速度比同期粮食产量要高 9.79 个百分点，比肉类要高 4.25 个百分点，比水产品也高出 3.44 个百分点。淡水养殖业的高速发展，使其在水产养殖业和整个农业中的地位迅速攀升。1978～2008 年，淡水养殖产量占水产品产量的比重从 16.60% 提高到 42.33%，增加了 25.73 个百分点；淡水养殖相当于肉类的比重也从 53.60% 提高到 67.26%[②]。目前，中国已经成为世界上最大的水产养殖大国，水产品养殖产量占世界养殖产量的 70% 左右，淡水产品养殖产量占世界养殖产量的比重超过 40%[③]。中国的淡水养殖业发展不仅为中国，也为世界食物安

① 根据 FAO 的统计，中国的水产品产量目前已经占到世界水产品产量的 1/3 以上。

② 农业部编：《新中国农业 60 年统计资料》，中国农业出版社 2009 年版。

③ 这一时期，世界水产业也开始从基本依靠捕捞向养殖业开始转变，世界淡水养殖业业得到迅速发展。据 FAO 统计，2008 年世界水产品总产量为 15914.91 万吨，其中，淡水养殖产量为 3155.45 吨，占世界水产品总产量的 19.8%。1978～2008 年，世界淡水养殖产量从 199.07 万吨增长到 3155.465 万吨，增长近 15 倍。在增长部分中，有 67.52% 是由中国贡献的。

全作出了重要贡献①。

在水资源匮乏、人均水面资源有限的情况下，中国淡水养殖业之所以取得如此大的成就，原因是多方面的。一是养殖面积的快速扩大。1978～2008年，中国淡水养殖面积从4084.27万亩增长到7456.5万亩，最高的年份曾经超过8000万亩。中国农民探索出了一条以池塘精养为特色的淡水渔业发展道路，这是中国农民的又一重要创造。2008年，池塘养殖产量占淡水养殖总产量的70.42%。二是投入的增长。1985～2008年，全国渔业中间消耗从38.56亿元增长到2031亿元，增长了近52倍。三是劳动力投入的增长。1985～2008年，渔业劳动力从595.42万人增长到1454.37万人，增长了1.44倍②。除了以上因素以外，淡水养殖业的发展在很大程度上依赖于科技进步。改革开放以后，中国水产育种技术不断取得新突破，人工繁殖技术不断发展，水产养殖种类大为丰富，养殖对象的营养需求研究和饲料配方技术快速发展，高产养殖技术体系趋于成熟，水产健康养殖技术得到应用，病害防治水平明显提高，淡水渔业科技进入了一个全新的发展时期，为淡水渔业的发展提供了坚实的支撑（蒋高中，2010）。

中国水产品消费正处于快速提升的阶段③。而中国居民一直钟爱淡水产品④，淡水养殖业的发展潜力还非常大。而在淡水养殖面积不可能再大量增加和城乡居民的质量安全要求越来越高的情况下，促进淡水渔业发展的根本力量只能来自科技进步。

但现实的情况却很不让人乐观。20世纪90年代末期以来，中

① 曾经以《谁来养活中国》一书引起世界轰动的作者莱斯特·布朗，2008年6月在中国接受《环球时报》采访时高度评价中国淡水养殖业的发展成就，认为这是对世界的重大贡献。

② 数据来源：农业部渔业局。

③ 据FAO估计，1997～2030年，中国人均鱼品消费增长幅度将超过84%。

④ 2008年，中国的淡水产品产量占水产品产量的比重为45.9%，比1978年提高了22.8个百分点，比2000年提高了5.2个百分点。照这样的发展趋势，淡水产品的消费比重不久将达到50%以上。

国淡水渔业进入了一个战略性结构调整的阶段。近年来，由于靠走扩大养殖面积的潜力越来越小，中国淡水养殖业产量增长趋势已经明显放缓，科技的支撑作用显得越来越重要。根据农业部制定的《中长期渔业科技发展规划（2006～2020）》的要求，到2020年，渔业科技贡献率要达到63%以上（农业部，2007）。中国近年的水产育种技术和人工繁殖技术并无大的突破，水产品养殖技术推广也明显受挫，淡水养殖的科技支撑能力已经显得极不适应（刘聪，2009）。而对样本养殖户的调查表明，养殖户的科技需求目前远未得到满足，政府应该提供的公益性服务远未到位。这一局面如果不能得到根本改观，在资源有限的情况下，淡水渔业的发展将受到严重制约。

二、方法与数据来源

（一）研究方法

新古典学派的经济增长理论认为，经济增长主要源于劳动、资本投入的增加和技术进步，并且各投入要素对经济增长的贡献率可以通过柯布—道格拉斯生产函数（C—D生产函数）或CES生产函数的计量经济分析加以量化（孟祥云、连珂，2005）。自1957年Solow首次将技术进步问题导入生产函数（Robert M. Solow，1969）后，很多经济学家对技术进步测定模型的开发和改良作了大量的研究。农业技术进步贡献率的测算方法有C—D生产函数法、索洛余值法、综合要素生产率指数法、总因子生产率指数法、指标法以及综合法。本文采用C—D生产函数法测算中国淡水养殖业科技进步贡献率。C—D生产函数的一般形式为：

$$Y = CA^{\alpha}K^{\beta}L^{\gamma}e^{\delta xt} \quad (1)$$

式（1）中，Y表示淡水养殖产量，A表示淡水养殖面积，K表示淡水养殖的中间物质消耗，L表示淡水养殖的劳动力投入，C为常数项，T为时间变量。α、β、γ分别是养殖面积、中间物质消耗及劳动力产出弹性系数，δ 就是淡水养殖科技进步率。

(1) 式两边取对数后可转化为下述形式：

$$\mathrm{Ln}Y = \mathrm{Ln}C + \alpha \mathrm{Ln}A + \beta \mathrm{Ln}K + \gamma \mathrm{Ln}L + \delta T \quad (2)$$

(2) 式两边对 t 求导可得

$$(1/Y)(dy/dt) = \alpha(1/A)(d_A/dt) + \beta(1/K)(dK/dt) + \gamma(1/L)(dL/dt) + \delta \quad (3)$$

当以年份数据计算时，可取 $dt=1$，且把 dY 改写成 ΔY，得到：

$$\delta = \Delta Y/Y - [\alpha(\Delta A/A) + \beta(\Delta K/K) + \gamma(\Delta L/L)] \quad (4)$$

其中 ΔY、ΔA、ΔK、ΔL 分别为产量、养殖面积、物质消耗、劳动力投入的年增量，而 $\Delta Y/Y$、$\Delta A/A$、$\Delta K/K$、$\Delta L/L$ 就是产量、养殖面积、物质消耗、劳动力投入的年增长率。

（二）统计数据来源

利用历史数据估计上述 C—D 模型时，我们采用 1989～2008 年相关的全国淡水养殖的时间序列数据。

投入产出要素的具体取值：淡水养殖产量 Y（单位：万吨），数据来自《中国渔业统计年鉴》（1989～2009）；淡水养殖面积 A（单位：千公顷），数据来自《中国渔业统计年鉴》（1989～2009 年）；渔业中间物质消耗 K（单位：亿元），数据来自《中国农村统计年鉴》（1990～2009 年）；淡水养殖劳动力 L（单位：万人），数据来自《中国渔业统计年鉴》（1989～2009 年）。由于现有的统计年鉴并未对淡水养殖中间物质消耗进行统计，需要对该数据进行估计。本文采用淡水养殖产量/全国水产品产量×1989 年不变价格的办法，先估算淡水养殖业中间物质消耗占渔业中间物质消耗的比重，然后乘以渔业中间物质消耗。

（三）调查数据的取得

为了解养殖户的家庭基本情况、投入和生产经营状况、目前面临的困难以及有关技术和政策需求等问题，“国家大宗淡水鱼类产业技术体系产业经济功能研究室”于 2009 年 5～7 月同中国人民大学、四川省社会科学院、沈阳农业大学、华中农业大学、湖南农业大学、广东海洋大学等单位合作，组织160余名调查员在8个省（直辖市）开展了水产养殖户入户问卷调查。此次调查共获得1359份养鱼户问卷，其中广东、河南、湖北、湖南、江苏、辽宁、四川、天津的样本量分别为169户、249户、254户、193户、156户、118户、194户和26户。在科技服务获得情况和科技服务需求部分，将根据样本户的有效回答数进行相关分析。

三、淡水养殖业科技进步贡献率测算

（一）邹突变点检验

根据统计数据的变化特征，我们选择1999年为突变点，并通过邹突变点检验法检验1999年前后渔业是否发生了本质上的一些变化。

假设两个子样本（1989~1998年、1999年~2008年）相对应的模型回归参数相等，备择假设是两个子样本对应的回归参数不等。在1989~2008年样本范围内作回归，然后进行邹检验。由表1可知，因为F=13.0位于临界值右侧，所以推翻原假设，结论为1999年渔业发生了很大的变化。参见表1

表1 邹突变点检验法检验结果

F – statistic	13.02065	Probability	0.000412
Log likelihood ratio	40.32557	Probability	0.000000

（二）全国淡水养殖业科技贡献率测算

利用EVIEWS 5.0软件计算，采用OLS模型分两阶段进行参数估计，测算结果如下：

（1）1989~1998年：

$$\mathrm{Ln}Y = -0.5065 + 2.296\mathrm{Ln}A + 0.8486\mathrm{Ln}K\ (-0.08)\ (4.6112^{***})$$

$$(1.2043)-0.2548\text{Ln}L+0.0518T(-0.9694)(3.4051^{**})$$

$$R^2=0.9992,\ \bar{R}^2=0.9986,\ \text{F}=1575.336 \quad (5)$$

（2）1999 ~2008 年：

$$\text{Ln}Y=8.661+0.417\text{Ln}A+0.171\text{Ln}K(2.6456^{**})(5.6421^{***})$$

$$(1.5327)+0.178\text{Ln}L+0.024T(0.8247)(1.79)$$

$$R^2=0.993,\ \bar{R}^2=0.9874,\ \text{F}=177.9733 \quad (6)$$

从回归结果看，方程（5）和（6）总体显著性较好，拟和优度较高，F 统计检验很显著，模型的整体解释能力较强。方程（5）A 的回归系数通过 1% 的显著性检验，T 的回归系数通过 5% 的显著性检验，方程（6）A 的回归系数通过 1% 的显著性检验，表明养殖面积在淡水养殖产量增长中发挥了积极作用；方程（5）和（6）K 和 L 未通过 t 检验，说明淡水养殖中继续增加物质消耗和劳动力投入不会明显引起养殖产量增加。

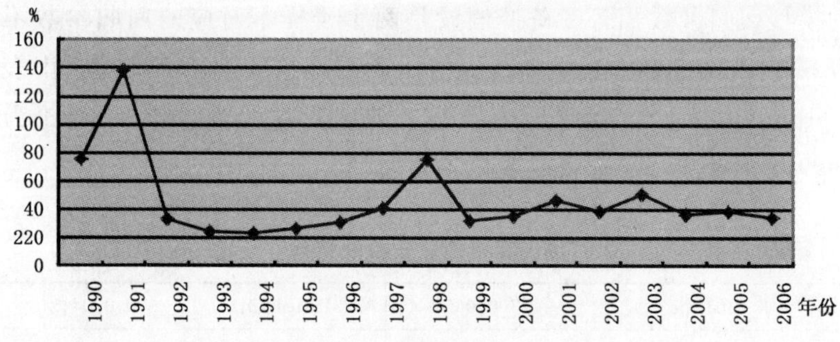

图 1　1999 ~2006 年全国淡水养殖业科技贡献率

由于 2007 年中国水产品产量数据进行了重要调整，前后数据不具可比性，我们对 2007 年以后年份的科技贡献率不作测算。根据公式淡水养殖科技进步贡献率 $=\delta/(\Delta Y/Y)\times100\%$ 计算，中国 1990 ~2006 年淡水养殖业的科技进步贡献率平均为 45.92%，其中 1990 ~1998 年和 1999 ~2006 年的平均值分别为 52.12% 和

38.94%。这说明，中国淡水养殖业的科技进步贡献率较高，但20世纪90年代末以来整体水平明显下降，近年科技进步贡献率不稳定。2003~2006年从50.36%降到34.27%，可参见图1。

（三）不同地区淡水养殖业科技贡献率测算

利用历史数据估计东部、中部地区淡水养殖业科技进步贡献率的C—D模型时，采用时间序列和截面数据相结合的办法，利用EVIEWS 5.0软件计算。

1. 东部地区。东部地区11个省级单位，采用混合模型对其进行参数估计，测算结果如下：

$$\mathrm{Ln}Y = 6.439 + 0.642\mathrm{Ln}A + 0.074\mathrm{Ln}K(16.476^{***})(11.28^{***})$$
$$(1.663^{*}) + 0.209\mathrm{Ln}L + 0.056T(3.933^{***})(7.116^{***})$$

$$R^2 = 0.9025, \bar{R}^2 = 0.9007, F = 497.784 \qquad (7)$$

A、L和T的回归系数通过了1%的显著性检验，表明淡水养殖业中的养殖面积和劳动力投入都在淡水养殖产量增长中发挥了积极作用，其中尤以淡水养殖面积的作用最为突出；K的回归系数通过10%的显著性检验，淡水养殖业中的中间物质消耗在淡水养殖产量增长中具有统计上的显著影响。

2. 中部地区。中部地区8个省级单位，采用时间序列和截面数据相结合的办法。由于混合模型和个体固定效应模型的F统计量检验拒绝个体混合效应，并且个体固定效应模型和个体随机效应模型的Hausman检验拒绝了个体随机效应模型，最终采用个体固定效应模型对其进行参数估计，测算结果如下：

$$\mathrm{Ln}Y = 9.438 - 0.984D_1 - 0.927D_2 - 0.335D_3 + 0.284D_4$$
$$+ 0.564D_5 - 0.046D_6 + 0.813D_7 + 0.631D_8 + 0.344\mathrm{Ln}A$$
$$+ 0.2935\mathrm{Ln}K + 0.0375\mathrm{Ln}L + 0.0192T(4.9593^{***})$$
$$(14.5408^{***})(2.2438^{**})(4.7219^{***})$$

$$R^2 = 0.9946, \bar{R}^2 = 0.9942, F = 2469.278 \qquad (8)$$

其中虚拟变量 D_1，D_2，$D_3\cdots$，D_8 的定义是：

$$D_i=\begin{cases}1，如果属于第 i 个省，i=1，2，\cdots\cdots，8\\0，其他\end{cases}$$

A、K 和 T 的回归系数通过 1% 的显著性检验，表明养殖面积和中间物质消耗在淡水养殖产量增长中具有统计上的显著影响；L 的回归系数通过了 5% 的显著性检验，说明劳动力投入的继续增加会引起养殖产量的增加。

3. 西部地区。为保持历史数据的统一，将重庆市数据加入四川省，除去数据不全的西藏和青海省份，最终选择了西部地区 9 个省级单位。由于混合模型和个体固定效应模型的 F 统计量检验拒绝个体混合效应，并且根据个体固定效应模型和个体随机效应模型的 Hausman 检验拒绝了个体随机效应模型，最终采用个体固定效应模型对其进行参数估计，测算结果如下：

$$\begin{aligned}\mathrm{Ln}Y=&8.956-0.512D_1+0.908D_2+1.17D_3-0.111D_4\\&+0.148D_5-0.126D_6-0.895D_7-0.226D_8-0.355D_9\\&+0.1935\mathrm{Ln}A+0.3008\mathrm{Ln}K+0.664\mathrm{Ln}L+0.0338T\\&(3.9478^{***})(10.4075^{***})(2.1924^{**})(6.0297^{***})\end{aligned}$$

$$R^2=0.9883,\bar{R}^2=0.9874,\mathrm{F}=1171.561 \tag{9}$$

其中虚拟变量 D_1，D_2，$D_3\cdots$，D_9 的定义是：

$$D_i=\begin{cases}1，如果属于第 i 个省，i=1，2，\cdots\cdots，9\\0，其他\end{cases}$$

A、K 和 T 的回归系数通过 1% 的显著性检验，表明淡水养殖业中的养殖面积和中间物质消耗在淡水养殖产量增长中具有统计上的显著影响；L 的回归系数通过了 5% 的显著性检验，说明水产养殖中劳动力投入的继续增加会引起养殖产量的增加。

从 3 个地区的回归效果看，方程总体显著性好，拟和优度较高，F 统计检验显著，模型的整体解释能力较强。根据公式淡水养殖科技进步贡献率 = $\delta/(\Delta Y/Y) \times 100\%$ 测算表明，1990～2006 年的科技进步贡献率，东部地区淡水养殖业平均为 73.86%，1993～2003 年呈现增长趋势，此后明显下降；中部地区平均为 32.54%，大大低于东部地区，除个别年份外，总体比较平稳；西部地区平均为 31.38%，与中部地区差异不大。可参见图 2。

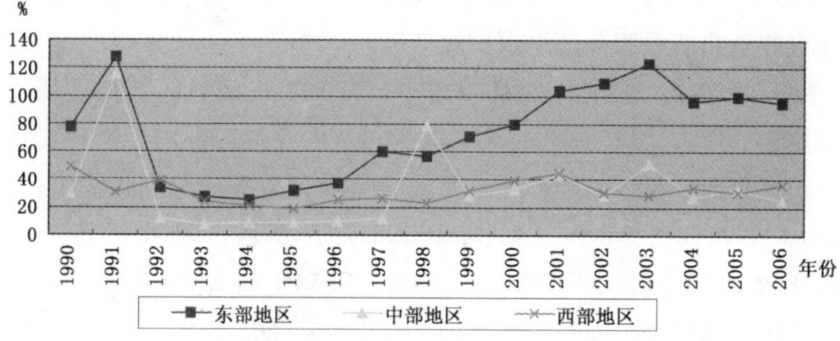

图 2　1990～2006 年东部、中部、西部地区淡水养殖业科技贡献率

四、淡水养殖业科技服务的获得与需求

（一）服务获得的主要来源

绝大多数养殖户都要从外部获得有关服务。从获取服务的来源看，作为公共服务机构的农技推广部门比较重要，但并未成为主要的服务提供者。养殖户主要从鱼苗、饲料供应商等投入品市场主体获取服务。这些市场主体往往以提供某一类服务为主，往往也提供多种服务。参见表 2。

1. 市场信息服务。样本户中，有 963 户从外部获得市场信息服务，所占比重为 70.86%。其中，从鱼贩、其他养殖户、农技推广部门、饲料商、合作社、其他渠道获取服务的户数分别为 472 户、169 户、100 户、65 户、15 户和 142 户，分别占有效回答户的

49.01%、17.55%、10.38%、6.75%、1.56%和14.75%。

2. 投入品。投入品主要包括鱼苗和饲料。样本户中，有925户从外部获得投入品，所占比重为68.06%。其中，从饲料商、其他养殖户、鱼贩、农技推广部门、合作社、其他渠道获取服务的分别为347户、195户、136户、116户、14户和117户，分别占有效回答户的37.51%、21.08%、14.70%、12.54%、1.51%和12.65%。可见，在投入品服务方面，尚未建立专业化的供应网络，使得养殖户获取服务的渠道比较分散。

3. 养殖技术服务。在样本户中，有912户从外部获得养殖技术服务，所占比重为67.11%。其中，从农技推广部门、其他养殖户、饲料商、鱼贩、合作社、其他渠道获得服务的分别为301户、280户、71户、31户、31户和198户，分别占有效回答户的32.86%、30.57%、7.75%、3.38%、3.38%和22.06%。作为专门提供技术服务的农技推广部门，在提供养殖技术方面所起的作用明显不够。

4. 鱼病防治服务。样本户中，有893户从外部获得鱼病防治技术服务，占整个样本的65.71%。获得服务的样本户中，从农技推广部门、其他养殖户、饲料商、鱼贩、合作社、其他渠道获得服务的分别为316户、221户、69户、33户、26户和228户，分别占有效回答户的35.39%、24.75%、7.73%、3.7%、2.91%和25.53%。可见，目前有大量养殖户没有获得鱼病防治服务。尽管鱼病防治的公益性很强，农技推广部门承担的责任有限。

5. 渔机服务。样本户中，有375户从外部获得渔机服务，所占比重为27.59%。其中，从农技推广部门、其他养殖户、饲料商、鱼贩、合作社、其他渠道获得服务的分别为131户、70户、24户、18户、15户和117户，所占比重分别为34.93%、18.67%、6.40%、4.80%、4.0%和31.21%。总体来看，养殖户获得的渔机服务是比较少的。

表 2 养殖户从不同渠道获得服务情况

	市场信息		投入品		养殖技术		鱼病防治		渔机	
	频数	占比（%）	频数	占比（%）	频数	占比（%）	频数	占比（%）	频数	占比（%）
农技推广部门	100	10.38	116	12.54	301	32.86	316	35.39	131	34.93
饲料商	65	6.75	347	37.51	71	7.75	69	7.73	24	6.4
鱼贩	472	49.01	136	14.7	31	3.38	33	3.7	18	4.8
合作社	15	1.56	14	1.51	31	3.38	26	2.91	15	4
其他养殖户	169	17.55	195	21.08	280	30.57	221	24.75	70	18.67
其 他	142	14.75	117	12.65	198	22.06	228	25.53	117	31.21
合 计	963	100.0	925	100.0	912	100.0	893	100.0	375	100.0

（二）对现有服务的满意度

样本户中，分别有887户、867户、886户、860户和372户对已获得服务的效果予以回答，分别占样本户的65.27%、63.80%、65.19%、63.28%和27.37%。从有效样本来看，养殖户对“市场信息服务”、“鱼苗或饲料的选择”、“养殖技术”和“鱼病防治”等技术信息服务的满意度较高。可参见表3。

1. 市场信息服务。认为“了解一些知识”、“对生产很有帮助”、“没什么用”的分别为412家、432家和43家，分别占有效回答户的46.45%、48.70%和4.85%。

2. 鱼苗或饲料服务。认为“了解一些知识”、“对生产很有帮助”、“没什么用”的分别为368家、468家和31家，分别占有效回答户的42.45%、53.98%和3.58%。

3. 养殖技术服务。认为“了解一些知识”、“对生产很有帮助”、“没什么用”的分别为357家、505家和24家，分别占有效回答户的40.29%、57.0%和2.71%。

4. 鱼病防治服务。认为“了解一些知识”、“对生产很有帮助助”、“没什么用”的分别为344家、484家和32家，分别占有效回答户的40.0%、56.28%和3.72%。

5. 渔机服务。认为“了解一些知识”、“对生产很有帮助”、“没什么用”的分别为144家、184家和44家，分别占有效回答户的38.71%、49.46%和11.83%。

表3　养殖户对现有服务的效果评价

	市场信息		投入品		养殖技术		鱼病防治		渔机	
	频数	占比（%）	频数	占比（%）	频数	占比（%）	频数	占比（%）	频数	占比（%）
了解一些知识	412	46.45	368	42.45	357	40.29	344	40.0	144	38.71
对生产很有帮助	432	48.70	468	53.98	505	57.0	484	56.28	184	49.46
没什么用	43	4.85	31	3.58	24	2.71	32	3.72	44	11.83
合　计	887	100.0	867	100.0	886	100.0	860	100.0	372	100.0

（三）科技服务需求

样本户中，分别有912户、915户、906户、881户和401户对市场信息、投入品、养殖技术、病害防治、渔机服务的需求进行了回答，分别占样本户的67.11%、67.33%、66.67%、64.82%和29.51%。可参见表4。

1. 市场信息服务。认为“非常需要”、“无所谓”、“不需要”的分别为817家、91家和4家，分别占有效回答户的89.58%、9.98%和0.44%。

2. 投入品服务。认为“非常需要”、“无所谓”、“不需要”的分别为820家、90家和5家，分别占有效回答户的89.62%、9.84%和0.55%。

3. 养殖技术。认为“非常需要”、“无所谓”、“不需要”的分别为835家、65家和6家，分别占有效回答户的92.16%、7.17%和0.66%。

4. 病虫害防治技术。认为“非常需要”、“无所谓”、“不需要”的分别为811家、62家和8家，分别占有效回答户的92.05%、7.04%和0.91%。

5. 渔机服务。认为“非常需要”、“无所谓”、“不需要”的分别为312家、72家和17家，分别占有效回答户的77.81%、17.96%和4.24%。

表4　　养殖户对现有服务的效果评价

	市场信息		投入品		养殖技术		病害防治		渔机	
	频数	占比(%)	频数	占比(%)	频数	占比(%)	频数	占比(%)	频数	占比(%)
非常需要	817	89.58	820	89.62	835	92.16	811	92.05	312	77.81
无所谓	91	9.98	90	9.84	65	7.17	62	7.04	72	17.96
不需要	4	0.44	5	0.55	6	0.66	8	0.91	17	4.24
合　计	912	100.0	915	100.0	906	100.0	881	100.0	401	100.0

五、基本结论与政策含义

通过前面的分析可以得出两个基本结论：一是淡水养殖业的科技进步贡献率总体较高，但具有明显的阶段性，近年处于回落状态。二是养殖户的科技需求非常强烈，促进科技进步显得比较迫切。科技进步的快慢，取决于供给和需求两个方面。从根本上来看，需求是决定性的因素。因此，是否需要促进一个行业的科技进步，首先要看产业主体的需要。从中国淡水渔业的实际情况来看，养殖户是最基本的产业主体。淡水渔业是否具有提高科技水平的需要，关键要看养殖户对包括信息、投入品、养殖技术、鱼病防治、鱼机等生产性服务的需求。对1359个样本户的调查表明，养殖户的科技需求非常强烈。既然需求并不是淡水渔业科技进步减缓的主要原因，那么问题就出在供给层面。供给涉及的基本环节有两个，即决定现有技术能否传播给生产者的推广环节和决定着科技是否能够产生的科研环节。目前，中国水产业科技改革发展已经进入了一个新阶段，今后要在关键问题上取得突破，切实解决一些长期性问题，建立促进水产科技事业发展的长效机制。

（一）加强对基层水产科技公益性职能支持，健全科技成果转化机制

近年来，中国渔业成果的转化率只有30%～40%（农业部，2008）。究其原因，首要的问题在于基层水产技术推广机构未发挥足够的作用。在中国水产经营主体规模小且非常分散的情况下，基层技术推广机构的桥梁作用非常突出。然而，从20世纪90年代以来，水产科技推广部门被严重削弱（魏宝振，2009）。中国现有国家水产技术推广专业技术人员2.7万余人，加上教育、科研、水产企业、群众组织和渔民技术员等，全国水产技术推广人员不足11万人，仅占全国渔业人口的0.57%。由于水产技术推广队伍没有建立起公开、公平、公正的竞争制度，加之推广人员的待遇偏低，高素质技术人员转产转业非常普遍，人才流失严重。长期以来，受行政化的影响，科技人员的绩效与生产活动难以直接联系，科技人员缺乏深入生产第一线的动力。要使科技推广机构和人员发挥应有作用，一个基本条件是要明确公益性职能范围并给予有力支持。然而，不同层级推广机构的公益性职能没有得到明确，技术推广的核心层级没有建立起来。

切实加强对基层推广机构公益性职能的支持是化解当前淡水养殖业科技瓶颈最重要的措施。要落实公益性职能和经营性职能的分离工作，解决一些地方公益性农业技术推广机构人员编制与经营性服务人员混岗混编的问题。实行水产技术推广资格准入制度，确保专业技术人员到位，在一线工作的技术人员不低于技术人员总编制的2/3，专业技术人员占总编制的比例不低于80%。加强县乡两级办公、实验等用房修缮，配置分析、诊断、监测设备和交通工具，

加强渔业公共服务能力建设。创办一批渔业科技示范基地、实用水产技术培训基地，承担新品种的引进和驯化、新技术和新品种养殖试验和示范、渔业新设备的使用试验和示范以及新技术的培训等任务。深入组织实施“科技入户工程”，大力扶持试验站、科技示范户，提高辐射带动能力。

此外，要大力培育多元化的渔业社会化服务组织，支持渔民专业合作社、渔业技术协会、渔业龙头企业及科研院校等提供各种形式的服务，形成公益性服务和经营性服务相结合的格局。

（二）加强科技创新体系建设，改变研发基础薄弱的局面

就规模而言，中国的水产科技体系乃至整个农业科技体系当属世界上最大的了。但中国近几十年来的科技进步主要是改造和利用传统技术、引进发达国家的部分装备和技术，原始创新能力严重不足（黄季焜、胡瑞法，2000）。就基础研究水平来说，中国远远落后于欧美日等发达国家，后劲不足的问题日益显现出来（王伟等，2009）。应用基础研究发展较快，但与发达国家差距仍然不小，科技成果储备明显不足。目前，占中国淡水养殖总产量近50%的青、草、鲢、鳙“四大家鱼”还没有选育出一个良种，致使淡水养殖的良种覆盖率低。国内目前尚无与世界研究水平接轨的国家级或省部级水产营养和饲料重点实验室，在营养学研究方面缺乏系统性强的数据，高效人工饲料少，并导致了资源的破坏和浪费（中国水产学会，2009）。国外水产养殖多采用精养高产、人工或半人工控制条件下的工业化技术。中国在养殖生物学、生态学、规模化养殖与环境相互作用与机理等方面的基础理论研究薄弱，无法为规模化、集约化、数字化控制提供基础数据。在水质调控方面，发达国家已经开发出许多成熟的富营养化水域治理方法，而中国还处于起步阶段。发达国家在病原监测手段的研究起步早，有丰富的病原积累，技术储备充足。而中国的水生动物免疫学、疫苗应用和研发基础差，水生动物病理知识和实验不够系统，每年渔业病害高发频

发、难以应对（戈贤平，2010）。

美国、日本等国家通过建立上下一体化机构体系，促进科研教学活动下沉，将不同职能统一到一个体系之中。改革以来，中国的水产科技体制已开始根据市场经济的要求转轨，但长入经济的情况仍然不甚理想。水产科技体系经历了多轮改革，但并没有触动机构体系行政化的基本组织构架，导致科技体系与产业分割。教育、科研、推广体制分割也是非常突出的问题（杨子江等，2006；赵蕾等，2007）。中国的教育、科研、推广机构体系的基本构架是在各个层次将三者分开设立，使得技术推广机构，尤其是基层技术推广机构的专业化水平过低。

要加快建立以重点水产科研院所和大学为主体的知识创新体系。加强水产领域的国家实验室、改良中心、工程中心和重点实验室建设，加快改善科研设施和条件。依托技术创新引导工程以及农业科技计划和工程，促进产学研结合，组建国家重点实验室（工程类）、行业工程（技术研究）中心或技术创新中心，建立以水产品加工流通企业等产业主体为主的技术创新体系。鼓励水产技术推广人员以技术、资金入股从事经营性服务，领办、联办各类专业协会、服务实体、渔业科技示范园（区），组建股份制的渔业科技企业、渔业中介服务组织等。

（三）大幅度增加农业科技投入，加强科技进步基础

经济的长远增长率和基础科学知识的长远增长率成正比，决定基础科学知识长远增长率的最终变量为经济体中的人力资本存量，而基础科学知识的非排他性决定了政府在经济增长中可以大有作为（杨立岩等，2003）。目前，水产科技事业获得的财政支持非常有限。调研发现，不少县两级推广机构有的虽然有牌子（编制）、有章子，但无经费、无人员。如荆门市水产技术推广中心 1993 年由市编委批准成立，核定自收自支的编制 5 人，但财政从未给过一分钱，其推广职能也是由生产科代行。

对社会效益较高、“外部性”明显的公益性推广项目，应当坚持以政府投入为主渠道的原则。要切实落实《中华人民共和国科技进步法》及其他有关法律规定和政策中关于科技投入的规定，建立水产技术推广经费的保障制度。县级及其下设的国家基层渔业科技推广机构履行公益性职能的人员经费和日常运转经费，应实现全额预算管理。建立渔业科技推广专项基金，重点加强县级水产技术推广站建设。对投资回报率高的经营性推广活动，则主要由市场主体提供。

参考文献

1. 牛盾：“在全国渔业工作会议上的讲话”，2009 年 12 月 29 日。

2. 李健华：“新中国渔业伴随共和国成长”，《中国水产》2009 年第 10 期。

3. 蒋高中：《二十世纪中国淡水养殖技术发展变迁研究》，中国三峡出版社 2009 年版。

4. 《农业部印发〈中长期渔业科技发展规划（2006 ~ 2020）〉的通知》（农渔发［2007］28 号），2007 年 9 月 26 日。

5. 刘聪：“渔业科技成果转化中存在的问题及其对策”，《中国渔业经济》2009 年第 4 期。

6. 孟祥云、连珂：《科技进步与经济增长互动关系影响研究》，中国统计出版社 2005 年版。

7. 魏宝振：“改革开放三十周年全国水产技术推广体系成就回顾”，《中国渔业报》2009 年 1 月 17 日。

8. 黄季焜、胡瑞法：“农业科技投资体制与模式：现状及国际比较”，《管理世界》2000 年第 5 期。

9. 王伟、糜志勤、王章红、蒋珞晨：“中国农业科技创新能力评价”，《科技导报》2009 年第 12 期。

10. 中国水产学会编著：《2008 ~ 2009 年水产学学科发展报告》，中国科学技术出版社 2009 年版。

11. 戈贤平："2009 年度大宗淡水鱼类产业技术发展报告"，《科学养鱼》2010 年增刊。

12. 杨子江、阎彩萍："我国渔业科技体系的组织结构及其问题"，《中国渔业经济》2006 年第 6 期。

13. 赵蕾、杨子江："我国渔业科技资源优化配置路径探讨"，《中国渔业经济》2007 年第 5 期。

14. 杨立岩、潘慧峰："人力资本、基础研究与经济增长"，《经济研究》2003 年第 4 期。

15. Robert M. Solow, 1969, "A Contribution to the Theory of Economic Growth", *Quarterly Journal of Economic*, 1 February, pp. 70.

作者单位： 农业部农村经济研究中心　西北农林科技大学经济管理学院　中央农村工作领导小组办公室　中国人民大学农业与农村发展学院

发表刊物：《管理世界》2010 年第 11 期

2008 年中国农村土地使用权调查研究

——17 省份调查结果及政策建议[①]

叶剑平　丰　雷　蒋　妍

罗伊·普罗斯特曼　朱可亮

内容提要：本文基于中国人民大学和美国农村发展研究所2008 年组织的 17 省份农村土地调查数据，对农户 30 年土地使用权不变政策的落实情况进行描述，具体分析中国农村土地使用权的流转及变更，并重点阐述土地承包合同和证书的发放对农户行为的影响。调查分析表明，30 年土地使用权不变政策的落实对农户土地投资、农地流转市场的发育以及农民地权稳定性的信心等具有显著影响。文章建议采取有力举措（如赋予农民土地的永久使用权，禁止土地调整并进行配套改革，立法给予农民更多决策权以解决征地难题等），以进一步提高农民地权稳定性，激励农民土地投资，加快农地流转，并促进城乡统筹发展。

关键词：土地使用权　地权稳定性　农地流转　土地调整　土地征收

① 特别感谢参加调查的中国人民大学的学生，他们认直负责的调研工作为本文提供了扎实的一手数据。

一、引　　言

促进增长和提高收入是发展的两个核心内容，也是广大发展中国家追求的主要目标。中国当前还面临着缩小城乡差距，促进城乡统筹发展的任务。发展经济学的理论表明，农业增长对工业化和经济增长至关重要①，而长期稳定的土地权利则是促进农业经济增长和加快农村社会发展的基础和关键②。作风务实的中国政府自20世纪70年代末以来采取渐进式改革所取得的成就③，是对这一理论假说（即经济增长←—农业发展←—地权稳定性）的最好阐释。本文的调查分析也将为该假说的成立提供一些新的经验证据。

改革开放30年来，中国政府对农地家庭承包责任制的政策，一直沿着稳定地权、增强农民信心的方向前进。1984年中央首次提出了“土地承包经营权15年不变”，1993年又提出“土地承包

---

① 舒尔茨（Schultz，1964）认为不应轻视农业，现代化农业的发展是经济增长的源泉，西欧、日本、墨西哥等国正是通过农业的现代化实现了较快的经济增长。参见［美］西奥多·w. 舒尔茨：《改造传统农业》，商务印书馆2007年版，第15～21页；［日］速水佑次郎、［美］弗农·拉坦：《农业发展的国际分析》，中国社会科学出版社2000年版，第47页；张红宇：“中国农地制度变迁的制度绩效：从实证到理论的分析”，《中国农村观察》2002年第2期。

② 长期稳定的土地权利所带来的好处可由中国台湾的例子说明。台湾地区于1949～1953年间成功实施了“耕者有其田”制度，此后的10年间，台湾地区的稻米产量年均增长60%。同时由于进行了高附加值的多样化种植，台湾地区农户的平均收入同期增长了150%。台湾地区稳定的、可自由转让的土地权利为农民的消费以及向工商业主的转变提供了原始资本。2000年在台湾地区的实地调查表明，大多数台湾地区农民不仅拥有汽车、电脑、手机，建了住房并配置了很好的家具，而且还买了股票并经常到海外旅游。韩国和日本二战后所进行的土地改革在农村也取得了类似的成功。中国大陆在1949～1956年期间在土地个人所有制下，粮食产量增长了70%，农户收入增长了85%。参见［美］罗伊·普罗斯特曼：“透视中国农村土地产权问题：2008年17省调查结果分析”（在中国人民大学的发言PPT），2009年1月10日。

③ 林毅夫（2008）认为采取“实用主义”是中国以及其他东亚经济体创造发展“奇迹”和实现成功转型的关键。参见林毅夫：《经济发展与转型：思潮、战略与自生能力》，北京大学出版社2008年版，第86页、96页。

经营权 30 年不变”[①]。这种稳定的 30 年土地权利作为强制性规定分别被写进了 1998 年修订后的《中华人民共和国土地管理法》和 2002 年的《中华人民共和国农村土地承包法》[②]，并要求给农民发放正式的权利证明文件（土地承包合同和土地承包经营权证书）。2007 年颁布的《中华人民共和国物权法》进一步将农民的土地承包经营权确认为“用益物权”[③]。2008 年 10 月中共十七届三中全会明确提出，“赋予农民更加充分而有保障的土地承包经营权，现有土地承包关系要保持稳定并长久不变”[④]。

为系统评估中国农村土地 30 年使用权的落实情况及其对农户行为的影响，2008 年 6 ~ 8 月，中国人民大学、美国农村发展研究所和美国密西根州立大学组织了第四次全国范围的农村土地调查[⑤]。本文讨论了这次调查中的主要发现。第二部分介绍调查方法、样本分布和样本结构。第三部分对农民 30 年土地使用权的落实情况进行描述，包括农民对 30 年不变政策的了解以及土地承包合同/证书的发放。第四部分详细分析了中国农村土地使用权的流转及变更，包括农地使用权流转、土地调整以及土地征收等几方

① 原文表述为“土地承包期一般应在十五年以上”，参见《中共中央关于一九八四年农村工作的通知》（中发［1984］1 号文）；“在原定的耕地承包期到期后，再延长 30 年不变”，参见《中共中央、国务院关于当前农业和农村经济发展的若干政策措施》（中发［1993］11 号文）。

② 1998 年 8 月通过了修订后的《中华人民共和国土地管理法》，农户承包土地 30 年使用权第一次被写进正式的法律中；2002 年 8 月通过的《中华人民共和国农村土地承包法》，是中国现代立法史上第一部专门解决农民土地权利的法律，并具体规定了承包土地的转让、转包、出租、交换以及其他流转方式。

③ 参见《中华人民共和国物权法》，“第十一章 土地承包经营权”。

④ 参见《中共中央关于推进农村改革发展若干重大问题的决定》（2008 年 10 月 12 日中国共产党第十七届中央委员会第三次全体会议通过）。

⑤ 本调查项目是连续性的，1999 年开始首次全国性调查，2001 年和 2005 年分别进行了第 2 次和第 3 次调查。2005 年的调查成果及分析可参见叶剑平等：“2005 年中国农村土地使用权调查研究——17 省调查结果及政策建议”，《管理世界》2006 年第 7 期；叶剑平等：“中国农村土地流转市场的调查研究——基于 2005 年 17 省调查的分析和建议”，《中国农村观察》2006 年第 4 期。

面。第五部分采用列联分析方法探讨农地确权、农地流转与农户土地投入的关系，特别是土地确权（土地承包合同/证书的发放）对农户行为的影响。最后进行总结并提出建议。

二、调查方法和样本结构

（一）调查方法

本项调查采用多阶段随机抽样和重点抽样相结合的抽样方法，第一阶段选取的17个省份包含中国所有的农业大省；第二阶段从每个省至少选取100个村，每个村内调查1~2个农户，每个县不超过6个农户，每个乡镇不超过3个农户。为保证样本分布多样，在选取村的时候，要保证该村与最近城镇、最近主要公路的距离上的多样性。

调查采用入户问卷调查访问的方式，由访问员在不事先通知、村干部不在场的情况下对农民进行面访。共收回来自1656个村的1773份有效问卷。假定抽样精度与简单随机抽样相近，本次调查在95%的置信度下的抽样误差为±2.3%。

（二）样本分布

调查样本在各省的分布见表1。除吉林省样本量较小（52）外，其他省份样本量大都在98~125之间。为减少估计偏差，数据分析时按各省的农村人口占17省总农村人口的比例进行加权调整。

表1　　调查样本的省份分布

省　份	安徽	福建	广西	贵州	河北	黑龙江	河南	湖北	湖南
有效问卷数	102	105	106	104	112	116	112	117	98
省　份	江苏	江西	吉林	陕西	山东	四川	云南	浙江	合计
有效问卷数	99	107	52	116	102	114	98	113	1773

（三）样本结构

被调查的 1773 个农户户均人口中位数为 4 人，户均耕地面积的中位数为 4 亩。被调查者受教育年限中位数为 8 年，年龄的中位数为 45 岁。家庭 2007 年现金收入的中位数为 15000 元，家庭收入中种田得来的比例低于 20% 的占 47.3%（见图 1），除种田外主要的现金来源为打工收入（见图 2）。

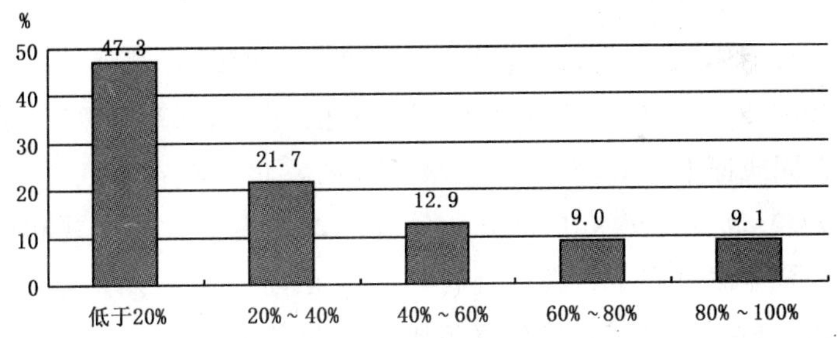

图 1　农户家庭现金收入中来自种田的比例

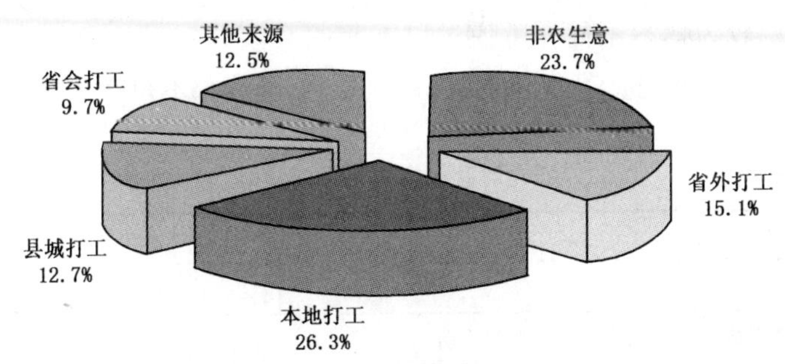

图 2　农户除种田外的主要现金来源

三、30 年土地使用权不变政策的落实状况

（一）农民对 30 年不变政策的了解

绝大多数受访农民（90.1%）表示他们听说过农村土地承包

30年不变的政策，这一比例与2005年（91.7%）相近；有64.7%的受访者听说过《中华人民共和国农村土地承包法》，该比例显著高于2005年的调查结果（49.8%）。总之，土地承包30年不变政策已为绝大多数农民所知，农民对《中华人民共和国农村土地承包法》的认知程度也有了显著提升。这表明政府的有关政策信息能够成功地传达给绝大多数农村人口。

农民了解《中华人民共和国农村土地承包法》的主要渠道是电视（63.4%）、村干部的宣传（43.5%）、报纸（33.7%）、宣传册（30.9%）、村民会议（28.9%）、村里的广播（24.8%）、土地承包合同或证书（19.4%）、上级干部的宣传（18.4%）、收音机（17.0%）和宣传车（10.20%）等。与2005年相比，电视和报纸的宣传覆盖面更广了，基层（村）一级在宣传农民土地权利方面的工作（村干部宣传、发放宣传册或召开村民大会等）也取得一定成效，但仍有待加强。

与农民对“30年不变政策”和《中华人民共和国农村土地承包法》较为熟悉不同，听说过以下相关政策的农民比例较小而且差异很大，甚至有约1/5的受访者对这些政策全都不知道（见表2）。

表2　农民对其他相关政策的了解

	比例（%）
物权法	28.0
给农民发放土地承包合同或证书的行动	56.4
严格限制征地的行动	40.0
提高对失地农民补偿的行动	44.7
2008年中央一号文件	20.5
以上都没听说过	19.4

进一步的分析表明，农民对土地承包权有关政策的具体内容并

不是很熟悉，而且存在较大差异。令人鼓舞的是，大多数村民知道“农民的承包地 30 年不调整”（69.8%），“村集体不经农民同意不能将农民的承包地包给外面的人”（78.4%）。但是令人担心的是，只有 39% 的村民知道只有当农户全家迁入设区的市并转为非农户口时才须交回承包地；只有 42.6% 的农民知道“女儿嫁到外村娘家的土地不必退还给村里”（见表 3）。此外，54.7% 的农民认为 30 年到期后可以继续承包原承包地，39.9% 表示不清楚，5.4% 的农民认为现有政策中没有相关规定。农民对有关政策具体内容认识之所以有这样大的差异和多样性，政策的宣传不到位当然是一个原因，但更为重要的原因是，有关法律政策制定的不完善（过于原则笼统，而不具体明确），以及由此导致的各地方对中央政策执行的多样化变通。

表 3　　农民对当前有关政策具体内容的了解

	理解正确的农民比例（%）
农民的承包地 30 年不调整	69.8
村集体不经农民同意不能把农民的承包地包给外人	78.4
家里有人搬到城里并转为城市户口其承包地不必退还给村里	39.0
女儿嫁到外村娘家的土地不必退还给村里	42.6

（二）土地承包合同和证书的发放

新的《中华人民共和国土地管理法》颁布 10 年后，58.8% 的农户拿到了确认其承包地权利的土地承包合同或证书。其中，32.5% 的农户同时拥有土地承包合同和证书；11.1% 的农户仅有土地承包合同；15.2% 的农户仅有土地承包经营权证书（见表 4）。这些数据与 2005 年相比基本一致。各省的土地承包合同和证书的发放情况见图 3。约七成的合同和证书是在 1994 ~ 2001 年间发放的（参见图 4）。

表 4　　　农民持有土地承包合同和证书的情况

	持有土地证书	没有土地证书	合　计
持有土地承包合同	553（32.5%）	189（11.1%）	742（43.6%）
没有土地承包合同	258（15.2%）	701（41.2%）	959（56.4%）
合　计	811（47.7%）	890（52.3%）	1701（100%）

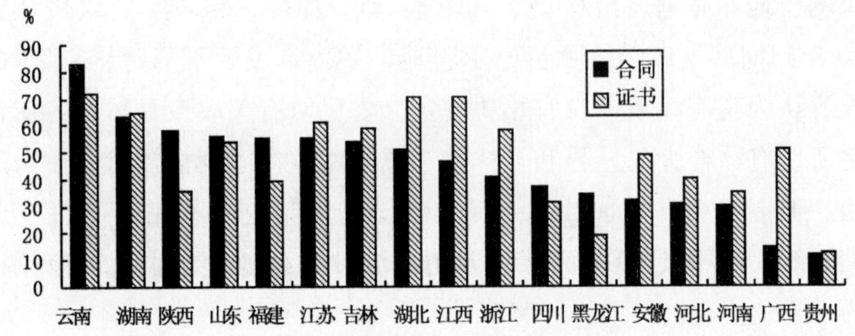

图 3　各省份土地承包合同及证书的发放情况

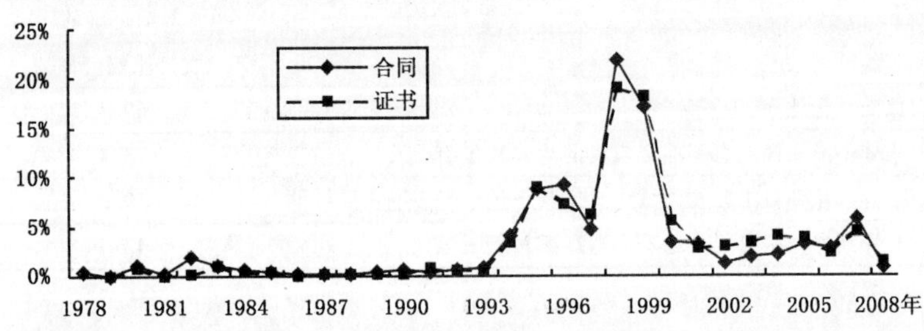

图 4　土地承包合同及证书的发放时间

但是，仍有 41.2% 的农户没有任何权利证明文件。2007 年七部委曾经发起过一个全国农村土地突出问题专项治理的运动①，明确要求农村土地承包经营权证书的到户率在 2007 年底达到 90%，

① 参见国家农业部等七部委联合下发的《关于开展全国农村土地突出问题专项治理的通知》（农经发［2007］14 号文件）。

但是调查表明土地证书发放率仅从 2007 年的 44% 提高到 2008 年的 47.7%，土地承包合同的发放率也没有明显的提高。此外，“符合规定”（包含表 5 中前 7 项）的合同或证书分别占全部合同或证书的 22.7% 和 16.8%。

表 5　　土地承包合同和证书中包含的内容

	合同（%）	证书（%）
1. 土地承包期限为 30 年	92.4	84.1
2. 承包期限的开始和终止日期	87.9	85.4
3. 发包方（村集体）的签名或盖章	96.0	96.5
4. 承包方（农户）的签名或盖章	92.2	—
5. 所有承包地块的总面积	92.8	94.4
6. 单个地块的面积	67.3	74.1
7. 承包地的位置图或地图	29.9	27.4
8. 30 年承包期内允许土地调整的规定	40.0	30.5
9. 30 年承包期内要求土地调整的规定	16.0	9.1
10. 30 年承包期内禁止土地调整的规定	35.4	32.2
11. 转包土地需要村集体同意的规定	36.0	33.7
12. 地块的四至位置	53.7	57.2

四、中国农村土地使用权的流转及变更

（一）农地使用权的流转交易

1. 集体出租土地。集体出租土地（包地或租地）是中国农村土地市场的一个重要组成部分。调查表明，集体出租土地的村占全部被调查村的 32.7%。包（租）耕地占全村耕地的平均比例为 18.4%，其中 67.9% 的村包（租）耕地占全村耕地的比例低于 20%。包（租）地的主要是本村农民（43%）和外村的开发商或公司（29.7%）（见图 5）。

包（租）土地主要用于副业的多样化经营（40.6%）、粮食生

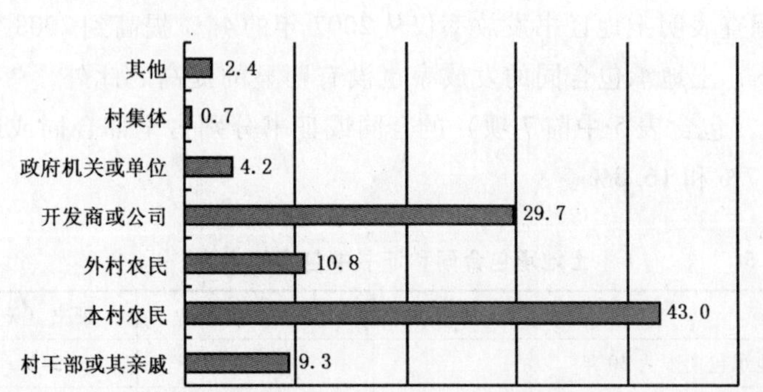

图 5 农村包（租）土地的对象

产规模经营（29.6%）以及建工厂或其他商业用途（26.2%）（见图6）。其中，本村农民包（租）地的主要用途为粮食生产（48.55%）和副业的多样化经营（40.66%）；而外村的开发商或公司包（租）地的主要用途为副业的多样化经营（41.42%）和工厂或其他商业用途（48.52%）。

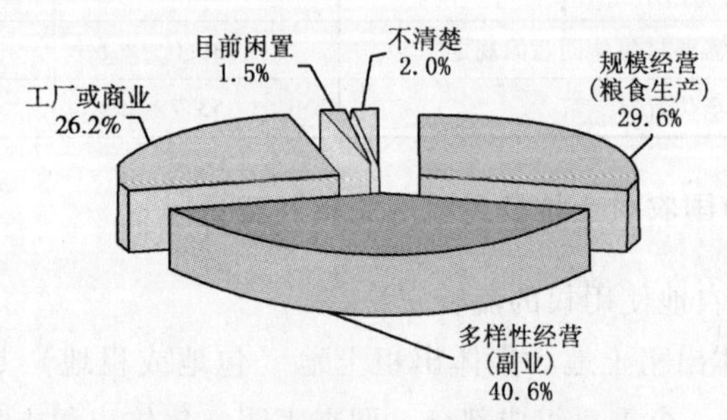

图 6 农村包（租）土地的用途

包（租）土地中直接与村民协商达成协议的占 36.9%；村干部决定的占 28.5%；由大多数村民同意的占 20.1%（见图 7）。

2. 农户土地流转。2005 年的调查表明，中国的农地使用权市场已初步形成，但是发育缓慢，农地交易价格未充分显化，不正式

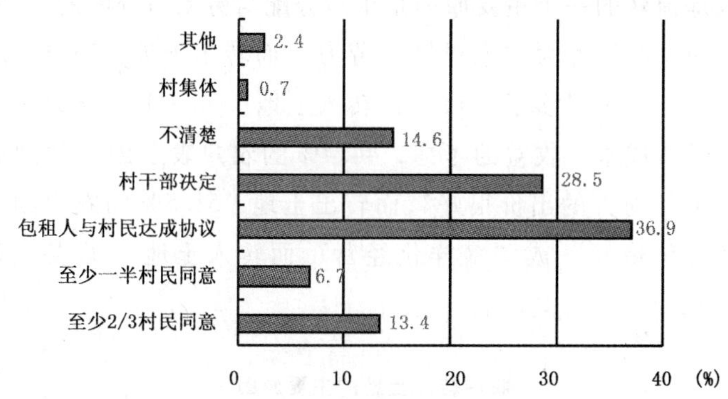

图 7 农村包（租）土地的程序

的土地流转多①。本次调查结果表明，中国农地使用权市场的基本特点不变，但近些年有了一定的发展。

（1）参与农地流转的农户比例变化不大。2008 年的调查表明，有 15% 的农户转包（转让）过土地，16.5% 的农户转租（入）过土地；没有进行过土地流转（转让或转入）的农户为 69.5%（见表 6）。这些数据与 2005 年差异不大。

表 6　　　　参与土地流转的农民频数分布

	从其他农户那里转入过耕地	没有从其他农户那里转入过耕地	合　计
转包或转让出去过耕地	16（0.9%）	242（14.0%）	258（15%）
没有转包或转让出去过耕地	268（15.6%）	1197（69.5%）	1465（85%）
合　计	284（16.5%）	1439（83.5%）	1723（100%）

① 参见叶剑平等："中国农村土地流转市场的调查研究——基于 2005 年 17 省调查的分析和建议"，《中国农村观察》2006 年第 4 期。

农地流转的一个主要原因是土地分配与劳动力分配的不平衡，55.5%的农户是因为“家里缺少劳力”而转出土地，23.3%的农户则是因为“家里多了人口”而转入土地；另一个重要原因是基于农业经营成本—收益的考虑，44.4%的农户表示因“种地成本太高”或“对方的出价很好”而转出土地，51.5%的农户则表示因“粮食价格好”或“多样化经营”而转入土地（见表7和表8）。

表7　　农户转出土地的主要原因

	比例（%）
家里缺少劳力	55.5
种地成本太高，赚不到钱	33.4
对种田没有兴趣	20.3
对方的出价很好	12.6
家搬到城里去了	11.0
其他原因	16.2

表8　　农户转入土地的主要原因

	比例（%）
家里多了人口	23.3
粮食价格好	19.4
多样化经营（蔬菜、水果、养殖等副业）	32.1
用于其他非农、商业用途	1.4
因为征地或者调地的原因家里缺地	8.6
其他原因	31.2

（2）非正式流转的比例仍然较大。表现为：一是约半数流转交易未约定期限。有 52.4% 的农户转出土地未约定期限（或“什么时候要回都可以”）；有 47.4% 的农户转入土地未约定期限。二是绝大多数交易发生在本村。79.2% 的土地转出给同村的亲戚或其他村民；87.2% 的土地转入来自给同村的亲戚或其他村民。三是绝大多数交易未签订书面合同。82.6% 的土地转出未签书面合同；81.8% 的土地转入未签书面合同。四是很大一部分交易没有补偿。38.6% 的转出没有补偿；32.6% 的转入不付补偿。五是相应的监管滞后。只有 13.9% 的转出得到村里的同意，85.9% 的转出未登记；82% 的转入未登记。

好消息是：没有补偿的交易比例大大降低了，同时，现金补偿交易的比例显著提高（见图 8）。此外，约定超过 10 年期限的土地流转交易的比例也显著增加了（转出和转入分别为 18.4% 和 15.9%）。2005 年分别只有 6.1% 和 9.8% 的农户转出或转入土地约定超过 10 年的流转期限。

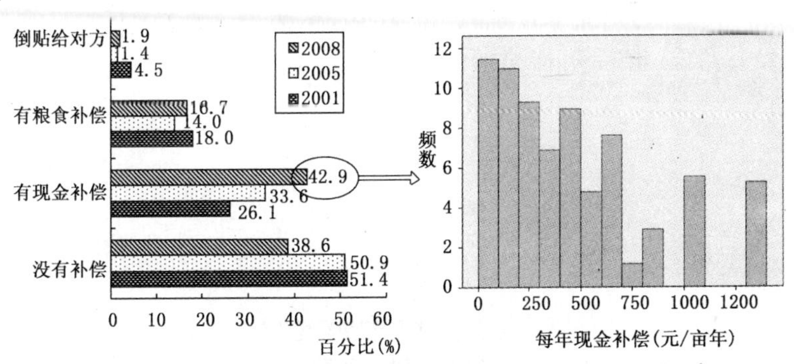

图 8　转出农地的补偿情况

（3）土地价格明显上升。对土地转出来说，现金补偿的中位数为 296 元/亩年；土地转入现金补偿的中位数为 200 元/亩年。取二者的均值，为 248 元/亩年，大大高于 2005 年 133 元/亩年的租金标准。如果以 5% 的资本回报率来计算，则每年 248 元/亩或 3720 元/公顷的回报大致相当于 74400 元/公顷的资产现值，按目前的汇率来计算约为 10 893 美元/公顷，这与土地市场更为发达的亚洲其他国家和地区的稻田的价值大致相当（所有这些计算只考虑这些土地的农业价值）。有报酬转让比例的提高以及土地流转价格的上涨表明中国的农地流转市场越来越成熟，农地的市场价值进一步得到显化。

（二）土地调整

土地调整仍然是真正落实农民 30 年土地使用权不变政策的重大障碍。调查表明，自分田到户至今，被调查村进行过土地调整的次数的中位数为 2 次。63.7% 的村在二轮承包（或 30 年不变）时进行过土地调整，34.6% 的村在二轮承包之后还进行了土地调整，土地调整的主要原因是人口变化（64.5%）和征地（10.6%）。

支持在 30 年承包期内不再调地的农民比例显著高于反对的比例。42.8% 的农民支持以后不再进行土地调整，31.5% 的农民态度中立（既不支持也不反对），还有 20.3% 的受访者表示反对（见图 9）。这一结果与 2005 年类似。图 10 是 30 年内是否还会调整的预测。

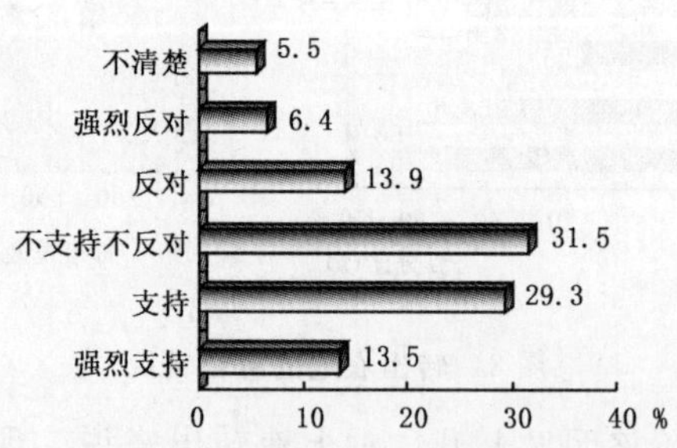

图 9　对今后 30 年内不再调整土地的态度

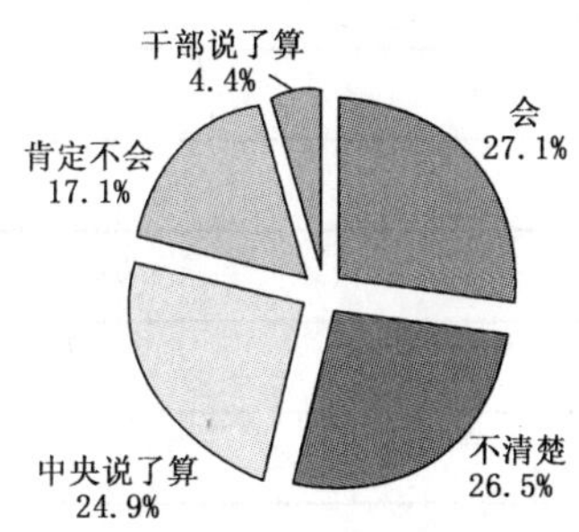

图 10　对今后 30 年内是否还会调地的预测

（三）土地征收

1. 征地概况。征地是除土地调整外导致农地产权不稳定的另一个重要因素。在被调查的村子中有 29% 在二轮承包（或 1995 年）以来进行过征地。其中有超过一半（52.2%）的村子进行过多次征地（见图 11）。77.7% 的村庄最近一次征地中征地面积不到村里土地的 20%（见图 12）。

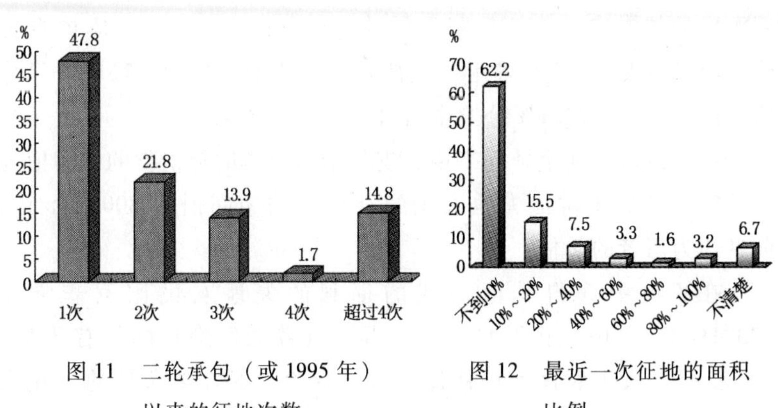

图 11　二轮承包（或 1995 年）以来的征地次数

图 12　最近一次征地的面积比例

在征过地的村子中，有近一半（48.5%）的征地发生在过去的两年半（2006～2008 年）（见图 13）。征地的目的主要是：修路

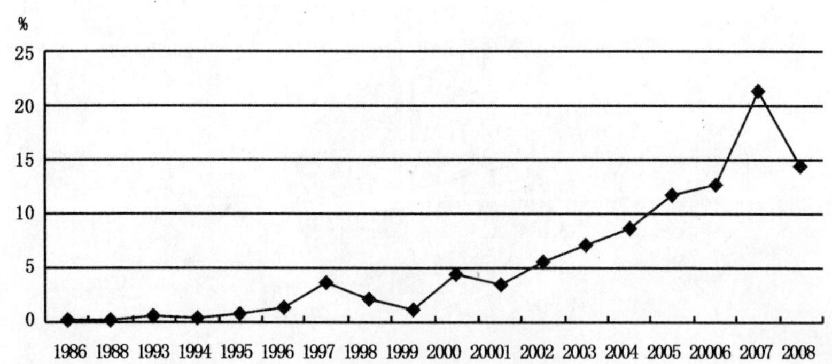

图 13 最近一次征地的时间

(44.7%)、建开发区或工业园/工厂(23.3%)、建学校(6.8%)、建城市住宅区(6.4%)以及为了将来的商业或工业开发(6.2%)等。

2. 征地补偿。征地补偿是征地问题的核心，也是争议最大的问题。调查表明，目前我国的征地补偿大多采用现金补偿方式。在被调查的征地中，给农民提供现金补偿的约3/4。其中，53.2%是一次性补偿；13.8%是分期支付的补偿；还有8.2%“应该有补偿，但还没发下来”。采用一次性补偿方式的征地中，76.9%只分给被征地农户；23.1%分给全村（组）的所有农户。

就每亩地的现金补偿来说，支付给村集体的补偿款的中间值为15394元/亩，支付给失地农民的补偿款的中间值为8000元/亩，前者约为后者的2倍。

在征地中获得其他形式的福利的失地农民比例非常小(23.1%)。其中，获得“农民社保”（养老保险）的只有7.5%（见表9）。失地农民获得社保（养老保险）是需要条件的（见表10）。此外，超过半数(52.8%)的失地农民为获得社会保障还需要额外掏钱。

表 9　　　　失地农民所获得的福利

	比例（%）
农民社保	7.5
非农就业机会	5.0
职业培训	2.3
食物补助	5.3
城市户口	5.4
子女上学优惠	3.4
医保	6.8
其他福利	5.6
以上全没有	76.9

表 10　　　　失地农民获得社保（养老保险）的条件

	比例（%）
年龄达到一定水平	66.2
没有工作或者收入低于最低生活保障水准	9.0
残废或者丧失基本谋生能力	8.9
其他条件	5.3
不清楚	23.9

在这样的征地补偿条件下，有一半的农民（51.4%）表示不满意，而只有 30.7% 表示满意也就不足为奇了。对征地补偿不满意的主要原因是：补偿太低（68.6%）、未征求农民意见（48.7%）以及补偿款被政府截留或滥用（34%）等（见表 11）。

表 11　　　　农民对于征地补偿不满意的主要原因

	比例（%）
补偿很少或者没有	68.6
补偿金额政府说了算，未征求农民意见	48.7
大量的补偿被当地政府或干部截留或滥用	34.0
失地后没有打工机会和收入来源	26.0
土地的价格远高于征地补偿费	25.7
补偿不足以维持农民征地前的生活水平	19.8

续表

	比例（%）
邻村的征地给的补偿更高	13.2
补偿现在还被拖欠	10.4
邻村的征地给的福利更多	3.3
其他原因	11.8

调查表明，征地的现金补偿款主要用于衣食等基本需要（49.6%）、子女教育（29.8%）、存银行或买养老金、保险（20.1%）等（见表12）。

表12　　征地现金补偿款的主要用途

	比例（%）
衣食等基本需要	49.6
子女教育	29.8
存银行或买养老金或人身保险	20.1
购买或建筑新房	18.6
医疗费用	13.5
装修房子	9.4
家用电器	8.3
投资土地上的副业	4.9
股票或者其他投资	1.1
不清楚	4.7
其他	14.6

3. 征地程序。征地程序的不完善以及相应的法律规定和法律援助的缺乏，也是导致目前征地纠纷频发而又难以解决的一个重要原因。调查表明，43.2%的被征地农民表示事前未收到征地通知，该比例显著高于2005年；仅有27.2%的被征地农民就补偿金额被征询过意见。仅7.5%的村民曾就补偿问题申请召开听证会，申请后确实召开的有80.5%，召开听证会后补偿费增加的仅有19.1%，该比例显著低于2005年（见表13）。

就最近一次征地的补偿问题，8% 的被征地村民曾上书或上访，2.1% 的村民曾去法院打官司，7.9% 的村民专门请私人律师来解决征地问题，6.1% 的村民表示当时有免费的法律援助来帮助村民解决此类问题。虽然尝试使用纠纷解决程序（听证、上访、起诉）解决征地补偿不满意问题的农民比例仍然很低，但是比 2005 年有一定增加；然而，纠纷解决结果不成功的比例却呈上升趋势（见表 13）。

表 13　征地过程中农民的参与情况

	2008 年 百分比（%）	2005 百分比（%）
征地前得到通知	54.1	70.6
在补偿金额的多少上征询你的意见	27.2	21.8
就补偿问题申请召开听证会：	7.5	7.8
• 确实召开了听证会	80.5	
• 听证会后补偿增加的比例	19.1	30.5
就补偿问题上书或上访相关政府部门	8.0	4.7
上书或上访的结果：		
• 补偿增加并且农民满意	6.3	10.4
• 补偿增加，但农民还不满意	18.3	17.5
• 补偿没有改变	27.0	37.6
• 有关部门没有采取任何行动	48.4	34.5
到法院打官司要求更多的补偿	2.1	0.9
打官司的结果：		
• 补偿增加，农民满意	41.6	
• 补偿增加，但农民还不满意	7.8	28.6
• 补偿没有改变	40.2	41.3
• 法院没有受理案件	10.4	30.1

五、农地确权、农地流转与农地投资

（一）农户的土地投入及其影响因素

1. 农户的土地投入情况。2008 年的调查发现，约 1/4 的农民

(24.8%)在其土地上进行了中长期投入(见图14),其中约有47%的投入是连续几年多次进行的。从表14中可以看出,农民的总投资次数以及百户农民年均投资次数呈逐年增长趋势。

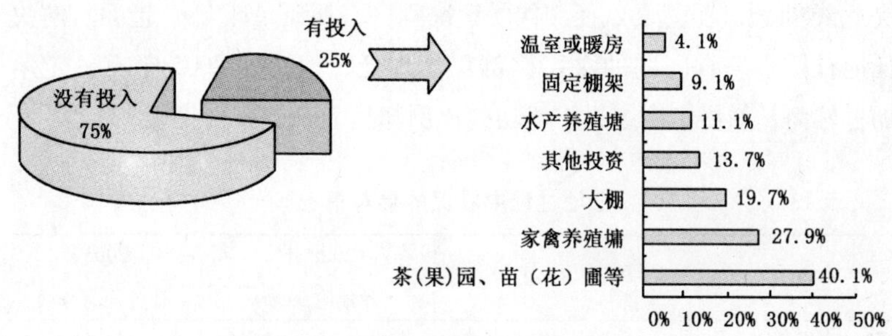

图14 农户土地投入的情况

表14 **农民土地投入的一般情况**

年　份	总投资次数	每百户农民每年的投资次数
1994~1997	42	0.6
1998	37	2.1
1999~2002	130	1.8
2003~2006	153	2.2
2007~2008	138	3.9

问题在于,农民的土地投资来源渠道非常单一,主要依靠自己的劳力(84.2%)或存款(83.4%);从外人那里借款的属于最原始的直接融资,29.7%的从亲戚处借款,15.4%从朋友邻居那里借款;而依靠属于间接融资方式的银行贷款的比例极低,从信用社/农业银行贷款的只有12.9%,从其他银行贷款的只有0.9%(见表15)。这种状况对于农民扩大投资,增加农业产出极为不利。

表 15 农民土地投资的来源一般情况

来　源	2008 年（%）	2005 年（%）
自己的劳力	84.2	78.7
自己的存款	83.4	77.8
从亲戚处借款	29.7	27.4
从朋友或邻居那里借款	15.4	14.1
信用社或者农业银行的贷款	12.9	11.9
其他银行的贷款	0.9	0.8
从私人放贷的那里借款	0.8	0.8
妇联、发展协会、小额贷款组织和其他扶贫贷款	0.5	0.5

2. 土地承包合同和证书的发放对土地投入的影响。土地投入与是否发放土地承包合同和证书，以及合同和证书是否规范关系显著（显著性水平为 1%）。持有“符合规定”的合同或证书的农户进行土地投入的比例（28.2%）略高于持有“不符合规定”合同或证书的农户（27.2%），大大高于没有合同或证书的农户比例（20.8%）（见表 16）。

表 16 土地承包合同和证书的发放对土地投入的影响

	没有投入	有土地投入	合计（数量）
没有合同或证书	79.2%	20.8%	100%（683）
不合规定的合同或证书	72.8%	27.2%	100%（883）
符合规定的合同或证书	71.8%	28.2%	100%（85）

注：Chi - Square = 9.12，Sig. = 0.01。

此外，基层（村）一级针对农民土地权利的宣传（宣传小册子、村干部的宣传等）对于农民在土地上的投入具有强烈的促进作用（见表 17）。

表 17　　基层一级对农民土地权利的宣传对土地投入的影响

	没有投入	有土地投入	合计（数量）
没有宣传	80.6%	19.4%	100%（867）
有宣传	69.6%	30.4%	100%（841）

注：Chi - Square = 28.0，Sig. = 0.000。

3. 农地流转与土地投入的关系。土地市场的发育有利于具有农业生产优势的农户加大投入，扩大生产规模，提高专业化水平。调查表明，土地市场越发达（转入比例越高），土地投入也越大，可参见表 18。表 19 则进一步显示，转入土地有补偿的比例越高、签合同的比例越高、转入期限在 10 年以上的比例越高，以及登记的比例越高（表明监管越规范），土地的投入也越大。这说明土地市场的规范性对土地投入有显著的正向影响。此外，土地投入越大，土地交易价格也越高。2008 年农地流转交易中进行过土地投入的土地价格中位数为 300 元/亩年，显著高于未进行过土地投入的土地价格（219 元/亩年）。

表 18　　土地市场对土地投入的影响

	没有投入	有土地投入	合计（数量）
没有转入土地	77.6%	22.4%	100%（1416）
有转入土地	64.4%	35.6%	100%（278）

注：Chi - Square = 21.9，Sig. = 0.000。

表 19　　土地市场的规范性对土地投入的影响

<table>
<tr><th colspan="2"></th><th>没有投入</th><th>有土地投入</th><th>合计（数量）</th><th>Chi - Square (Sig.)</th></tr>
<tr><td rowspan="3">转入土地是否给对方补偿</td><td>没有补偿</td><td>66.7%</td><td>33.3%</td><td>100.0%（105）</td><td rowspan="3">24.684 (0.000)</td></tr>
<tr><td>有补偿</td><td>62.3%</td><td>37.7%</td><td>100.0%（175）</td></tr>
<tr><td>无转入交易</td><td>77.7%</td><td>22.3%</td><td>100.0%（1414）</td></tr>
</table>

续表

<table>
<tr><th colspan="2"></th><th>没有投入</th><th>有土地投入</th><th>合计（数量）</th><th>Chi - Square (Sig.)</th></tr>
<tr><td rowspan="2">转入土地是否签订合同</td><td>没有签订合同</td><td>67.1%</td><td>32.9%</td><td>100.0%（228）</td><td rowspan="2">6.47 (0.001)</td></tr>
<tr><td>签订合同</td><td>48.0%</td><td>52.0%</td><td>100.0%（50）</td></tr>
<tr><td rowspan="2">转入土地的期限在是否超过 10 年</td><td>未超过 10 年</td><td>65.8%</td><td>34.2%</td><td>100.0%（234）</td><td rowspan="2">2.935 (0.087)</td></tr>
<tr><td>10 年以上</td><td>52.3%</td><td>47.7%</td><td>100.0%（44）</td></tr>
<tr><td>转入土地是否登记</td><td>没有登记</td><td>67.5%</td><td>32.5%</td><td>100.0%（231）</td><td>9.58 (0.002)</td></tr>
</table>

（二）土地确权对农地流转的影响

调查表明，土地产权越清晰（发放土地承包合同/证书的比例越高），则土地市场越规范（表现为流转土地签合同的比例越高，流转土地登记的比例越高）（见表 20）。此外，土地产权越清晰，土地交易价格越高。2008 年农地流转交易中持有土地承包合同/证书的土地价格中位数为 300 元/亩年，显著高于没有土地承包合同/证书的土地价格（181 元/亩年）。

表 20　土地承包合同和证书的发放对土地市场的影响

<table>
<tr><th colspan="2"></th><th>没有土地承包合同或证书</th><th>有土地承包合同或证书</th><th>Chi - Square (Sig.)</th></tr>
<tr><td rowspan="3">土地流转是否签订合同</td><td>没有签订合同</td><td>89.6%</td><td>76.3%</td><td rowspan="3">15.437 (0.000)</td></tr>
<tr><td>签订合同</td><td>10.4%</td><td>23.7%</td></tr>
<tr><td>合计（数量）</td><td>100.0%（222）</td><td>100.0%（299）</td></tr>
<tr><td rowspan="3">土地流转是否登记</td><td>没有登记</td><td>87.3%</td><td>81.6%</td><td rowspan="3">3.150 (0.076)</td></tr>
<tr><td>有登记</td><td>12.7%</td><td>18.4%</td></tr>
<tr><td>合计（数量）</td><td>100.0%（221）</td><td>100.0%（304）</td></tr>
</table>

（三）土地确权与农民信心

调查表明，土地产权越清晰（发放土地承包合同/证书的比例越高），土地调整越少，征地程序也越规范（表现为征地前收到征地通知的比例越高）（见表21），征地补偿的数额也越高。最近的这次征地中，持有土地承包合同/证书的村集体获得的补偿款中位数为187642元/亩，被征地农户获得的补偿款中位数为9466元/亩，均显著高于没有土地承包合同/证书村集体补偿款12000元/亩和4009元/亩。

显然，当前的土地产权越清晰（发放土地承包合同/证书的比例越高），农民对未来土地产权稳定的预期也就更加有信心（见表22）。总之，土地确权政策落实执行得越好，土地调整也就越少，土地征收也越规范，从而进一步提升了农民的信心。

表21　土地承包合同和证书的发放对土地调整和征地的影响

<table>
<tr><th colspan="2"></th><th>没有土地承包合同或证书</th><th>有土地承包合同或证书</th><th>Chi - Square (Sig.)</th></tr>
<tr><td rowspan="4">二轮承包后是否进行过土地调整</td><td>进行过土地调整</td><td>34.8%</td><td>33.8%</td><td rowspan="4">16.465 (0.000)</td></tr>
<tr><td>没有进行过土地调整</td><td>58.0%</td><td>63.2%</td></tr>
<tr><td>不清楚</td><td>7.1%</td><td>3.0%</td></tr>
<tr><td>合计（数量）</td><td>100%（686）</td><td>100%（991）</td></tr>
<tr><td rowspan="4">征地前是否收到征地通知</td><td>没有收到征地通知</td><td>50.3%</td><td>38.1%</td><td rowspan="4">9.869 (0.007)</td></tr>
<tr><td>收到征地通知</td><td>46.2%</td><td>60.2%</td></tr>
<tr><td>不清楚</td><td>3.6%</td><td>1.7%</td></tr>
<tr><td>合计（数量）</td><td>100%（195）</td><td>100%（289）</td></tr>
</table>

表 22　土地承包合同和证书的发放对农民信心的影响①

	没有信心	中度信心	有信心	合计（数量）
没有合同或证书	27.9%	58.8%	13.3%	100%（685）
有合同或证书	26.6%	54.0%	19.4%	100%（989）

注：Chi - Square = 10.933，Sig. = 0.004。

六、结论与建议

在目前经济危机席卷全球的背景下②，采取强有力的措施确保农民土地权利的稳定有助于大大改善我国所面临的困境，并以此激励农户增加土地投入，促进农地流转，进而带动农业发展以及农民收入提高。2008 年 10 月中共十七届三中全会上通过的《决定》朝着正确的方向迈出了一大步，以下六项措施建议将有利于进一步巩固全会的成果。

（一）逐步赋予农民对其耕地的永久权利

对中国的 7 亿农民③来说，取得完全有保障的、可自由转让的土地权利的道路依然漫长，但是必须注意到过去的 30 年中中国发生的变化以及取得的进步。从农民有权承包土地开始，到承包权“15 年不变”，“30 年不变”，再到“长久不变”，哪怕是完全有保障的土地权利的一部分——甚至是可调整的土地权利也确实能够大大提高几亿人民的生活。强有力的证据表明，赋予中国农民

① 在本次调查中，我们通过衡量农民对未来土地调整的预期来研究农民对其有保障的土地权利的信心。问卷中的问题是：“你个人认为今后 30 年之内土地还会调整吗？”将农民回答“会”视为“没有信心”；回答“村干部说了算”或者“中央政府（或上级）说了算”视为“中度信心”；回答“肯定不会”视为“有信心”。

② 因全球金融危机导致大量工厂关闭，许多农民工回乡，农产品出口下降以及更多农民工失业（据国家统计局 3 月份估计，失业农民工达 2300 万人），将影响 2009 年农民收入增长。参见“今年中国农民收入增长料将放缓”（2009 年 4 月 16 日 10:03:13 文章来源：路透社；http://www.afinance.cn/new/gncj/200904/191277.html）。

③ 2007 年中国乡村人口数为 7.275 亿，占全国总人口的 55.06%。资料来源：国家统计局编：《中国统计年鉴 2008》，中国统计出版社 2008 年版（转引自 http://www.stats.gov.cn/tjsj/ndsj/2008/indexch.htm）。

更有保障的土地权利是解决中国“三农”问题的基础和前提，这需要法律和政策方面的进一步改革并使之在基层得到切实的贯彻执行。

在农民30年土地权利的政策已得到基本落实的今天，应开始考虑逐步“赋予农民对其耕地的永久权利”。这是对中共十七届三中全会《决定》中所提出的“现有土地承包关系要保持稳定并长久不变”的更进一步表述。然而，“永久”一词意味着决定性的转变，将会使农民由于实现了“耕者有其田”的目标，而对其土地权利表现出前所未有的信心并因此更有可能进行长期的土地投入和从事自愿的土地流转。

（二）明确禁止各种形式的土地调整

与确保中国农民拥有稳定的土地权利这一首要原则相一致，应明确禁止各种形式的土地调整（除非是因为自然灾害），这意味着将来不能因为人口变化、征地、土地整理以及其他原因进行调地。对中国农村“民意”的调查结果支持这一建议。尽管中国的区域差异显著，特别是农村的情况复杂多样，但是2008年和2005的调查结果非常一致，即在中国的农村“禁止土地调整”政策的支持者与反对者的比例大约为2:1，禁止调地的政策显然获得了更多农民的支持。此外，非常重要的一点是在禁止调地的同时应加快进行配套制度改革（例如农村社会保障制度建设），以解除那20%的反对者以及约30%的中立者的后顾之忧，进而促进农地流转市场的发育，提高农业生产效率。

（三）尽快立法以走出征地困境

征地问题面临的困境远大于土地调整。这一困境可大致归纳为以下“三难”，即“公共利益”的界定难，补偿数额的确定难，以及征地纠纷的解决难。困境的根源是农地产权界定的不清晰以及更深层次的立法缺失。

1. 在当前的现实条件下，应尽量详细界定“公共利益”的范围，并体现在相应的法律法规中①。对于征地中就“公共利益”的界定可能产生的分歧和纠纷，应明确给予征地的利益相关者决策权和参与权（如要求召开听证会的权利等），并将最后的裁定权赋予司法部门而不是行政管理部门②。

2. 建议在有关立法或法律修订中给予农村集体经济组织以及农户代表参与制订征地补偿标准的权利。这也许会增加当前的征地成本，但将会大大降低未来的社会交易成本从而有利于社会经济的可持续发展。

3. 调查表明，越来越多的中国农民选择应用法律手段（听证、上访、起诉）解决征地纠纷。与其他一些极端方法（如群体事件等）相比，法律手段是一种成本更低的纠纷处理方式。然而，调查也表明，不仅农民就征地补偿争议向法院提起诉讼非常困难，而且采用法律手段解决纠纷成功的比例也在下降。可以借鉴国际经验，设立专门的土地法庭或者在现有的人民法院内部设立土地审判委员会，以解决越来越多也越来越复杂的土地纠纷。

（四）借鉴试点地区经验，全面开展土地确权活动

调查表明，仍有 41.2% 的农户没有任何权利证明文件（既无土地承包合同又无土地承包权证书），而且这一比例与 2005 年相比几乎没有变化。此外，持有“合格”的土地承包合同或证书的农户比例更低。显然，近几年土地承包合同和证书的发放工作陷入了一个低谷。

应在全国开展专项活动向未拿到土地承包合同或证书的农民发放合同和证书，要保证数量和质量，注意土地承包合同的具体

① 例如，近期正在进行《中华人民共和国土地管理法》的修订工作。在新一稿的《修订草案》中，采取了“公益性项目用地目录”的形式，这是一个进步。

② 参见吴次芳：“关于〈中华人民共和国土地管理法〉修订稿的几点修改建议”，北京大学—林肯研究院城市发展与土地政策研究中心等主办：《中华人民共和国土地管理法》修改相关问题研讨会（未公开材料），2009 年 6 月。

内容（比如地方干部的签字等），使得土地确权证书更有实际效力。

在确权登记颁证工作中确实会有不少具体困难，可借鉴试点地区的成功经验，例如发挥群众的监督作用，确保地块数据真实；充分利用信息化技术手段，提高工作效率；创新基层民主建设（如成立调解小组、议事会、监事会、制定村民公约等），有效排解纠纷[①]，全面尽快地完成这次土地确权专项活动，为进一步推进农村土地制度改革奠定基础。

（五）明确允许农地抵押，唤醒沉睡资本

调查表明，尽管农民进行土地投入的次数呈逐年增长趋势，但是仅有约 1/4 的农民在其土地上进行了中长期投资，而且农民土地投资的来源渠道单一，主要依靠自己的劳力或存款，从银行等金融机构贷款的比例极低（从信用社/农业银行贷款的有 12.9%，从其他银行贷款的有 0.9%）。显然，缺乏农地的抵押权是农民依靠信贷手段扩大投资，增加农业产出的一大障碍。

实际上，目前放开农地抵押的客观条件已初步具备：（1）农地 30 年承包经营权基本稳定，全国约 3/5 的农户拿到了土地确权证书，未来的发证工作预期将有较大进展；（2）农地流转市场初步形成，规范的有补偿交易的比例大大上升，农地的市场价格逐步显化；（3）有关法律法规提供了初步的保障支持，例如《中华人民共和国物权法》将土地承包权明确界定为“用益物权”，给农地抵押奠定了基础；又如《中华人民共和国物权法》第 133 条规定，

① 2007 年 6 月成都市被国务院批准为全国统筹城乡综合配套改革试验区；2007 年底，都江堰市柳街镇列为成都市农村土地和房屋产权制度改革的试点乡镇；2008 年 3 月试点工作从鹤鸣村起步。截至 2009 年 6 月，已完成全镇范围内所有集体建设用地使用权证、房屋所有权证以及鹤鸣村 607 户承包经营权证的颁发。上述经验参见“农村产权制度改革及耕地保护基金发放基本情况”，《成都统筹城乡土地管理制度改革现场研讨会交流资料》（未公开材料），2009 年 6 月。

通过招标、拍卖、公开协商等方式承包的荒地等可以抵押[①]。

世界上没有免费的午餐，放开农地抵押既有风险也好处。放开农地抵押后可能的风险（成本）是：（1）增加金融风险；（2）引起土地兼并集中。可能的好处（收益）是：（1）农地产权更加完整清晰，土地价值提高；（2）增加农民土地投入，农业产出增加；（3）提高农民收入，促进消费和扩大内需等。因此，关键是放开农地抵押的成本—收益二者的权衡。建议进行专项研究，系统评估农地抵押的风险，并选择有条件的地区开展试点工作。

（六）加强有关农地产权政策的宣传和监测

调查表明，针对农民土地权利的宣传特别是基层（村）一级的宣传工作对于增加农民的土地投入和提升农民未来地权稳定的信心具有显著的促进作用。此外，对农民进行有关的宣传，并在此过程中给予相关知识的培训教育，不仅有利于农民人力资本的提高，而且这本身就是农村“发展”的一个重要部分。建议有关部门对农民现有的和已加强的土地权利进行广泛的、坚决的、重复的宣传，并建立正规的监测系统，就土地权利的落实情况对地方进行持续的监测。

作者单位：中国人民大学、美国农村发展研究所

发表刊物：《管理世界》2010 年第 1 期

① 参见《中华人民共和国物权法》，“第一百三十三条 通过招标、拍卖、公开协商等方式承包荒地等农村土地，依照农村土地承包法等法律和国务院的有关规定，其土地承包经营权可以转让、入股、抵押或者以其他方式流转。”

公司农场：中国农业微观组织的未来选择

何　秀　荣

内容提要：本文通过理论分析、国际经验比较和发展趋势判断讨论了几种农业微观组织形态。本文的结论是：在市场化、工业化、城镇化和国际化进程中，促进农地经营权向种田大户集中、建立农民专业合作组织的现行政策只具有局部性和短期性作用，不具有摆脱小农缺陷和建立起现代农业的总体性和长期性作用。以企业为母体的租赁式公司农场和以农地股份制为基础的公司农场将成为中国未来农业微观组织的重要形态。其根本原因在于，现代企业形态能够以低交易费用快速有效地扩大农场规模，从而使其在国内产业竞争和国际农业竞争中具有比其他农业组织强得多的经济抗力。政府应当引导条件适宜地区自愿发展公司农场，营造和规范包括法律制度在内的适合公司农场发展的配套环境，前瞻性地考虑可能伴随公司农场而来的新问题和对策，而不应当不支持、被动接受或放任自流。

关键词：公司农场　小农　合作社　现代农业

一、引　言

最近半个世纪来，中国政府一直在追求“现代农业”。但目前农业现代化进程中遇到了最为棘手的瓶颈难题：如何将极其细小的农场规模改造为适合1954年9月周恩来总理在一届人大一次会议上所做的《政府工作报告》中提出的："建设强大的现代化的工业、现代化的农业、现代化的交通运输业和现代化的国防"的要求。这是新中国政府文件中第一次提出建设"现代化的农业"。此后50年间，农业现代化始终是政府致力的目标之一。2007年中央"一号文件"再次强调："发展现代农业是社会主义新农村建设的首要任务，是以科学发展观统领农村工作的必然要求。推进现代农业建设，顺应中国经济发展的客观趋势，符合当今世界农业发展的一般规律，是促进农民增加收入的基本途径，是提高农业综合生产能力的重要举措，是建设社会主义新农村的产业基础。"发展现代农业的农场规模，这也是全球"小农"[①]共同面临的难题。如果农场规模远在现代生产力水平所要求的底线之下，那么，以其为基础的科技应用、市场准入、维生收入、从农热情等都日益变得难以为继了，现代农业也就因此成为一个可求不可得的奢望。在很大程度上可以说，超细小的农场规模是近30年来中国现代农业建设成效不显的"罪魁祸首"。

20世纪80年代初，为了调动农民的生产积极性以解决农产品供给严重不足的问题，中国实行了农户家庭承包经营制。在制度约束构成农业发展瓶颈时，制度变革极大地促进了农业发展。土地承包制获得了举世瞩目的政策效果，但同时也留下了农户经营规模细小化的"后遗症"。1986年，农户平均拥有耕地9.2亩，并且由于当时的平均主义分配方式，每户耕地分散为8.4块[②]。随着原有制度约束的消失，小规模农户农场的缺陷日益凸显。小规模经营不仅妨碍着甚至抛弃了许多科技进步成果的应用，比如农田水利设施体

---

① 传统经济中的小农含义着眼于他们的自给自足性质，这里所说的"小农"主要是指小规模的农户农场，而不在于他们是否从事商品性生产，事实上，现代"小农"生产可以具有很高的商品性。

② 1986年数据来自农业部农村固定观察点办公室：《全国农村社会经济典型调查数据汇编（1986～1999年）》，中国农业出版社2001年版，第3页。

系破败、人畜力作业取代机械作业等；更值得忧虑的是，本已极其细小的农场规模随着国民经济发展占地和人口增长还在不断细小化，截至2007年底，农户平均拥有耕地面积下降到7.4亩[①]，比1986年的农场规模缩小了20%。为了克服小农的缺陷，以苏南为代表的经济发达地区曾创造出统分结合的“双层经营”制度[②]。“双层经营”一度被认为是农户个体积极性和社区作业规模优势有效结合的未来农业微观组织形态，但随着市场化的推进和财政制度的改革，“双层经营”这种以社区农业补贴为支撑基础的经营制度逐渐变得难以持续，直至销声匿迹。

随着中国经济的持续快速发展，农业机会成本逐渐上升，农业收入在农户收入中的比重不断下降，由1985年的75.02%下降到2007年的42.1%[③]，农业在农户经济中不断被边缘化，兼业和弃农成为普遍现象，农业渐渐“衰落”了。现代经济史和经济理论表明，大部分地区的农业衰落最初是在国内产业竞争中出现的，因为农业自然资源的有限性和低流动性以及农产品消费相对较低的弹性，使得农场规模扩张和产品需求扩张都不能像工商业那样容易获得，从而导致农业劳动生产率低于工商业，各种资源（包括高素质的人力资源）优先流向非农产业。如果原有农场规模不能满足农民的收入期望底线[④]，又不能扩大农场规模，那么，兼业和弃农从事非农产业就会成为必然选择。无论在东亚的日韩等国和中国台

① 2007年数据来自农业部农村固定观察点办公室。

② 当时的“双层经营”指社区（一般以村为单位）承担农业生产中的农地翻耕、施肥、打药、灌溉等适于统一作业的农事，农户主要承担田间管理等适合个体精心操作的农事。社区组织往往全部或部分承担统一作业发生的费用，从而形成对农户经营的事实上的补贴。这不同于目前另一种“农户经营+社会化服务”的“双层经营”含义。

③ 根据国家统计局（编）《中国统计年鉴》（相关年份，中国统计出版社出版）数据计算。

④ 根据国家统计局（编）《中国统计年鉴》（相关年份，中国统计出版社出版）数据计算，农户农业纯收入与农民家庭生活消费支出的比例在1985年为94.0%，而到2007年仅为54.1%，可见，依靠现有农场规模下的农业收入，已经不能维持农户的正常生活水平。

湾省，还是在欧洲的英法德诸邦，都能看到这一演变轨迹。在今天中国经济发达地区，农业也正被非农产业和农民收入期望逼入了这种“衰落”状态。由于中国的农场规模更为细小，非农产业又正处于高速发展阶段，因此，小农与现代经济不匹配的问题显露得更为突出，农业“衰落”的问题也更为显眼。

随着国际经济一体化程度的提高，国际竞争逐渐成为许多地区农业衰落的另一个重要原因。尽管影响农业国际竞争力的因素很多，但农场规模是主要决定因素之一，尤其在工资水平和农业技术水平等其他条件相近时，农场规模就成了决定农业竞争力的根本因素。日英法德等国的农民素质、农业投入水平、农业科技应用水平、社会化服务程度、政府支持力度等绝不逊色于美国，但它们的农业依然竞争不过美国，甚至竞争不过农业集约水平和政府支持力度远不如它们的澳大利亚、阿根廷等国，其根本原因就在于日欧的农场规模远远不抵美国、澳大利亚、阿根廷等国。也正因为如此，日欧只能祭起农业保护的神器来守护自己的农业疆界。中国加入WTO后，中国小农被迫与西方大农直接交锋，与国际农业的竞争骤然加剧，但中国农民极其低下的“工资”水平与国际“工资率”悬殊的差距弥补了中国细小农场规模的不足。随着中国农户务农机会成本的上升，细小农场规模的“劣性”全面凸显出来，中国越来越多的农产品正在丧失竞争力，已经从农产品净出口国转变为农产品净进口国。如果不能扩大中国的农场规模，目前仅剩的一些农产品竞争力也可能消失在不远的将来。

从政界到学界、从中央政府到地方政府都清楚地意识到，超细小规模的农场一定会使中国农业在国内产业竞争和国际农业竞争中不断败北。这是因为中国农业发展的核心难题不在于技术方面，也不在于市场方面，而在于影响科技应用和市场竞争的农场规模，中国农业发展的瓶颈约束是缺乏能扩大农场规模的农业微观组织制度创新。因此，为了使农业成为一种可以把农业生产者收入水平维持在社会正常生活底线之上的产业，通过创新农业微观组织制度来扩大农场规模就成为中国持续发展农业的必由之路。

在中国各地的实践中，人们始终在寻找和创新扩大农场规模和弥补小农缺陷的途径和形式，比如促进农地经营权流转来使耕地向种田大户集中、鼓励建立农民专业合作组织、龙头企业联接农户、发展订单农业等。但是，这些探索性实践的效果多数不尽人意，我们能否在现有的一些农业经营组织和扩大农场规模的途径之外，发现或挖掘出新的适宜途径和形式，特别是找出一条能够在符合经济原则的前提下迅速扩大农场规模的“捷径”？今天的农业微观组织形态是否会是未来的形态？对此，必须具有战略性的远瞻，因为历史已经提供了一些耐人寻味的例子。20 世纪末叶，中国大地上欣欣向荣的乡镇企业[①]曾被认为是解决农业劳动力转移和农村发展问题的有效途径和中国模式，但 30 年过去了，事实表明，乡镇企业只是中国工业化进程中一个特殊阶段的形式和一个侧面，而不会成为解决中国农业劳动力转移和农村持续发展问题的基本模式，因为肩负社区福利职能的企业形态是难以在真正的市场经济中作为一般常态持续下去的。我们也曾经认为，农业“双层经营”是发挥农户和社区各自优势的有效形式，但现实却无情地抛弃了它。因此，本文试图用历史发展的目光，放眼未来，讨论与扩大中国农场规模相关的几种农业微观组织形态，以期突破现有思维和政策的约束来获得创新，争取为中国未来的农业竞争抢占农业微观组织形态的“制高点”。

二、现行耕地经营权流转集中政策走得通吗

当前的现实是中国农户的大田经营在劳动时间投放上正在不断

---

① “乡镇企业”原指具有产权集体性、区位本土性、福利社区性等特征的乡镇非农企业。尽管目前官方依然使用“乡镇企业”这一名词和乡镇企业统计数据，但事实上它已经失去了原有含义，乡镇企业已经成为具有一般企业特征的企业了，而原有含义的乡镇企业在中国已经几乎不复存在。

地逆集约化[①]，不少地区发生着隐性甚至显性的轻农抛荒，这种行为的结果为农地集中提供了一定程度的现实可操作性。由于农地制度（尤其是农地承包制度）的制约，政府选择了鼓励农地经营权流转、促使耕地向种田大户集中的扩大农场规模政策。这一政策在部分地区、在一定时段对扩大农场经营规模起到了一定的现实作用。但是，大规模的统计数据表明，这样的耕地经营权流转并不能使农场规模发生实质性的改变，即不具有全局性和长期性的作用。例如，1999 年，农户平均转包出去的耕地为 0.2 亩，即只有 2.53%（=0.2/7.9×100%）的耕地发生了流转[②]，2006 年耕地流转率达到 4.57%[③]，这些耕地流转数据中包含大量租赁给龙头企业的耕地在内，如果扣除向龙头企业流转的耕地，那么，农户间流转的耕地就更少了。另外，现实中的耕地经营权流转也存在许多不足。第一，农户间的耕地经营权流转基本上处于自发状态，缺乏法律的保障，因此，不仅授受双方之间容易产生纠纷，而且转让关系缺乏稳定性，从而导致扩大后的农场规模不稳定。比如，2004 年政府加大农业支持力度和 2008 年全球金融危机导致农民工城市就业困难后，许多弃地农民又要回了转让出去的土地。第二，有些农户间的耕地经营权流转是在不准抛荒的强制环境中出现的，因此，

---

① 为了避免物价的影响，这里以 1978 年→1990 年→2006 年三个年份投入每亩作物的劳动时间来反映劳动集约程度的变化。从全部投工天数看，每亩稻谷分别为 38.1 天→20.6 天→10.4 天，每亩棉花为 60.5 天→44.3 天→25.0 天，每亩大豆为 22.2 天→12.0 天→4.7 天，每亩油菜籽为 30.4 天→18.6 天→9.0 天。即使在劳动集约型的水果生产上也同样发生这种现象，例如，每亩苹果的全部投工天数（从 1991 年起公布成本统计数据），1991 年为 60.4 天，2006 年为 41.6 天。其实，在物质投放上也并没有明显提高集约化的迹象，比如，1978 年→1990 年→2006 年每亩水稻生产中的折纯化肥投入量分别为 17.8 公斤→34.2 公斤→20.6 公斤。这里因为篇幅的关系，不去展开讨论除了劳动集约度下降外是否物质投入集约度也在下降的问题，也不评判劳动投入逆集约化的好坏（数据来源：国家发展和改革委员会价格司（编）：《全国农产品成本收益资料汇编》，相关年份，中国物价出版社、中国统计出版社出版）。

② 这里的数据及计算数据源自农业部农村固定观察点办公室：《全国农村社会经济典型调查数据汇编（1986～1999 年）》，中国农业出版社 2001 年版，第 3、第 167 页。

③ 数据来源：陈锡文等（2008），第 378 页。

有些地方出现了“零地租”甚至“负地租”[①] 现象。第三，农地非农化后的巨大现实获益使得农民越来越清楚土地对自己的福利意义，耕地经营权流转的难度加大了。

若以世界为镜，则不难发现，“鼓励农户间农地经营权流转集中”的现行政策实际上是在复制日本扩大农场规模的模式，即小农基础上的农地流转集中。国内和日本的实践经验都表明，纵向相比时，这一模式或多或少有点效果，但不足以改变农场规模过小的基本状态。日本从20世纪50年代末开始实施扩大农场规模政策，但50年的政策推进结果仅仅是使平均农场规模从起步的1公顷扩大到2公顷，尽管农场规模在比率上扩大了1倍，但在今天的农业环境中，依然不存在规模经济，更不要说与美国数百公顷规模的农场去竞争了。与日本小农的农业环境相比，中国的农民素质、农业投入水平、农业科技应用水平、社会化服务程度、法律契约环境、政府支持力度等远远不如日本，中国农户的起步规模（现为0.5公顷）也小于日本农户的起步规模，但是，目前的市场化、工业化、城镇化和国际化程度以及土地的稀缺程度都远远大于以往任何时期。因此，即使中国复制日本扩大农场规模的模式，中国未来的农场又能达到怎样的规模呢？事实上，中国近30年来农户农场规模在不断缩小。那么，在世界经济已经步入全球竞争的今天，尽管今天这一模式在中国局部地区还可能有点短期效果，但其总体的长期归宿基本是不言而喻的。

三、小农为基础的农业合作社道路走得通吗[②]

合作社历来被视为弱小群体通过互助合作来弥补其弱小分散等弱点的有效方式，合作的效用主要在于资源共享或规模获取。20

① 这里的“负地租”即出让耕地经营权的农户向接受耕地经营权的农户支付经济补偿。

② 这里所用的“农业合作社”一词实际上统指具有合作性质的农业合作组织。

世纪50年代，中国农业互助组的兴起是因为许多小农缺牛少械、劳力不足，通过合作获得了畜力、农具、劳力等生产要素的互补互助，初级农业合作社的出现也是源于从规模经济的角度来提高技术效率和经济效率①。目前，中国不少地区的农业经营方式和经营环境依然具备传统特征，农业发展水平依然较低，因此，农业合作社②仍然有着一定的作用。也正因为如此，政府十分重视完善农业合作组织来弥补小农经营的不足，甚至今天还冀望通过农业合作组织实现小农与大市场的顺利对接。

合作社成功与否取决于效率，而具体的效率取决于合作社内部的组织管理状况和外部环境的适生程度。组成农业合作社的各个农户农场有着各自的具体利益和行为，即使是富有合作意识的德国农民，也依然存在着将质次产品交给合作社、优质产品自行处理的现象。因此，要将合作社的利益和行为整合成一家人似的，组织制度成本是不可避免的。对于一定的合作社规模来说，小农规模越细小，组织制度成本就会越大，加之中国农民的合作传统和合作理念也远不如欧美农民，因此，这种制度成本就会更大。与欧美的合作社相比，中国的农业合作社缺乏制度性的有效领导层③，而往往取决于某个强势领导人的个人能力和道德品行，犹如封建皇朝的兴衰取决于皇帝的英明和强势程度。这使得中国成功的合作社往往都有一个不仅强势而且小私的能人。一旦这样的能人不复存在了，合作社不是寿终正寝就是名存实亡。这种内部组织管理状况大约可以用

① 当时初级农业合作社的出现主要是生产力发展的要求，事实上也确实从规模经济角度提高了技术效率和经济效率，但此后的高级农业合作社和人民公社超越了合作的实际需求，已经演变为政治意识的产物，因此，大规模农业的优势被其他负面因素的作用抵消并逆转。

② 这里讨论的是真正合作意义上的合作社，不包括中国大量存在的假合作社。参见柯志雄：“合作社夹缝中求生存”，《21世纪经济报道》2009年8月1日。

③ 依据合作理论，合作社的领导层应是一个团队，欧美合作社往往能做到这一点，但中国的合作社往往徒具这样的外壳，实际上不存在这种发挥集体作用的团队，决策基本取决于某个强势领导人。

来解释为什么改革开放以来中国自愿组织起来的合作社的寿命往往很短，一般不超过10年，绝大多数短命夭折，包括许多曾经昙花一现的合作社。

合作社的成功还取决于外部环境的适生程度，其道理犹如马车匠纵然具有精湛技艺和精算能力也不能避免马车业的衰亡。与传统合作社的外部环境相比，今天的外部环境已经变得更为市场化、工业化、城镇化和国际化，农民已不依靠农业生存，市场也不以当地为半径，农产品的供给者已经由当地小农扩展到跨国大农，农产品销售已经从提篮小卖改变为现代批发零售，家庭消费者也早已变成了工业食品的接受者。国际农业竞争和国内产业竞争迫使农业比以往任何时候都更应讲求规模经济和专业化（专业化是实现规模经济的有效途径），未来农业微观组织的主宰形态取决于谁更能体现规模经济，从而能在国际农业竞争和国内产业竞争中保持经济生存力。以小农为基础的农业合作社还能适应这种发展趋势吗？更准确地说，传统形式的农业合作社还能奏效吗？

中国传统的农业合作社还具有一个明显有别于发达国家农业合作社的差异。发达国家农业合作社的出现主要是为了对付市场问题和政治层面的团体利益问题，并不是为了对付农场层面的生产问题①；但是，中国农业合作社的出现既是为了对付生产问题，也是为了对付市场问题，而且中国小农面临的许多市场问题又恰恰主要根源于细小的农场规模，甚至可以说“农场规模太小是当前中国农业问题的万恶之源”。中国的现实难题就演化为这样一种逻辑关系：如果合作社不能解决生产领域的农场规模问题，也就难以从根本上解决市场问题；以小农为基础的传统农业合作社不能解决生产领域的农场规模问题，因此，传统农业合作社是缺乏前途的。

① 比如，美国的农民合作社主要有三类：从事农产品销售（约50%）、从事农业生产资料供应（约38%）、提供与购销有关的服务（约12%），基本没有农场层面生产环节的合作社（Donald A. Frederick，2003）。

合作社本身还存在一个适宜规模的问题，而且这种适宜规模被要求随着社会经济活动规模的扩大而相应扩大，合作社只有具有规模的动态适应性，才能在日趋激烈的全球竞争中达到基本的效率，这就是欧美国家不断出现合作社兼并的驱动力。这种趋势特性使得由小农组成的农业合作社面临更困难的组织问题，因为规模的扩大对组织制度成本和管理水平的要求更高。

家庭农场基础上的合作社是否能够适应现代社会？对于美国、加拿大、澳大利亚那样的大规模家庭农场来说或许能够，因为其农场规模本身就足以支撑起类似现代企业式的经营；但对于中国（以至东亚）这样细小的农户农场规模来说却不能够，因为它不足以支撑起现代企业式的经营。一亩三分地式的农场规模不仅使得现代农业技术、现代会计核算、现代企业管理无用武之地，使得农业沦为“副业”，而且使得由这种小农细胞构成的合作社也变得效率低下，甚至难以独立生存，这大约就是即使具有日本农协这样强大的合作组织力量也依然无法阻止其小农在国际竞争中落败趋势的根本原因。用小舢板可以拼装出一艘貌似的航空母舰，但它毕竟不拥有真正航空母舰的机体和功能，更不能与真正的航空母舰较量。

国内时常可听到的一些说法是：合作社在世界范围内壮大，某某发达国家农业合作社的力量很强大，似乎以此能证明农业合作社的生命力。这里存在三个误区：一是忽视了上面所说的中外农业合作社在所组成的细胞农场上的差异和所面临问题上的差异；二是缺乏准确定位，用发达国家合作社①的总体繁荣掩盖了其农业合作社的不景气，更是掩盖了其农场层面的生产合作社日薄西山的境况；三是缺乏用发展的眼光来观察农业合作社，用眼前的横截面状况掩盖了发展中的颓势。早在20世纪80年代中期，全球农业合作社就

① 国际合作社联盟中的合作社类型包括农业合作社、消费合作社、金融合作社、住房合作社等多种形式，非农合作社在壮大，但农业合作社却落入了困境。

已开始出现式微的状态，在发达国家中“农民对合作社的支持率日益降低”（汪冬梅，2001），例如，澳大利亚早在20世纪90年代就出现了农民合作社成员减少的现象[①]，“农民合作组织为生存而挣扎”（Bodman，1994）。即使在农协力量强大的日本，对日本农协充满了大量来自非农领域和农协会员的责难。事实上，被标榜为农业合作社楷模的日本农协和中国台湾省的农协长期依赖政府给予的特殊金融与保险业务和税赋优惠政策，而非依靠农业本身，否则，日本农协和中国台湾农协可能早已破产离析。为什么全世界的农业合作社没有表现出旺盛的迹象？其原因是，农业合作社患有组织机制和制度费用方面的天生缺陷，在市场化、工业化、城镇化和国际化进程中，现代企业组织日益表现出更强的生命力和竞争力。

退一万步说，日本农协被认为是世界上最强势的农业合作组织之一，日本的农民素质、农业社会化服务体系、农业投入水平、政府农业支持力度等方面都丝毫不逊色于美国，但即使如此，以小农为基础的日本农业依然无法避免其在国际竞争中衰落的趋势，无法避免其在国内产业竞争中衰落的趋势。那么，即使中国的农业合作社能达到日本农协的组织状态，难道就能摆脱类似日本农业的衰落命运吗？显然，答案将是不言而喻的，因为这种农业命运是由农场规模决定的。何况即使与日本、韩国相比，中国的农场规模也显得太小了[②]。

这就迫使我们思考：尽管以小农为基础的农业合作社在当今中国的一些地方还具有一定的有效性，但这种有效性是暂时性的还是长期性的？在工业化、城镇化、市场化和国际化进程中是否会被其他农业微观组织形态所淘汰？有些合作社学者也提出了类似的思

---

① 参见李平（2002）；Falling Membership Fuels Funding Crisis，Australian Farm Journal，July 1994，pp62－65。

② 日本和韩国目前的农场平均规模接近2公顷，而中国只有0.5公顷。

考："在经济全球化、自由化的新环境下，合作社是否还有存在的必要性"（苑鹏，2005）。上述关于农业合作社的分析至少能提醒我们，尽管目前的中央政策提倡和鼓励农民成立专业合作组织，但必须对以小农为基础的农业合作组织的局限性和历史性保持清醒的认识，而不能将其视为解决小农问题的灵丹妙药。如果不改变农场规模这一农业基本细胞，那种传统的农业合作社尽管目前还产生着治标不治本的短期效果，但至多只是悦目的夕阳。这意味着，中国的农业合作社本身需要适应时代发展，其涅磐之道是找出扩大农场规模的现实路径、将自身改造为股份式或公司制[①]的现代企业。

四、从"企业+农户"到"企业+农场"

市场经济的发展和人民生活水平的提高，对农产品供给的规模、质量、专用性和稳定性提出了更高的要求，而小农的先天性缺陷则构成了明显的障碍，尤其影响食品加工业和出口企业。以胶东半岛为代表的经济发达地区，应运发展演化出了"龙头企业+农户"的小农和市场对接形式（也称为"公司+农户"，具有"订单农业"[②] 的特征）。这种模式对企业而言，相对稳定了产品生产规模，较好地缓解了标准化生产问题；对农户而言，大大缓解了农产品市场销售的风险问题。"公司+农户"模式是一种基本双赢的选择[③]，一度被认为是以市场经济方式解决小农生产与社会化大市场对接的有效模式。

---

① 美国的法律规定，"合作社是公司制的一种"（Donald A. Frederick，2003）。澳大利亚目前已放宽对农民合作社的限制，力图将现代企业因素引入合作社。

② "订单农业"（contract farming）指农业生产者与其他企业或个人之间的契约安排，它规定了农产品生产数量、质量、价格、交易时间以及各方在此交易过程中的责任和义务。这种契约安排可能是书面的，也可能是口头的。

③ 尽管法律保障方面存在不足，导致双方较高的毁约率，但总体状况还是双赢的。也正因为双赢，"企业+农户"模式才得以发展。

但是，这种模式存在三个主要问题：第一，由于利益主体不同，存在严重的对接稳定性问题，特别在法律环境不完善时，毁约率很高。2000年，全国订单农业的订单兑现率不足20%[①]，政府加强引导和管理后，毁约事件依然屡有发生。第二，由于农户素质差异和公司监控的有限性，农产品安全和标准化等质量问题依然存在[②]。第三，一家龙头企业可能需要与多至成千上万家的农户直接打交道，包含时间和精力在内的交易费用很高；而小农在与企业打交道时，常常感到自己处于接受者的被动地位。因为这三个基本缺陷，“公司+农户”模式又渐渐衍生出另外两种模式。

产品质量和供给稳定性是现代企业的“命穴”，为了缓解“企业+农户”模式的这两个痼疾，企业开始建立自己的、具有一定规模的农产品生产基地，从而衍生出了“企业+基地+农户”模式，这种模式使企业能将经营风险控制在一定程度内。对企业来说，这一模式在一定程度上缓解了上述两个问题，但依然未能最终解决农户素质差异和公司监控的有限性导致的农产品质量问题[③]。

针对第三个缺陷衍生出了“企业+中间组织+小农”模式，因为企业希望出现一个代表小农的交易对手，以节约包括时间和精力在内的交易费用；小农也希望有一个合适的组织来代表他们的利益与企业进行交易谈判，以摆脱弱势的谈判地位。因此，合作组织或村行政组织往往被选择为龙头企业与农户之间的中介者，从而形

---

① 数据来源：郭红东（2005），第47页。

② 山东龙大食品集团董事长宫学斌的观点和做法具有代表性，他认为，在深化农业产业化经营的过程中，过去的“公司+农户”模式已经不适应农产品国际竞争的要求。一家一户分散种植或养殖的农户，受农户素质和公司刚性管理缺位的制约，难以保证所产加工原料的质量。为此，龙大集团将“公司+农户”改造成为“公司+自营农场”的新模式（引自：新华网（http://news.xinhuanet.com），2002年10月30日）。

③ 在2000年以前，山东泰安的出口蔬菜生产中普遍采用的是“公司+基地+农户”的模式。但其后，国际蔬菜市场的检测标准越来越高，出口企业曾有一段时间采用24小时监控的办法，但检测结果超过指标要求的事件仍时有发生。

成了“企业＋中间组织＋小农”（通常也称为“企业＋合作组织＋小农”）的联结模式。这一模式在不少地区取得了较好的效果，被视为“企业＋农户”模式的改良模式，被认为是更好地解决了小农与大市场对接的问题。但是，这一模式始终没有解决不同主体的利益矛盾问题，在一些地方，中介者甚至成了一个新的利益主体，原有的企业和农户两方博弈由此演变为企业、农户、中间组织三方博弈，从而构成新的利益问题。同样，这一模式也始终没有解决农户素质差异和公司监控的有限性导致的农产品难以标准化的问题。

随着中国经济的进一步国际化和国际贸易中质量标准的提高，小农生产中产品安全的难控性和产品质量的不一致性逐渐成为农产品及其加工产品出口的瓶颈。国际竞争迫使中国企业必须提高农产品的安全性和标准化程度，细小农场规模的问题再度被推到了风口浪尖。这是因为，质量问题不仅取决于企业内部的加工控制，也取决于提供原料农产品的农户的生产控制，不合格的原料不可能生产出合格的加工品。但是，要让存有差异的众多小农生产出安全的并且是标准化的农产品，确实是一桩极其困难的事。因此，企业不得不探索新的模式。通过“返租倒包[①]”途径发展出的“企业＋（企业经营的）租赁农场”的农业经营形态（俗称“公司＋农场”），就是其中的一种。这一变革使企业通过农地租赁进入了农业生产领域，出租土地的农民由农业经营者变为收租者，其中，部分农民被租地企业雇用而成为工资收入者（俗称“农民变农工”）[②]。这种模式使农产品交易内部化了，真正形成了小农与大市

① “返租倒包”，即企业租赁农户耕地（法律意义上的一定时段内农地承包经营权的租赁转让）来直接进入农业生产领域，企业的目的是获得农业生产的规模化和实施标准化生产。农户获得土地租金，如果农民还受雇于企业从事农业生产，实际上就已经变为企业的合同工，并由此获得劳动收入。

② 以“公司＋农户”（被称为“温氏模式”）著名的广东温氏食品集团在2008年2月接受笔者调研时表示，温氏集团也将采用“公司＋农场”的模式来生产高档食品。

场的无缝对接，更具有深远意义的是，它使农场形态发生了质的变化，工商资本进入了农业，实现了规模化、标准化、商业化的现代农业生产，微观农业组织形态（农场）成了公司的一个组成部分，原来众多的农户农场通过农地租赁的方式事实上变为一个公司农场（只是未冠以“公司农场”的名而已），完成了从小农向现代公司农场转变的“惊险一跳”。这种模式在实践中收到了较好的效果，受到了企业和农民双方的欢迎，国内越来越多的农业产业化龙头企业转向了这种农业经营模式。

五、公司农场

“公司+农场”模式中农场的基本特点是租赁式农场；农场依附于产业链下游的母公司，自己没有独立的法人地位；农产品往往提供给母公司。它实质上是一种工商资本吞没了许多小农农场后形成的大规模租赁经营农场，尽管这种公司农场与理论描述的经典公司农场有所差异，却是现阶段中国版的一种公司农场形式，不妨称其为“租赁式公司农场”。与此前的小农相比，这种经营形态的技术效率和经济效率较高，并且因为内部对接而排除了初级农产品销售风险。但是，这种农业组织形态的推广具有较大的局限性，即必须有一个所依附的龙头企业，否则就难以形成这样的微观农业组织形态。这也是这种农业经营形态较多出现在中国经济发达地区的原因所在。那么，农业生产领域是否还能产生其他形式的公司农场，特别是地区适应性更大、不依赖母公司的独立公司农场形式呢？本文认为，在农业中引入现代股份制公司的观念和操作方式可以快速、现实地改变小农经营状态，农地股份制公司农场就是其中一种当前可操作的形式①。

① 如果法律“松绑”，还可以探索企业不是通过租赁而是通过购买获得土地的公司农场形式。

农地股份制公司农场的基本思路是：小农以农地（中国当前为经营权）入股建立农业股份公司，股份具有收益权，依股分红，股份可以继承和转让，但不可撤股。公司由管理层经营，雇用部分农民为农工。这种农业股份公司具有一般股份公司的基本特征，但由于农业的外部性，这类公司可享受政府给予的有别于一般股份公司的政策支持和限制。

选择农地股份制公司农场的主要依据在于其理论角度的竞争力、中国的现实国情和民间实践探索中显示出的生命力。从组织理论的角度看，公司农场属于现代企业组织范畴，具有一般企业的基本特征，公司农场的经营权与所有权可以分离，经营者可以是投资者以外的其他人员。与以往的农业微观组织形态相比，现代企业组织在治理结构、组织化程度、运行机制、经营决策、经营规模、市场渗透力等方面具有优势，从而使得公司农场具有较强的竞争力。

中国农业的持续发展迫切需要商业资本和人力资本，小农和合作社的性质使得这些资本进入农业十分困难，公司农场作为现代企业组织形态，产权关系比较明晰，因此有利于这些外部资本的进入。正是因为合作社在这方面的局限性，澳大利亚等发达国家正在放宽对合作社的法律限制，力图将现代企业因素引入合作社，使其向公司制度靠拢（郭富清，2007）。

正如前面讨论的，中国超细小规模的农户农场使得农业现代化的一切努力收效甚微，农业的长期出路在于农业经营者可以获得一个相应的农业收入，兼业化意味着中国农业被边缘化而衰落，因此，农业发展的宏观策略应当是减少农民、提高农业经营的规模效益。国际经验也告诉我们，没有一个发达国家的农业不在减少农民，减少农民是提升农业效益和竞争力的必由之路。但是，国情和国际经验还告诉我们，遵循小农自然式退出的老路不能避免中国农业衰落的命运[①]，选择公司农场这种微观组织形态可以在相对较短的时间内、以符合经济规则的方式完成从传统农业向现代农业的转变过程，从根本上提升中国农业的长期竞争力。

国际实践也表明公司农场具有强大的生命力。公司农场普遍经营规模较大，生产环节链接紧密；公司农场更容易实行专业化和标准化生产，更容易采用新技术和新设备，从而有利于提高技术效率和经济效率。因而公司农场具有更好的规模经济效益。在法国农业资本公司中，一些按特定方式及原则将农业生产与农产品加工、储运、销售及农业生产资料供应等环节有机结合在一起实行统一经营的农工商综合体，由于其资金实力雄厚，经营规模大，加上供、产、加、销各个环节有机衔接，能够极大地提高农业经营效率，同时降低农业经营的成本和费用，因此，在法国农业经营组织体系中公司农场发展非常迅速（周淑景，2002）。日本政府长期以来对公司农场实行严格限制，但在经济全球化趋势中，强大的国际压力、高额的农业补贴、老龄化的农民使得日本政府明显感到传统的农业政策越来越难以保护其小农为基础的农业，开始放宽了对公司农场（法人农场）的法律限制。从1995年开始，日本公司型法人农场快速增长，1995~2000年的5年间从2815家增加到4393家，增长了56%[②]。2003年，日本政府进一步允许一般企业通过租赁农地的方式进入农业。

① 中国减少农民的道路异常艰难，其原因是：第一，农民存量巨大，即使每年以百万计的农民析出农业，农业劳动者绝对量减少的效果依然甚微。第二，中国的农场规模远远低于现有农业技术规模，浙江一个农民采用手工作业方式，至少可以经营5亩水稻，而按照现有一般技术装备作业，则可以经营30亩以上水稻，但2007年浙江农户的耕地面积平均只有2亩。更棘手的问题是，中国农户农场规模还在缩小。第三，由于农地产权制度和农业微观经营组织缺乏本质性的创新，绝大多数脱农“农民”依然是法律意义上的土地承包者，这一结果使得农地流转的交易成本很大，并且使得农地流转变得非常不稳定。股份制公司农场的方式可以将农民与土地的实物联系变为财富联系，以利于析出农民。

② 资料来源：日本农林水产省：《图解粮食、农业、农村白皮书》，平成12年(2000年)，第121页。

在中国，尽管政府官方没有提出发展公司农场，甚至持不支持态度①，但不少地区不仅已经具备发展公司农场的条件，而且在江苏、北京、重庆等地已经出现了农地股份制为基础的公司农场（但往往冠以“土地股份合作社”的名称来规避政策和官方舆论的障碍），并且取得了很好的实践效果，深受农民欢迎②。例如，截至2006年底，江苏省苏州全市共组建了比较规范的土地股份合作社156个，入股农户3.42万户，入股土地面积9.3万亩；又例如，江苏省扬州市从2004年开始试点农村土地股份合作社，到2006年底农村土地股份合作社达159个，入社农民24662户，入股土地面积64275亩（天松，2007）。

鉴于理论分析、国际经验、发展趋势和实践效果，政府应当主动引导有条件的地方自愿发展公司农场，而不是把它拒之门外。何况，即使政府不提倡、不支持公司农场，也难以阻止实践中发展出未冠以“公司农场”之名的公司农场。与其被动乏管，不如主动规范。

六、公司农场的争议和障碍

目前对公司农场存在着很大的争议，而且这些争议往往来自意识形态方面甚于经济方面。长期以来，中外普遍存在着把公司农场视为噬人的资本主义农业组织的看法，所以，公司农场往往处于“不名誉”和官方限制的双重压抑状态，即使在西方国家也是如此。美国一直视家庭农场为美国民主制度的基础，政府始终将家庭农场列入支持的范围，而将公司农场排除在外；日本长期以来也同样对公司农场进行各种限制。这取决于一个国家的政治意识和基本

① 2001年中共中央发布的“18号文件”明确指出，中央政府是不提倡工商企业到农村长时间大规模地租赁农民的承包地的。另外可参见段应碧（2007）。

② 土地股份合作社的效益等情况可参见：“土地股份合作是发展现代农业的有效载体”，《扬子晚报》2007年2月5日；天松（2007）。

国情，但历史发展潮流最终会无情地冲破意识形态障碍。

当我们探讨发展公司农场时，经常遇到的一个实证性反问是：为什么美国、日本等发达国家的农场组织形态没有走向公司农场？在美国和日本，公司农场的比重确实都不大，这是由美日两国农业政策和客观条件所决定的。美国农场的基本形态是家庭农场，早在20世纪20年代，美国就出现了公司农场，近一个世纪过去了，为何美国的公司农场没有迅速发展起来？究其原因与美国的农业条件、社会化服务系统、农业政策以及政治理念密切相关。美国农场以大规模[①]为主，1862年的《宅地法》已将家庭农场的规模导向到160英亩的水平（64公顷），至2007年已扩大到449英亩（179.6公顷）[②]，2002年美国农业普查数据显示，美国大于1000英亩的农场只占8.6%，但占有67%的耕地，其农场的大规模使其缓解甚至消除了小农患有的那种技术、资金和市场弱点，源自规模效益和技术优势的较高农业生产率一方面对外形成了对欧洲或东亚小农农场具有压倒性的竞争优势，另一方面对内大大缓解了国内产业对农业的竞争挤压，甚至家庭农场主收入高于工薪阶层收入。美国发达的社会化服务在很大程度上又弥补了家庭农场的一些不足之处，使其能够从容应付内部生产和技术问题，这点从美国的农业合作组织也能窥见一斑。美国的农业合作组织主要在市场领域和政治领域，而鲜有生产合作社。可以说，规模经济是美国家庭农场赖以生存和竞争的基础。此外还有一个很重要的社会道义因素。美国的主流理念认为，家庭农场是美国民主制度的基石，美国开国元勋杰斐逊关于以家庭农场为核心的小农民主社会的理想，对维护家庭农场的地位给予了有力的社会道义支持（樊亢、戎殿新，1994）。因此，政府一贯的农业政策是更多地支持家庭农场，而不支持公司农

---

① 美国衡量农场规模的主要指标有土地规模和销售规模两个，这里以土地规模来反映。

② 数据来源：美国农业统计局（http：//www. nass. usda. gov）。

场。总起来说，尽管公司农场具有较高的单位面积效率[①]，但美国家庭农场的规模使其能够与公司农场抗衡，并且家庭农场的组织结构更为简便直接，加之政府农业补贴，使家庭农场没有感到来自公司农场的粉碎性压力。但尽管如此，美国的公司农场仍在缓慢地发展，2002 年美国农业普查数据显示，1978 ~ 2002 年期间，公司农场从 5 万家增加到 7.4 万家，而家庭农场减少了 56 万家，公司农场占农场总数的比例从 2.22% 上升到 3.47% 。

日本一直实行保护家庭农场的农业政策，对公司农场[②]实行比较严格的法律限制，加之日本农协具有强大的政治、社会和经济力量，因此，日本的公司农场一直处于不利的发展环境中。但尽管如此，日本的公司农场仍然在缓慢发展，1970 ~ 2005 年间公司型法人从 1879 家发展到 6051 家[③]。政府一直在推行扩大家庭农场规模的政策，但 1960 ~ 1998 年期间，近 40 年的扩大农场规模政策仅使得日本农场的平均规模从 0.99 公顷扩大到 1.77 公顷（冈部守等，2004），这一规模的竞争能力（包括政府补贴在内）显然无法抵挡来自国外农业和国内产业的竞争。在经济全球化进程中，强大的国际压力和高额的农业补贴使得日本明显感到传统的农业政策越来越难以保护其小农为基础的农业，日本农协也饱受非议。1995 年 WTO 成立后，日本的公司型法人农场加速增长，1995 ~ 2005 年的 10 年间从 3283 家增加到 6051 家，增加了 2768 家[④]，年均增长 6.31%；而 1970 ~ 1995 年的 25 年间从 1879 家增加到 3283 家，总

① 1987 年的美国统计数据显示，家庭农场占全部农场土地面积的 65.1%，但只占农产品销售总额的 56.3%；公司农场占全部农场土地面积的 12.4%，却占农产品销售总额的 25.6%；其余为合伙农场所占份额。

② 本文所说的“公司农场”指在日本农业统计中被定义为“株式会社”（joint stock companies）和“其他会社”（other companies）的两类农业公司，即公司型的有限公司、合资公司和合股公司；不包含工会型的“农事组合法人”（agricultural producers' cooperative corporations）。

③ 资料来源：日本农林水产省：《日本农林统计》，平成 17 年（2005 年）。

④ 资料来源：日本农林水产省：《日本农林统计》，平成 17 年（2005 年）。

共只增加了1404家，年均增长2.26%。2003年，日本政府放宽了对一般企业进入农场的法律限制，以期工商企业进入农业来挽救日本农业。在某种意义上可以说，日本已经开启了公司农场的大门。

在法国，农业资本公司是近20年来新涌现出来的一种从事农业开发性经营的企业法人组织，目前已经成为法国新兴农业经营单位中增长最快、最具活力的一种形式。到1998年，法国农业资本公司即已达到5.6万个，占法国全部农业经营单位的8.3%。而1988~2000年期间，法国个体农场占农业经营单位总量的比重从93%下降至81%，其用地比例更是从82%大幅降至58%（周淑景，2002）。

从全球迹象看，公司农场是一种发展趋势，尽管今天的比重还比较低，但1995年WTO成立后，公司农场的发展速度在加快，因为全球化速度在加快、国际竞争在加剧。中国应该怎么办？在中国农业微观组织的改造方面，我们应当顺应发展趋势，特别是中国不少地区已经具备发展公司农场的条件，应当抓住变革与发展的机遇，抢先于日欧进行农业微观组织变革，否则，沿循旧路的归宿将是沼泽中的挣扎。

对中国走向公司农场的诘问常常也会取自与现有国营农垦农场的类比。有人认为，中国目前的国营农垦农场堪称大规模农场，随着改制是否可称之为公司农场？未来的农地股份制为基础的公司农场是否就是这样的农场？这种农场的效率又怎样？由于当前中国的农垦农场存在着许多问题，所以，许多人对农垦农场颇有微词。我们应当看到，目前的农垦农场并不完全符合现代公司制度的要求，在治理结构、经营制度等方面存在着许多问题，需要向现代企业制度靠近。同时我们更应当看到，目前农垦农场的不少问题是历史遗留下来的，农垦农场担负着众多的社会职能和历史包袱（例如离退休人员、场办学校、场办医院等）。还应当看到，如果把农垦农场肩上的社会负担卸掉，其实际的经济效益并不差。农垦农场的农业技术效率也大大高于当地农户，这种优势正是来自于现代农业式的大规模经营；农垦农场在市场方面的优势更是个体农户所无法比拟的。今天，虽然农垦农场耕地面积等总量指标在全国农业中的比重不大，但农垦农场已经成为中国农产品市场、对外农业竞争的骨干力量，在政府宏观调控市场中发挥着中坚作用。

对公司农场还有一个争议是公司风险问题，即公司经营不善的风险由谁来承担？这是政府最为担忧的问题，有人很担心公司经营风险最后由政府承担①。现实中，公司农场的发展与其他公司一样依赖领导层的能力，因而必然存在经营风险问题。但是，小农经营是否就不存在经营不善呢？同样存在！只是小农经营不善的底线是小农自认倒霉，不会形成破产，特别在小农逐渐把农业当副业来对待时，家庭农场经营不善已经无甚大碍了，至多是生产出来的农产品由商品转为自给品，何况细小规模的农场本来就没有多少商品农产品。相比之下，公司经营不善则会导致债务和破产。但是，经营不善的公司总是少数的，并且公司农场的出现正需要我们为之设计抵御风险的制度机制，营造配套的适生环境，包括有别于一般商业公司的特殊规定，而决不是因噎废食！每天都有不少企业破产，但人们并没有抛弃企业形态。特别是，当中国农业已经患上超细小农场规模绝症正在慢性死亡时，却还要拒绝针对绝症但可能会治死个把农场的新药吗？

公司农场能否保持农地性质和农业经营是又一个担忧焦点。尽管小农状态也存在这一问题，但人们似乎并没有对此显露担忧；而到了公司农场身上，却成了一个担虑的问题。不管如何，保持农地性质和农业用途毕竟是极其需要强调的，农地不存在了，也就失去了讨论农业经营规模的基础和意义。但是，这一担忧的化解并不取决于农业组织形态，而是取决于立法、监督和执法，尤其是后者。

① 参见段应碧（2007）。

从江苏、重庆目前一些土地股份合作组织的情况看，集中起来的农地中有相当一部分被用于非农产业。这也说明，确实需要严格的立法、监督和执法来规范公司农场的行为。

从世界范围公司农场的发展状况看，中国发展农地股份制为基础的公司农场也不会一帆风顺，公司农场成为中国未来农业微观组织的中坚形式有很长的路要走，如果参看小农困境类似但公司农场起步条件远比中国好得多的日本，更能清楚地看到其艰巨性和漫长性。至少在法律、技术、经验等方面存在不少障碍，需要建立一整套制度机制，营造配套的适生环境。

目前，首当其冲的障碍是现行法律的局限。现行的《中华人民共和国土地管理法》、《中华人民共和国宪法》等法律法规未对农地入股作出规定，那么，以农地股份制为基础的公司农场的法律依据何在？现行法律需要对此作出明确规定。现行法律规定，农民的土地所有权是集体的，因此，法律需要明确：农地股份究竟是所有权股份还是经营权股份？如果是所有权股份，入股即隐含着土地所有权私有化这一事实前提，这与当前的法律规定有所冲突。如果是经营权股份，则这种股份是有时间限制的，不能超过土地承包经营权年限，显然，入股土地的实际产权不清不符合股份制的特征和原则，会产生“后遗症”。重要的法律问题还有，《中华人民共和国公司法》中的破产条款规定是否同样适合农地股份制为基础的公司农场？是否需要像对待农业合作社那样对公司农场作出特别的法律规定？

在建立公司农场的过程中还会遇到一系列制度性和技术性问题，前者比如土地股权与资本股权权益的确定，管理层的选择及其权益的确定，公司控制与监督、公司经营、股东权益保障、农民社会保障等一系列问题；后者比如插花地的处理等技术细节问题。建立公司农场也需要有一个让农民逐渐适应的过程，比如，公司农场建立在农民自愿参与的基础上，由于农民在股份认识、生产对象类型、收入预期、土地感情、风险承受心理等方面存在差异，参与意愿就会不同。在建立公司农场的过程中同样还会遇到一系列其他衍生问题，比如，从农业中析出的农民如何快速转移到非农产业，土地使用权的限制和租赁权的可靠性对公司经营的限制，地方政府行为模式对公司农场运营的影响等等。

江苏省现有的“土地股份制合作社”实践还给出了一个需要政府考虑的宏观问题。实践中的“土地股份制合作社”实现了商品化、规模化、效益化生产，但基本上都将农业生产结构转向了蔬菜、水果、花卉、水畜产品等高价值农产品，对于农场来说，这是一种无可非议的经济理性选择，目前的高效益不仅来自于规模化生产，也来自于这种产品结构调整。但是，这种微观理性的共性选择导致的宏观问题是，今后谁来生产粮食等价值虽低但关系到国家安全的土地集约型农产品？尽管小农状态时也存在同样的问题，但此现象表明，公司农场虽然有助于建立现代农业，但无助于缓解政府对粮食安全的担忧。

七、结 束 语

从宏观社会经济和国际农业竞争的发展趋势以及中国的实践看，尽管中国促进耕地经营权向种田大户集中的现行政策在一些地区依然发生作用，但只具有局部性和短期性的作用，不可能具有摆脱小农缺陷和建立起现代农业的总体性和长期性作用。未来中国农业合作社的成功与否将与能否解决农场规模问题联系在一起，不能解决生产领域中农场规模问题的农业合作社也只能局部性和短期性缓解农场规模问题，而不能导致农场的市场和生产问题的解决，并且农业合作社本身也需要通过引入现代企业制度加以改造才能得以持续发展，具有公司农场特征的农地股份制为基础的农业合作社可能是一种有希望的农业微观组织形态。公司农场将是中国未来农业微观组织的一种重要形式，其中包括以企业为母体的租赁式公司农场和以农地股份制为基础的公司农场。公司农场将会成为中国未来农业微观组织重要形式的根本原因在于，这种组织形式能够以现代经济的方式现实有效地扩大农场规模，从而使其对国内产业竞争和国际农业竞争具有比其他农业微观组织形式强得多的经济抗力。面对当前的实践和发展趋势，政府应当转变思路来实现政策创新，引导条件适宜地区自愿发展公司农场，营造和规范包括立法、监督、执法等法律制度在内的适合公司农场发展的配套环境，前瞻性地考虑可能伴随公司农场而来的新问题，而不是不支持、被动接受或放任自流。

需要说明的是，虽然本文提出了“走向公司农场”的观点，但必须指出，这种观点基于对农业微观组织形态长期演变趋势和中国国情条件的认识，它希望中央政府突破现有思维和政策框架，前瞻性地把握演变趋势，从而制定战略性的农业发展政策；它并不意味着采取强制性的农业组织形态变革措施来推行公司农场，因为中国幅员辽阔，发展条件和水平各异，人为的超前变革会产生揠苗助长的后果，农业微观组织形态的变迁会是一个较长期的诱致性变革过程。此外，发展公司农场也并不意味着它能解决中国农业遇到的全部问题，它只能缓解或解决因小农经营规模不经济所引起的问题，而中国农业遇到的许多问题是宏观层面的，微观组织层面的适宜制度创新只是起到有助于缓解宏观问题的作用，并没有包治百病的作用。

参考文献

1. 陈锡文、赵阳、罗丹：《中国农村改革30年回顾与展望》，人民出版社2008年版。

2. 段应碧：“中央不提倡土地入股”，《大生》2007年第11期。

3. 樊亢、戎殿新：《美国农业社会化服务体系——兼论农业合作社》，经济日报出版社1994年版。

4. 冈部守等：《日本农业概论》，中国农业出版社2004年版。

5. 郭富清："西方国家合作社公司化趋向与我国农民专业合作组织的回应"，《农业经济问题》2007 年第 6 期。

6. 郭红东："农业龙头企业与农户订单安排及履约机制研究"，浙江大学博士学位论文，2005 年。

7. 李平："澳大利亚农民联合会及其对我国农业合作组织的启示"，《农业经济问题》2002 年第 6 期。

8. 天松："苏州土地股份合作新观察"，《江苏农村经济》2007 年第 4 期。

9. 汪冬梅："日、美、德农业合作社之比较"，《世界经济研究》2001 年第 2 期。

10. 苑鹏："现代合作社理论研究发展评述"，《农村经营管理》2005 年第 4 期。

11. 周淑景："法国农业经营组织体系的变化与发展"，《中国农村经济》2002 年第 10 期。

12. D. A. Frederick："美国合作社概况"，《中国供销合作经济》2003 年第 8 期。

13. Bodman, B.: Farm Organizations Struggle to Survive, *Australian Farm Journal*, July 1994.

作者单位：中国农业大学经济管理学院

发表刊物：《中国农村经济》2009 年第 11 期

贫困地区农户的正规信贷约束：基于配给机制的经验考察①

刘西川　程恩江

内容提要： 本文提出了一个具有可操作性的用于研究农户正规信贷约束及其背后的信贷配给机制的统一分析框架，该框架将这一领域的理论分析、调查设计与经验研究有机整合起来：第一，从信贷合约的价格、数量和其他条件等维度讨论数量配给、交易成本配给与风险配给三种信贷配给机制；第二，依靠特殊设计的农户意愿调查，在经验层面上衡量样本农户所面临的正规信贷约束，并用调查数据估计农户正规信贷约束背后的信贷配给机制。研究发现：样本地区农户不仅受到供给信贷约束，而且还受到需求信贷约束，数量配给、交易成本配给与风险配给是农户被配给出正规信贷市场的三种重要方式。本文的结论有助于提出有针对性的缓解贫困地区农户正规信贷约束的政策建议。

关键词： 信贷约束　配给机制　贫困　农户

一、引　言

农村金融市场的健康发展对于提高农民收入水平、缩小收入差

---

① 本文得到了福特基金会和浙江大学中国农村发展研究院“985 工程”二期项目的资助，特此致谢。

距及缓解贫困具有重要意义。因此，为农村人口提供优质且可持续的金融服务一直是过去几十年来发展中国家政府推动农村改革与发展的重要目标，也是私人机构和国际捐赠者长期努力的方向，但直到现在，许多发展中国家农村金融市场的运行效率仍未得到有效的改善，许多农户尤其是贫困农户面临正规信贷约束的现象仍然相当普遍（Barham et al., 1996；Kochar, 1997；Diagne et al., 2000；Swain, 2002；Duong & Izumida, 2002）。与大多数发展中国家的情况相类似，中国农户也面临着较为严重的正规信贷约束（林毅夫，2000；何安耐、胡必亮，2000；汪三贵、朴之水、李莹星，2001）。

近年来，随着中国农村地区经济结构的转变和农村金融体系改革的推进，农村正规信贷市场又出现了一些新的特征：一方面，随着工资率更高的非农就业机会的增加，许多农户选择外出务工，使得农户对家庭生产经营活动的投资欲望不断减弱，因而对正规金融机构提供的侧重于生产投资的贷款产品缺乏需求；另一方面，尽管投向农村地区的贷款数额在逐年增加，但随着国有银行将其分支机构从乡镇撤离出来，目前面向农户的正规金融机构只剩下农村信用合作社。更令人担忧的是，农村信用合作社自身在商业化进程中越来越强调盈利和风险控制，从而“不自觉”地将其贷款更多地发放给了从事非农产业的较富裕群体。上述问题在贫困人口集中居住的贫困地区更加突出[①]：在这些地区，基础设施差，市场机会少，有效开展金融活动的空间也相对较小。在这种现实背景下，如何从金融服务的角度更好地扶持贫困群体则更为艰巨，也更加紧迫。

与实践的快速变化形成鲜明对比的是，国内关于这一领域的研究进展却较为缓慢。概括来讲，已有研究存在如下几个不足：(1) 对信贷约束的认识集中于供给方面，忽视了需求方面导致的

① 中国贫困人口主要分布在农村地区，其中绝大部分集中在国定或省级贫困县中。

信贷约束。（2）未能在有效控制住信贷需求的基础上对信贷约束进行研究，而在未控制住信贷需求的情况下得到的信贷约束的估计结果是不准确的。（3）即使不考虑所用方法是否妥当的问题，多数研究只关注信贷约束状态或者信贷约束程度本身，而较少探讨其背后的信贷配给机制的状况，因为判断信贷约束是否存在乃至估计出信贷约束程度的大小，都不能有效地说明农户被配给出信贷市场的真实原因和具体方式。

基于上述分析，本文将着重考察贫困地区农户所面临的正规信贷约束及其背后的信贷配给方式，试图从配给机制的角度回答农户正规信贷需求得不到满足的市场内部原因。与已有研究相比，本文在研究思路和方法方面具有两个明显的特点：（1）基于信贷合约条件，将供求双方同时纳入对信贷约束的分析之中。（2）考察重点集中于信贷约束背后的信贷配给机制，而非信贷约束是否存在或者其程度大小。沿着 Jappelli（1990）、Feder et al.（1990）的研究思路，本文采用特殊设计的意愿调查法考察农户所面临的正规信贷约束及其背后的信贷配给方式，并在控制住农户正规信贷需求的基础上对不同信贷配给机制进行识别和估计。除思路和方法层面的价值之外，本文所得出的结论亦将有助于更全面、更深刻地理解农户正规信贷约束问题的根源性原因，使相关部门能够更清醒地认识到下一步农村金融改革和金融扶贫工作的复杂性和艰巨性；同时，本文从信贷配给方式的角度所提出的关于改进和创新农村正规贷款产品和服务的政策启示具有更强的针对性。

本文其余部分的安排如下：第二部分简要回顾信贷配给的概念界定与信贷约束的衡量方法，并将它们与后面的研究设计联系起来；第三部分在文献回顾的基础上，介绍根据不同信贷配给机制对农户正规信贷约束的识别和衡量所作的研究设计；第四部分利用描述性统计与多元 Logit 模型分析影响农户受到不同方式信贷配给背后的因素；最后是本文的结论。

二、文献回顾：概念界定与衡量方法

在进行经验分析之前，有必要回顾一下信贷配给的概念界定与信贷约束的衡量方法。作为讨论的起点，信贷配给概念的界定问题长期以来存在着较大的争议。同时，从文献上看，该概念的运用在理论分析、调查设计与经验研究中几乎是相互分割的，甚至是“不相容的”。因此，从方法论来看，研究者迫切需要发展出一个具有可操作性的概念，同时设计出能够将其有效应用于经验分析的研究策略。

考虑到信贷约束与信贷配给之间存在着千丝万缕的联系，本文特别关注有关信贷配给概念的讨论和某些拓展，并在此基础上进一步辨析信贷配给和信贷约束两个概念的异同，尝试将这两个概念引入具体的对信贷约束的经验研究中。

（一）概念界定

笔者认为，以下三篇论文代表了文献上信贷配给概念演进的三个阶段：（1）Baltensperger（1978）首次强调了信贷合约的非价格条件对界定信贷配给概念的重要性，并提出了信贷配给的定义；（2）González－Vega（1984）给出了从信贷合约条件出发讨论信贷配给的分析框架；（3）Boucher（2002）和Boucher et al.（2005）提出了风险配给和交易配给两个重要的信贷配给概念。

Baltensperger（1978）认为，信贷配给是指，即使借款者愿意支付信贷合约中的所有价格和非价格条件，其信贷需求仍得不到满足的情形。该定义有两个要点：（1）信贷合约的价格条件是银行要求的，且不受政府约束。换言之，信贷配给不是由于货币当局对利率上限的管制所导致的，而是由银行利润最大化动机导致的信贷市场不能出清的现象。（2）除价格条件以外，信贷合约还规定了Baltensperger十分强调的非价格条件，例如担保条款。他认为，如果借款者的需求因缺乏足够的担保或抵押而被拒绝，这种情形不能被称为信贷配给。

González – Vega（1984）进一步强调信贷合约中非价格条件的重要性，他从信贷合约的价格条件（利率）、贷款数额和其他条件三个维度讨论了信贷配给的产生。他认为，这种将信贷合约条件分为价格条件和非价格条件（贷款数额和其他条件）的分析思路有助于更深入地理解信贷配给的概念：在正的交易成本和信息不对称导致利率出清市场的功能受到限制的情况下，作为贷款者的金融机构需要对合约条件作出相应的调整，例如减少贷款数额或改变其他条件。这时，金融机构分配贷款的工具不再是价格，而是非价格条件。在这个意义上，信贷配给可以理解为，在给定的利率水平下贷款者基于非价格条件分配贷款，从而导致实际贷出的数额小于能够放贷的数额。这就是争议最少、也是最纯粹的数量配给。

信贷配给概念方面的另外一个重要进展是风险配给与交易成本配给两个概念的引入。早期文献一直将数量配给作为主要的甚至唯一的信贷配给形式，Boucher（2002）对此提出了批评，认为这种将焦点集中于数量的观点过于狭隘。他指出，除了数量配给以外，农村信贷市场上还存在另外两种信贷配给方式，即风险配给和交易成本配给，Boucher（2002）、Boucher et al.（2005）随后通过经验研究证实了这两种信贷配给方式的存在。

Boucher 等人的贡献在于将风险配给、交易成本配给与数量配给严格区别开来，丰富了对信贷配给的认识。Jappelli（1990）和 Mushinski（1999）的研究表明，信贷可得性只是名义信贷需求变为真实信贷需求的必要条件，但不是充分条件。从经验来看，实现这个转变很大程度上取决于交易成本。在发展中国家，贷款者较为普遍的做法是将与甄别、监督借款者以及合约实施相关的交易成本传递给借款者。当这个交易成本足够高时，即使对信贷有名义需求的农户也会感到无法承受，并最终放弃贷款申请，这就是 Boucher 所称的交易成本配给。退一步来看，即使交易成本可以忽略不计，信贷合约所带来的预期收益也不能保证名义信贷需求就一定能够实现，因为出于缓解道德风险的考虑，贷款者一般会通过合约条件让借款农户承担很大一部分风险，例如要求借款者提供相应的抵押。在这种条件下，潜在借款者会认为信贷合约所蕴含的风险过大，也会放弃贷款申请。这就是 Boucher 所称的风险配给。

最后，本文根据以上文献回顾对信贷配给与信贷约束之间的联系和区别进行讨论。信贷配给有时又被称为信贷约束，许多研究常常交替使用这两个概念。但严格来讲，它们的含义是不同的：信贷配给（Credit rationing）是指贷款者愿意放贷数额和能够放贷数额之间的差距，这个差距通常是贷款者自己选择的结果（Stiglitz & Weiss，1981）；而信贷约束（Credit constraint）是指借款者的信贷需求长期超过贷款者给予他的贷款，且合约条件没有表现出要改变的倾向。对于前者，从贷款者的角度来看，能够放贷和愿意放贷之间的差额体现了信息不对称的程度。对于后者，从借款者的角度来看，衡量信贷约束的主要依据不是贷款者能够放贷的最大额，而是借款者愿意借款的最大额。即，借款者最终是否受到信贷约束，受到多大程度的信贷约束，不但取决于贷款者设置的贷款上限，还取决于其最优借款需求。

在此基础上，本文重新明确了信贷配给与信贷约束这两个概念对于经验研究的意义。如上所述，信贷配给主要侧重于信贷的供给方面，通常很难直接衡量，因为贷款者愿意放贷数额和能够放贷数额的信息常常是缺乏的。实际上，这一领域的研究者实际上更关心信贷约束问题。如上所述，讨论信贷约束的必要前提是必须准确或“渐近”地衡量借款者愿意借款的最大数额，然后才需要在控制住信贷需求的基础上考虑这个最大借款数额没有得到实现的原因；而引入信贷配给及其不同方式则有助于“厘清”造成信贷需求未得到有效满足的具体原因。因此，本文在考察农户信贷约束问题时，既强调从农户信贷需求出发，又充分重视信贷配给的不同方式。

（二）衡量方法

除了概念分歧之外，衡量方法的不同也是导致信贷约束经验研究结果存在差异的重要原因（Godquin & Sharma，2004）。为此，本小节将回顾信贷约束的衡量方法，希望能够在充分比较该领域已有方法优劣高低的基础上，为本文后面的经验研究设计寻求方法论上的支持。为简化起见①，这里先介绍早期的研究方法，并在阐述早期方法缺陷的基础上引入近期的两类方法——直接衡量方法和间接衡量方法。最后，鉴于本文的研究目标，重点讨论以直接衡量为基础的不同信贷配给机制的衡量方法。

1. 早期的研究方法。早期研究者通常根据观察到的市场结果或已发生的借贷行为来衡量信贷约束。Iqbal（1986）、Binswanger & Rosenweig（1986）认为，所有农户都面临着一个紧的供给信贷约束，因此，他们用未获得贷款的有关信息来衡量信贷约束。但是，现在看来这种思路过于简单，因为未发生借贷行为的原因很多，既可能是因为缺乏信贷需求，也可能是由于受到其他类型的信贷配给。也就是说，信贷约束或信贷配给与借贷行为之间并不存在简单的对应关系。Kochar（1997）的研究表明，在未得到贷款的农户中，至少有一部分是因为缺乏信贷需求而非受到信贷约束。因此，这种方法夸大了农户受到信贷约束的严重程度。

2. 间接衡量方法。间接衡量的基本思想是从信贷约束所产生的结果来反向推论信贷约束的存在。具体有三类方法：（1）检验是否违背生命周期假说或永久收入假说（life cycle or permanent income hypothesis，以下简称 LC/PIH）（例如 Zeldes，1989）；（2）比较资金影

① Diagne et al.（2000）将衡量方法分为直接衡量和间接衡量两类。而 Petrick（2004）则将方法分为以下六类：（1）信贷交易成本的直接衡量；（2）基于询问定性信息的直接衡量；（3）基于信贷限制（Credit limit）概念的直接衡量；（4）基于溢出效应（Spill－over effect）的衡量；（5）农户家庭计量模型；（6）动态投资决策计量分析。需要说明的是，“Credit limit”是 Diagne et al.（2000）提出的一个概念，有兴趣的读者可以参阅 Diagne et al.（2000）。

子价格与信贷资金成本（例如 Sial & Carter, 1996）；（3）考察生产活动是否随着信贷可得性的改变而改变（例如 Banerjee & Duflo, 2002）。这三类方法中，最常见也最有影响力的是第一类方法。LC/PIH 的含义是，若不存在流动性或者借贷约束，短暂的收入波动将不会影响消费（Deaton, 1992）。因此，检验该假说可以为判断信贷约束是否存在提供逻辑依据。但是，也有一些学者对基于 LC/PIH 的信贷约束衡量方法提出了质疑，理由是：（1）在存在不确定性的条件下，即使农户未受到信贷约束，预防（或谨慎）行为也可能导致 LC/PIH 被违背。换言之，信贷约束和预防行为的效应在估计中难以得到有效的分离。（2）若不确定性与财富负相关，即使不存在信贷约束，当期收入也可能和消费增长负相关。（3）收入波动对消费的负面影响还取决于期初资产状况（Deaton, 1990）。简而言之，即使信贷约束不存在，仍然存在导致 LC/PIH 被违背的其他原因（Browning & Lusardi, 1996），因此，基于 LC/PIH 的信贷约束衡量方法也并不完全可靠。

3. 直接衡量方法。直接衡量方法是利用农户当前参与信贷市场或曾经参与信贷市场的经验信息来衡量他们是否受到信贷约束。该方法最早被 Feder et al.（1990）和 Jappelli（1990）采用。在调查中，Feder et al.（1990）不但询问了农户是否得到所需要的贷款数额、是否愿意在目前利率水平下申请更多贷款，而且还询问了非借款农户未发生借贷的原因。

在前人研究的基础上，Zeller（1994）、Barham et al.（1996）和 Mushinski（1999）对直接衡量方法进行了拓展与细化。其中，Zeller（1994）将样本家庭分为：（1）申请贷款者；（2）未申请贷款者；（3）受到供给约束（supply - constrained）者；（4）未受到供给约束者。而 Barham et al.（1996）则将样本农户分成完全受到约束、部分受到约束和未受到约束三组，其中，完全受到约束组包括因缺乏足够的抵押品、面临较高交易成本和厌恶风险三类原因而未申请贷款的农户。

与 Barham et al.（1996）的思路比较接近，Mushinski（1999）认为，在交易成本为正的情况下，未申请贷款并不能充分说明该农户就受到了价格配给（Price rationing）。因此，就未申请者而言，还需进一步询问他们未申请贷款的原因。Mushinski（1999）研究发现，有一类农户未申请是因为他们确信其贷款申请可能会被拒绝，他将这类农户也归入受到信贷配给组。

需要强调的是，上述研究均依赖于农户风险中性的假定。在该假定下，非借款者的选择是非此即彼：要么因缺乏生产投资项目而属于价格配给，要么受到数量配给而被迫放弃生产投资项目。但是，Boucher（2002）认为，农户风险中性假定在直觉和经验上并不合理，在他看来，与发展中国家农村现实相符合的应该是农户厌恶风险的假定。在给定贷款成本的情况下，厌恶风险的农户可能更偏好于能够提供更多隐性保险或对收入波动影响较小的信贷合约。若实际情况确实如此，那么，将这些农户归入价格配给或数量配给都是不妥的。基于以上分析，Boucher（2002）提出了六种信贷配给类型：（1）借贷型价格配给；（2）部分数量配给；（3）完全数量配给；（4）未借贷型价格配给；（5）风险配给；（6）交易成本配给。表 1 列出了这六类信贷市场配给机制的描述。

表 1　　信贷市场配给机制的分类与描述

配给分类	机制描述
借贷型价格配给	申请贷款且得到全部申请数额的贷款
部分数量配给	申请贷款但只得到了申请数额的一部分
完全数量配给	申请贷款被拒绝或因主观认为贷款申请被拒绝的概率较高而未申请贷款
未借贷型价格配给	因利率太高而没有申请贷款
风险配给	担心失去抵押而没有申请贷款
交易成本配给	因交易成本太高而没有申请贷款

基于上述文献回顾，本文发现：(1) 在信贷配给的定义方面，合约条件，包括贷款数量和其他合约条件，是区分数量配给、交易成本配给和风险配给的关键；(2) 在信贷约束的衡量方法方面，Barham et al.（1996）、Mushinski（1999）和 Boucher（2002）的研究思路与上面提及的对信贷配给概念的拓展相一致；(3) 随着对信贷约束以及信贷配给方式的不断细分，样本的可识别程度及其分类的完备程度都得到了提高。

三、基于配给机制的研究设计

在本文引言中，笔者已提出将识别和衡量贫困地区农户的正规信贷约束及其背后的信贷配给机制作为本文的研究目标。如前所述，要成功实现这个目标必须在研究中控制住农户的正规信贷需求，然后按照不同信贷配给方式对未满足的信贷需求进行分类[①]。从已有文献（例如 Feder at al.，1990；Zeller，1994；Barham et al.，1996；Duong & Izumida，2002）来看，一个有效的控制方法就是将对信贷约束的衡量转化为对超额信贷需求（excess credit demand）的衡量。受此启发，同时考虑到超额信贷需求是个潜在变量，本文提出一个依靠直接衡量方法并按照不同信贷配给方式对超额信贷需求进行分类的研究思路。

遵循 Boucher（2002），本文将信贷配给机制分为借贷型价格配给、部分数量配给、完全数量配给、未借贷型价格配给、风险配给和交易成本配给六个类别。如果按照供给和需求来看，信贷配给机制又可分为供给配给（也称为数量配给）和需求配给两大类，其中，前者包括部分数量配给和完全数量配给，后者包括交易成本

① 可以说，这一思路反映了近期文献的一个重要思想，即信贷约束不但有来自供给方面的原因，还有需求方面的原因。例如，Baltensperger（1978）认为，仅从供给方面分析信贷约束问题是不够的，还需要从需求方面展开分析以及分析供需双方的相互作用。

配给和风险配给。在前后两种情形中，农户被配给出信贷市场的机制都不是价格，前一种是数量，而后一种是交易成本或风险。从后一种分类来看，农户受到信贷约束既有供给方面的原因，也有需求方面的原因。

然后，本文根据上述六种信贷配给方式对超额信贷需求进行分类。通常，存在超额信贷需求的农户包括两类：一类是提出申请，但其需求未得到满足的农户；另一类是未提出申请，但存在潜在信贷需求的农户。图 1 表示了本文提出的识别与分类信贷配给机制的思路。根据图 1 中的思路，本研究在是否申请贷款、申请后是否得到满足以及未申请贷款的原因三个层次上设计相应的问题，以此实现对超额信贷需求的完备分类和准确识别。

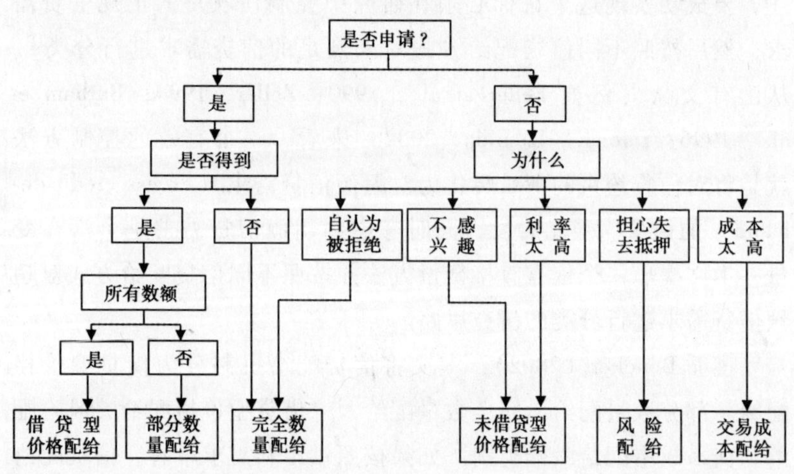

图 1　信贷市场配给机制的识别与分类

在第一个层次，即是否申请层次，调查中设计了问题一，即“从 2003 年初以来，您是否向农村信用合作社申请过贷款?”以此将样本农户分为申请者和未申请者。

在第二个层次，即贷款是否得到完全满足层次上，调查为贷款申请者设计了问题二，即“您认为农村信用合作社给您的贷款能否满足您的需要？”以此识别部分数量配给类型①。

在第三个层次，即未申请贷款的原因层次上，调查为未申请者设计了问题三，即“如果没有申请过贷款，为什么？”问题答案的选项包括：（1）我不需要贷款；（2）即使申请也得不到；（3）利息太高；（4）太麻烦，其他贷款成本太高；（5）借了担心还不了；（6）已从小额信贷机构得到贷款；（7）有其他贷款；（8）其他。其中，选项（6）和（7）体现了本研究对其他渠道是否影响正规信贷约束的考虑。需要指出的是，在这个层次上，未申请者的情况比较复杂，供给信贷约束与需求信贷约束都有可能存在。

根据农户对问题三的回答，本文将农户未申请贷款的原因概括为：（1）未借贷型价格配给。一些农户承认由于缺乏生产投资机会而不需要贷款或认为利率过高而未申请贷款。（2）风险配给。一些农户承认未借贷的原因是风险太高，他们不愿意承担债务负担或担心还不了款。（3）交易成本配给。有些农户认为贷款是可得的，但因贷款程序太麻烦或其他成本太高而未申请贷款。（4）自我配给。还存在一类农户，他们虽然对贷款有需求，但基于过去的经验或对贷款政策的认知，认为自己申请贷款肯定会被拒绝而放弃申请贷款。

同时，为了保证那些他们主观认为即使申请也得不到因而未申请贷款的农户的信贷需求是有效的，本文调查设计了问题四，即“申请也得不到，为什么？”答案选项包括：（1）有农村信用合作社的贷款未还；（2）与信贷员不熟；（3）信贷员认为我家穷，可能还不了款；（4）不是农村信用合作社社员；（5）其他。该题中选择（2）、（3）、（4）的农户属于是有信贷需求的，被认为自我实

① 可以认为，所有贷款申请者都是存在正规信贷需求的。在这些贷款申请者中间，可能存在两类供给信贷约束：部分数量配给和完全数量配给。

施了配给。

四、经验考察

（一）初步考察

本文所采用的数据来自于中国农村微观金融研究课题组，于2005年8月在内蒙古自治区敖汉旗、河南省南召县、山西省左权县和临县4个贫困县实施的农户调查，该调查的样本总数为820户。

首先，按照是否得到贷款、是否申请贷款和是否存在超额信贷需求，本文对820户样本农户进行分类（见表2）。表2提供的信息再次证明了根据是否得到贷款或者是否申请贷款都难以有效衡量农户的信贷约束状况，因为是否得到贷款、是否申请贷款与是否存在超额信贷需求三者之间并不存在简单的一一对应关系。

表2　样本农户贷款获得、贷款申请与超额信贷需求的分布情况

	是		否		合计	
	农户（户）	比重（%）	农户（户）	比重（%）	农户（户）	比重（%）
是否得到贷款	116	14.15	704	85.85	820	100.00
是否申请贷款	233	28.41	587	71.59	820	100.00
是否存在超额信贷需求	380	46.34	440	53.66	820	100.00

接下来，本文根据六种信贷配给类型对样本农户进行完备分类。结果显示，受到部分数量配给、风险配给、借贷型价格配给、未借贷型价格配给、交易成本配给和完全数量配给的农户分别为53户、100户、65户、375户、186户和41户（参见表3）。根据前面的分析，非价格信贷配给应包括数量配给（部分和完全）、交易成本配给和风险配给三大类。这样算来，样本中受到正规信贷约

束的农户共380户。

表3　　　　不同富裕水平样本农户的信贷市场配给机制　　　　单位：户、%

按收入分组	部分数量配给		风险配给		借贷型价格配给		未借贷型价格配给		交易成本配给		完全数量配给		合计	
	农户	比重	农户	比重	户数	比重	户数	比重	户数	比重	户数	比重	户数	比重
低收入	7	4.27	16	9.76	11	6.71	80	48.7	39	23.78	11	6.71	164	100.00
中等偏下	6	3.66	15	9.15	7	4.27	89	54.27	39	23.78	8	4.87	164	100.00
中等	10	6.10	22	13.41	11	6.71	76	46.34	37	22.56	8	4.88	164	100.00
中等偏上	17	10.37	27	16.46	14	8.54	67	40.85	32	19.51	7	4.27	164	100.00
高收入	13	7.93	20	12.20	22	13.41	63	38.41	39	23.78	7	4.27	164	100.00
合计	53	6.46	100	12.20	65	7.93	375	45.73	186	22.68	41	5.00	820	100.00

由于本文更多关注的是贫困农户受到的信贷约束，因此，最需要了解的是样本农户的财富水平是否是导致农户受到信贷约束的主要原因，以及不同信贷配给类型与农户财富水平之间存在什么样的关系。这里以收入为例，通过考察不同收入组农户面临六种信贷配给类型的概率来了解农户收入水平与信贷配给类型之间的关系。表3反映了按照总收入五等分后，处于不同收入组的农户受到六种不同类型信贷配给的概率。

从表3可以发现：一方面，借贷型价格配给和未借贷型价格配给农户的百分比分别为7.93%和45.73%，加起来超过总样本的50%，这说明，价格机制（贷款利率）仍发挥着重要的作用。另一方面，大约有40%的样本农户的信贷需求没有得到满足。

在信贷需求未得到满足的样本农户中，有94户受到了数量信贷配给，其中，受到部分数量配给和完全数量配给的农户分别为53户和41户。表3第一列的信息表明，中等偏上组和高收入组农户受到部分数量配给的比例较大，这与富裕农户常常抱怨农村信用合作社贷款额度太低的经验观察相吻合。与此形成对比的是，在受到完全数量配给的41户中，低收入组、中等偏下组和中等组农户最多，分别为11户、8户和8户。如前所述，农户受到完全数量配给既可能是因为其贷款需求被贷款者直接拒绝，也可能是因为担心贷不到款而未申请。调查结果显示，只有4户因贷款申请遭到了农村信用合作社信贷员拒绝而受到完全数量配给。因此，本文推测，样本农户受到完全数量配给主要与他们对农村信用合作社贷款产品和程序的认识有关，他们对农村信用合作社的印象是，贷款要有关系、要有项目、要送礼等，正是他们不具备这些条件导致他们认为即使申请也得不到贷款，从而没有申请贷款。分组来看，农户受到完全数量配给的概率随着农户收入的增加而下降，这意味着收入是影响贷款者供给决策尤其是“贷多少”决策的重要因素。需要指出的是，即使在高收入组中，仍有4.27%的农户要么被拒绝，要么认为可能被拒绝而未申请贷款。

表3的第二列报告了处于不同收入组的样本农户受到风险配给的情况。相比较而言，中等组和中等偏上组农户受到风险配给的概率较大，分别为13.41%和16.46%。在调查中发现，最令这部分农户不能接受的是农村信用合作社要求借款者提供足额抵押的合约条件。

在所有受到信贷约束的380户中，受到交易成本配给的农户最多，为186户，已接近受到信贷约束农户的一半（48.95%）。从表3第五列反映的各组情况来看，农户收入的增加并没有降低交易成本配给发生的概率，也就是说，不管是富裕农户还是低收入农户，都不愿意为了得到贷款而支付额外的交易成本。据此可以初步认为，交易成本是阻碍样本地区农户正规信贷需求不能实现的主要原因之一。同时也可以看出，在现实或农户印象中存在的包括请客送礼在内的租金类交易成本给农村正规信贷市场正常运行带来的危害有多么大。

（二）计量分析

1. 计量模型。考虑到上述统计分析未能控制住影响信贷配给的其他因素，本文拟建立一个多元 Logit 模型来估计农户家庭特征特别是财产水平对其受到某种类型信贷配给概率的影响。根据经济理论，借款者和贷款者两方共同决定了正规信贷市场的均衡结果，也就是说，农户所面临的信贷配给方式是信贷需求和信贷供给的一个函数。

本文设农户面对的信贷配给方式共有（$J+1$）种，并用 U_{ij} 表示第 i 户农户受到第 j 种类型信贷配给时的效用。遵循一般的做法，本文假设效用函数为线性，即 $U_{ij}=X_i\beta_j+\varepsilon_{ij}$，其中，$X_i$ 为一组影响信贷供给与信贷需求的外生变量，ε_{ij} 是随机误差项。

效用最大化意味着，当 $U_{ij}>U_{is}$（$s\neq j$）时，农户 i 将会被观察到受到第 j 种类型信贷配给。此时，第 i 户农户受到第 j 种类型信贷配给的概率为：$\Pr(Y_i=j)=\Pr(U_{ij}>U_{is})$。

假设 J 个随机误差项相互独立且服从于同样的威布尔分布，即 $F(\varepsilon_{ij})=\exp(e^{-\varepsilon_{ij}})$，则第 i 户农户受到第 j 种类型信贷配给的概率的表达式为：

$$\Pr(Y_i=j)=\frac{e^{\beta'_j X_i}}{1+\sum_{s=0}^{J}e^{\beta'_s X_i}},\ i=1,\cdots,N;\ j=0,1,2,\cdots,J \quad (1)$$

（1）式中，N 为样本容量，j 表示第 j 种信贷配给类型，β'_j 表示第 j 个 Logit 方程的参数向量。

在估计这个模型时，需要一类农户作为参照组，其系数标准化为零。此处将价格配给借款者（即 $j=0$，见表 4）作为参照组，此时，$\beta_0=0$。于是有：

$$\Pr(Y_i=j)=\frac{e^{\beta'_j X_i}}{1+\sum_{s=1}^{3}e^{\beta'_s X_i}},\ j=0,1,2,3 \quad (2)$$

2. 变量设置。为了保证多元 Logit 模型的估计质量，被解释变量任意取值的观察值都要达到一定数量。由于样本量的限制，本文将表 1 所列出的六种配给类型归并为四大类：（1）借贷型价格配给；（2）未借贷型价格配给；（3）风险或交易成本配给；（4）数量配给。表 4 总结了调整过后的信贷配给类型及其分布。

表 4　　被解释变量的名称、定义及样本分布

类型名称	j	定　　义	样本分布	
			农户（户）	比重（%）
借贷型价格配给	0	申请且得到所需贷款	65	7.93
未借贷型价格配给	1	因利率高而没有申请或对贷款不感兴趣	375	45.73
风险或交易成本配给	2	怕失去抵押或者交易成本太高而没有申请	286	34.88
数量配给	3	申请被拒绝，或因很可能被拒绝而没有申请	94	11.46

无论是从供给还是从需求来看，家庭财富水平尤其是可抵押财产和流动性资产都是决定信贷市场均衡结果的重要因素。首先，数量配给的发生概率与可抵押财产呈负相关。农户可供抵押的财产越少，其申请贷款被拒绝的概率就越大。其次，对风险配给的估计更加复杂，原因是：一方面，受到风险配给的农户本身具有正规信贷需求，所以，他们需要满足抵押财产的最低要求。另一方面，流动性（liquidity）低和流动性高的农户都有可能面临较小的风险信贷约束。对流动性低的农户来说，如果债务融资的预期回报足够高（与自我融资相比），那么他们是可以接受信贷合约所包含的风险的。而对流动性高的农户来说，他们通常具有较强的自我融资能力，可以获得足够多的回报，从而不需要贷款。最后，与申请贷款相关的固定交易成本可能会提高平均贷款成本。通常，这个平均贷款成本会随着财产的增加反而下降。因此，财产水平低的农户更容易受到交易成本配给。

通常，农户财产包括固定资产、流动性资产和耕地三类。考虑到样本地区的实际情况，本文选用固定资产和总收入（代表流动性资产）两个变量。未引入耕地变量的理由是：首先，样本地区的土地经营规模较小且农业生产效益低，绝大多数农户不愿意增加农业投资，也就缺乏这方面的信贷需求；其次，现有的土地制度框架和司法系统并不允许农民将土地使用权用于抵押，因此，作为供给方的农村信用合作社也不愿意接受农民土地使用权的抵押。

为了控制其他因素的影响，本文还引入以下变量作为控制变量：户主年龄、户主文化程度、户主技能、家庭规模、劳动力、工资收入、非农经营收入占总收入比重、重大事件、礼金、未还贷款、农村信用合作社贷款条件和程序、农信社贷款拖欠，以及其他渠道贷款。表5列出了上述变量的名称、单位、解释及描述性统计。

表5　　解释变量的名称、单位、解释及描述性统计

	变量名称	单位	变量解释	均值	标准差
连续变量	固定资产	千元	截至2003年底家庭所拥有的生产性固定资产价值	6.91321	23.81959
	总收入	千元	2003年农户家庭总收入	10.24687	9.43917
	户主年龄	岁	户主年龄	44.42317	9.84756
	户主文化程度	年	户主受教育年限	6.65873	2.57108
	家庭规模	人	家庭总人数	0.39512	0.48917
	劳动力	人	劳动力人数	3.94756	1.12075
	工资收入	千元	2004年人均工资收入	2.06341	1.05102
	非农收入占总收入比重	%	2004年家庭非农经营收入占总收入比重	0.43909	0.36134
	未还贷款	千元	截至2003年底家庭未还贷款总额	0.21632	0.34136
	重大事件	件	2004年家中是否发生重大事件	4.06029	13.08123
	礼金	千元	2004年家庭礼金总支出	0.27804	0.44831

续表

	变量名称	单位	变量解释	均值	标准差
虚拟变量	户主技能	—	户主是否有技能，有 =1，没有 =0	0.81421	0.85727
	农信社贷款条件和程序	—	是否了解农村信用合作社贷款的条件和申请程序，了解 =1，不了解 =0	0.25916	0.43846
	农信社贷款拖欠	—	是否拖欠农村信用合作社贷款，拖欠 =1，没有拖欠 =0	0.07317	0.26057
	其他渠道贷款	—	截至2003 年底是否拥有其他贷款	0.61219	0.48754

注：(1) 技能包括开车、缝纫、烹饪、木匠、行医、瓦匠等。(2) 为了减少奇异值，增加数据的敏感性，固定资产、家庭总收入、工资收入、未还贷款和礼金均以千元为单位。(3) "2004 年家中是否发生重大事件" 中的 "重大事件" 是指婚丧嫁娶、生病、上学等需要支付较大金额的大事。

3. IIA 检验。多元 Logit 模型有一个基本假定，即 IIA (Independence from irrelevant alternative) 假定。所谓IIA 假定，是指任意2 个选择项的选择概率之比与其他选择项的状态无关。如果 IIA 假定不能得到满足，则选择多元 Logit 模型是不合理的。本文在估计前先采用了 Hausman 检验 (参见 Hausman & McFadden, 1984) 对多元 Logit 模型的 IIA 假定进行检验，该检验的原假设为选择对象之间相互独立，即满足 IIA 假定。表 6 给出了去掉某一类信贷配给之后的检验结果，所有结果都不能拒绝原假设。

表 6　多元 Logit 模型的 Hausman 检验结果

去掉信贷配给类型	χ^2	df	$p > \chi^2$	结论
未借贷型价格配给	-19.807	32	1.000	不能拒绝原假设
风险或交易成本配给	0.683	31	1.000	不能拒绝原假设
数量配给	-22.246	32	1.000	不能拒绝原假设

4. 回归结果。多元 Logit 模型的参数估计过程并不复杂，但很难直接解释估计参数的经济意义，因此，需要通过 $\partial Pr\ (Y_{ij}=j)\ /\partial X_i$ 来计算解释变量对农户受到某种信贷配给概率的边际贡献。表 7 报

表 7　　基于多元 Logit 模型估计的边际效应

变量名称	未借贷型价格配给		风险或交易成本配给		数量配给	
	Dy_1/dx_k	标准差	标准差	Dy_2/dx_k	Dy_3/dx_k	标准差
固定资产	-0.014*	0.003	0.008*	0.002	0.004*	0.001
总收入	0.004	0.003	-0.004	0.003	-0.002	0.002
户主年龄	0.003	0.002	-0.001	0.002	0.002	0.001
户主教育	-0.006	0.008	-0.006	0.008	0.009***	0.005
家庭规模	-0.030	0.023	0.044**	0.022	-0.003	0.014
劳动力	0.047***	0.025	-0.044***	0.024	0.003	0.015
工资收入	-0.047	0.073	0.135***	0.071	-0.024	0.043
非农收入占总收入比重	-0.045	0.083	0.096	0.080	0.030	0.045
未还贷款	0.001	0.002	0.000	0.002	-0.001	0.002
重大事件	-0.009	0.043	-0.045	0.042	0.031	0.027
礼金	-0.049***	0.025	0.033	0.024	0.008	0.014
户主技能	-0.013	0.042	0.048	0.041	-0.013	0.025
农信社贷款条件和程序	0.103**	0.045	-0.119*	0.042	0.028	0.028
农信社贷款拖欠	0.094	0.074	-0.159**	0.065	0.016	0.046
其他渠道贷款	-0.100**	0.040	0.013	0.039	0.052**	0.023
观测值数		762[a]				
对数最大似然值		-828.00				
Pseudo R^2		0.074				

注：762[a] 是指由 STATA 软件所识别出来的实际观测数，因为在 820 户中，有些农户的某个自变量的信息值是缺失的。（1）参照组为借贷型价格配给；（2）* 表示 10% 显著性水平，** 表示 5% 显著性水平，*** 表示 1% 显著性水平。

告了样本农户面临不同类型信贷配给概率的边际效应的估计结果①。

在理论上，固定资产是决定信贷配给方式最重要的因素。但是，实际的估计结果显示，除未借贷型价格配给外，固定资产对其余三种信贷配给方式的影响均为正，这一结果与代表抵押品的固定资产越多，受到信贷配给的可能性就越小的观点相左②。有两种可能的解释：（1）农户既不会抵押其所拥有的固定资产，农村信用合作社也不愿意接受此类抵押品，笔者在调查中证实了这种可能性的存在；（2）固定资产越多的农户对信贷的需求越强，进而受到各种类型信贷配给的概率越大③。

农户的另一类财产——总收入对风险或交易成本配给、数量配给的影响都为负，但其边际效应并不显著，这可能是因为收入既作为了财产抵押变量，又作为了流动性变量，也就是说，尽管收入越高的农户更值得放贷、受到信贷配给的可能性较小，但也可能因为他们拥有更多的流动性而缺乏对信贷的需求。除总收入外，本文还引入工资收入和非农收入占总收入比重两个变量来考察收入结构对信贷配给方式的影响。在其他条件给定的情况下，工资收入对风险或交易成本配给的影响为正。这说明，工资收入越高的农户越容易受到风险配给或交易成本配给。这与经验观察是一致的：大部分中低收入农户，其家庭总收入主要来自工资收入，他们既不偏好于农村信用合作社提出的要求提供抵押的贷款合约，也不愿意承担为了得到贷款而支付较高的请客送礼方面的费用。

接下来，讨论家庭规模和劳动力数量对风险或交易成本配给的

① 由于包括样本数量少在内的数据方面的问题，在本文的估计结果中，显著的变量较少，这大大限制了采用多元 Logit 模型分析不同信贷配给方式的意义，因为更有意思的是比较同一变量对不同配给方式的边际效应（包括参数大小和符号方向）。

② Boucher（2002）研究发现，农户资产越多，受到数量配给的概率越低。

③ 这暴露了多元 Logit 模型在估计时未能有效分离供给和需求效应的缺陷，需要对此作进一步研究。

影响。给定其他条件不变，家庭中每增加 1 个人口，农户面临风险或交易成本配给的概率提高 4.4%，这意味着，负担人口较多的家庭更不愿意为了获得贷款提供抵押和支付额外交易成本；而每增加 1 个劳动力，农户面临风险或交易成本配给的概率下降 4.4%，需要强调的是，这并不意味着劳动力人数较多的家庭更偏好于包含更多风险或交易成本更高的贷款合约。

知道农村信用合作社贷款条件和申请程序、发生过正规贷款拖欠对风险或交易成本配给的影响均为负。与不知道农村信用合作社贷款条件和申请程序的农户相比，知道这些条件和申请程序的农户面临风险或交易成本配给的概率下降 11.9%。这说明，了解农村信用合作社的贷款政策，与其打过交道，在很大程度上可以降低农户因缺乏足够的信息而导致的受到风险或交易成本配给的概率。而与未发生过拖欠农村信用合作社贷款的农户相比，发生过拖欠的农户面临风险或交易成本配给的概率下降 15.9%，其原因在于，拖欠农村信用合作社贷款的农户显然都是曾贷户，与大部分是因为未得到农村信用合作社贷款因而也未拖欠其贷款的农户相比，他们更了解农村信用合作社。这也从另外一个侧面说明了加强供求双方了解的重要性，也说明农村信用合作社在处理贷款拖欠问题上并不是很得力。

是否得到过其他渠道贷款对未借贷型价格配给和数量配给的影响分别为负和正。给定其他条件不变，与未得到其他渠道贷款的农户相比，曾经得到过其他渠道贷款的农户面临数量配给的概率提高 5.2%，而面临未借贷型价格配给的概率下降 10%。这说明，其他渠道贷款对正规信贷供给具有一定的替代作用；同时，当农户有较大借贷需求时，即使有其他渠道贷款的可及性，仍有可能面临正规信贷部门的数量配给。

五、结　论

经过上述分析，本文发现，样本地区农户不仅受到了供给信贷约束，而且还受到了需求信贷约束，数量配给、交易成本配给与风险配给是农户被配给挤出正规信贷市场的三种重要的信贷配给方式。这三种信贷配给方式各自的具体成因不同：第一，对于数量配给来说，样本农户面临两种数量配给——完全数量配给和部分数量配给，其中，有一定数量的农户因为主观上认为贷款申请被拒绝的概率很大而未申请贷款，他们对自己实施了自我配给；第二，对于交易成本配给来说，在转型时期，由于农村信用合作社自身组织和制度上的不完善，农户为了得到贷款而不得不请客送礼，这一定程度上增加了农户贷款的交易成本，从而导致了交易成本配给的产生；第三，对于风险配给来说，在近期农村金融市场化改革之后，农村信用合作社过分强调贷款抵押，它竭力将风险通过抵押转移出去的做法导致了一些农户因担心还款困难或失去抵押物而主动退出市场，从而产生了风险配给。

作为一个显著的特点，本文自始至终都非常强调从需求方面以及配给机制的角度来认识农户正规信贷约束问题，并认为这是理解贫困地区农户尤其是中低收入农户正规信贷约束问题的关键。本文经研究发现，样本地区中低收入农户可能面临着更为严重的交易成本配给和风险配给。有关工资收入、家庭规模、劳动力数量以及是否知道农村信用合作社贷款条件和程序等变量的参数估计结果支持了这一结论，因为这一类农户的基本特征是：工资是家庭收入的主要来源，劳动力较少，需要负担的人口较多，并且不太了解农村信用合作社的有关情况。以上发现同时也说明，正确界定信贷约束的概念以及采用合理的衡量方法，对于准确识别和估计农户的正规信贷约束是必要的。

本文基于信贷配给机制对农户正规信贷约束的分析，对于认识下一步农村金融改革和金融扶贫工作的艰巨性和复杂性具有重要含义。具体而言，首先，在三种信贷配给方式中，受到交易成本配给的样本农户最多，这说明，农村信用合作社在产权改革、完善治理结构方面还有较长的路需要走；其次，相当多的样本农户受到了风险配给，这反映出农村贫困地区一些金融市场（例如保险市场）的缺失，以及农村金融市场与其他要素市场（例如劳动力市场）之间的关联性——一个市场的失灵可能与另外一个市场的不完善相关，这更加凸显了从农村信贷市场外部入手，推进教育、医疗、社会保障和劳动力市场等方面配套改革的必要性。本文认为，这些配套改革对增强贫困地区农户尤其是贫困农户的就业能力和投资能力尤为关键。

考虑到中国农村贫困地区的现实情况，针对不同类型的信贷配给，上述分析结论对于缓解农户正规信贷约束具有如下政策启示：（1）对于受到部分数量配给的农户，农村信用合作社应当对其中有资信的农户适当提高贷款额度。这一点对于贫困地区有头脑、有一定资金的富裕群体非常有必要，因为通常3000元、4000元的贷款对他们来说只是“杯水车薪”。（2）对于受到完全数量配给的农户，农村信用合作社亟需加强在贫困地区尤其是面向该地区低收入群体的信贷产品、信贷政策方面的宣传，以此改善过去留给客户的贷款需要项目、关系与足额抵押的负面形象。（3）对于受到风险配给的农户，农村信用合作社应当在产品服务设计和风险管理上积极创新，例如在信用评价、抵押替代方面大胆尝试。（4）对于受到交易成本配给的农户，农村信用合作社应当在产权、制度和公司治理结构方面继续攻坚，在制度上完善对农村信用合作社主任和信贷员的有效监督。在这方面，减少政府行政干预、促进竞争环境的发育以及加强与国外机构的合作和交流是可行的选择。总之，农村信用合作社需要积极推进信贷产品和技术上的创新、提高管理风险的能力以及完善内部治理结构，以此来缓解当前贫困地区农户尤其是该地区中低收入农户所面临的各类信贷配给，使金融服务真正能够为这些地区提高农户收入水平、缓解贫困和收入差距过大作出更大贡献。

参考文献

1. Baltensperger, E.: Credit Rationing Issues and Questions, *Journal of Money, Credit and Banking*, 10 (2): 170 - 183, 1978.

2. Banerjee, A. & Duflo, E.: *Do Firms Want to Borrow More? Testing Credit Constraints Using a Directed Lending Program*, http: //econ - www. mit. edu, 2002.

3. Barham, B. L.; Boucher, S. & Carter, M. R.: Credit Constraints, Credit Unions and Small - scale Producers in Guatemala, *World Development*, 24 (5): 793 - 806, 1996.

4. Binswanger, H. P. & Rosenzweig, M. R.: Behavioral and Material Determinants of Production Relations in Agriculture, *Journal of Development Studies*, 22 (3): 503 - 537, 1986.

5. Boucher, Steve: *Endowments and Credit Market Performance: An Econometric Exploration of Non - price Rationing Mechanisms in Rural Credit Markets in Peru*, http: //www. agecon. ucdavis. edu, 2002.

6. Boucher, Steve; Caterine, G. and Carolina T.: *Direct Elicitation of Credit Constraints: Conceptual and Practical Issues with an Empirical Application to Peruvian Agriculture*, http: //www. agecon. ucdavis. edu, 2005.

7. Browning, M. & Lusardi, A.: Household saving: Micro theories and micro facts, *Journal of Economic Literature*, 34 (4): 1797 - 1855, 1996.

8. Diagne, A.; Zeller, M. & Sharma, M.: *Empirical Measurements of Households' Access to Credit and Credit Constraints in Developing Countries: Methodological Issues and Evidence*, Food Consumption and Nutrition Division Discussion Paper 90, International Food Policy Research Institute, 2000.

9. Duong, Pham Bao and Izumida, Yoichi: Rural Development Finance in Vietnam: A Microeconometric Analysis of Household Surveys, *World Development*, 30 (2): 319 - 335, 2002.

10. Eaton, J. & Gersovitz, M.: Debt with Potential Repudiation: Theoretical and Empirical Analysis, The Review of Economic Studies, 48 (2): 289 - 309, 1981.

11. Feder, G.; Lau, L. J.; Lin, J. Y. et al.: The Relationship between Credit and Productivity in Chinese Agriculture: A Microeconomic Model of Disequilibrium, *American Journal of Agricultural Economics*, 72 (2): 1151 - 1157, 1990.

12. Godquin, Marie & Sharmar, Manohar: *If Only I Could Borrow More! Production and Consumption Credit Constrains in the Philippines*, http://www.team.univ-paris 1. fr, 2004.

13. González - Vega, C.: Credit - Rationing Behavior of Agricultural Lenders: the Iron Law of Interest Rate Restrictions, in Adams, D. W.; Graham, D. H. & Von Pischke, J. D. (eds): *Undermining Rural Development with Cheap Credit*, Boulder and London: Westview Press, 1984.

14. Hausman, J. & McFadden, D.: Specification Tests for Multinomial Logit Model, *Econometrica*, 52: 193 - 225, 1984.

15. Iqbal, F.: The Demand and Supply of Funds among Agricultural Households in India, in Singh, Squire and Strauss (eds): *Agricultural Household Model: Application and Policy, Baltimore and London: World Bank Publication, John Hopkins University Press*, 1986.

16. Jappelli, T.: Who Is credit Constrained in the U. S. Economy? The Quarterly Journal of Economics, 105 (1): 219 - 234, 1990.

17. Kochar, A.: An Empirical Investigation of Rationing Constraint in Rural Credit Markets in India, *Journal of Development Economics*, 53 (2): 339 - 371, 1997.

18. Mushinski, D.: An Analysis of Offer Functions of Banks and Credit Unions in Guatemala, *Journal of Development Studies*, 36 (2): 88 - 112, 1999.

19. Petrick, M.: Empirical Measurement of Credit Rationing in Agriculture: a Methodological Survey, *Agricultural Economics*, 33 (2): 191 - 203, 2005.

20. Sial, M. H. & Carter, M. R.: Financial Market Efficiency in an Agrarian Economy: Microeconometric Analysis of the Pakistani Punjab, *The Journal of Devel-*

opment Studies, 32 (5): 771 - 798, 1996.

21. Stiglitz, J. E. & Weiss, A.: Credit Rationing in Markets with Imperfect Information, *American Economic Review*, 73 (3): 393 - 410, 1981.

22. Swain, Ranjula Bali: Credit Rationing in Rural India, *Journal of Economic Development*, 27 (2): 1 - 20, 2002.

23. Zeldes, S.: Consumption and Liquidity Constraints: An empirical investigation, *Journal of Political Economy*, 97 (2): 305 - 346, 1989.

24. Zeller, M.: Determinants of Credit Rationing: A Study of Informal Lenders and Formal Credit Groups in Madagascar, *World Development*, 22 (12): 1895 - 1907, 1994.

25. 何安耐、胡必亮:《农村金融与发展——综合分析、案例调查与培训手册》,经济科学出版社 2000 年版。

26. 林毅夫:"中国的农业信贷和农场绩效",载《再论制度、技术与中国农业发展》,北京大学出版社 2000 年版。

27. 汪三贵、朴之水、李莹星:"贫困农户信贷资金的供给与需求",载中国农业科学院农业经济研究所编:《农业经济与科技发展研究》,中国农业出版社 2001 年版。

作者单位:浙江理工大学　浙江大学中国农村发展研究院

发表刊物:《中国农村经济》2009 年第 6 期

中国建设用地增量时空配置分析

——基于耕地资源损失计量反演下的考察①

李效顺　曲福田　郧文聚

内容提要：本文以中国建设用地增量配置面临的选择“困境”为研究起点和主线，探讨了土地资源优化配置的理论基础，提出了走出“困境”的土地资源两步优化配置（土地资源的部门间配置和时空配置）；接着，转变常规思路，在构建模型计量中国耕地资源损失的基础上，反演建设用地增量不同时空的三种配置：理想、适度和消极配置。研究结果表明：一是中国1989～2006年期间耕地资源过度性损失达193.07万公顷；二是2010年和2020年全国建设用地增量的理性配置规模分别为32.52万公顷和36.03万公顷。在此基础上，本文得出了如下研究结论：应该将更多的建设用地指标配置到北京、上海等16个省（区、市），并适当控制天津、山西等14个省（区、市）的建设用地增量。

关键词：耕地资源　反演方法　建设用地　时空配置

① 本文得到了欧盟项目“Seeking Synergy between Urban Growth, Horticulture and the Environment in Asian Metropolises”（项目编号：ICAC－CT2002－10025）、国家杰出青年科学基金项目“农地资源非农化配置的机制、评价与管理研究”（项目编号：70425002）以及江苏省研究生培养创新工程项目“中国耕地资源损失计量与建设用地增量空间配置研究”（项目编号：CX08－052R）的资助。

一、引言：日益凸显的“困境”

改革开放以来，中国经济建设取得了举世瞩目的成就。但是，伴随着人口的增加、工业化和城镇化进程的加快，建设用地规模迅速膨胀，导致自然资源尤其是耕地资源的消耗不断加速。据国土部门统计，1978～1989 年，年均建设占用耕地的数量为 15.8 万公顷；1990～1999 年，年均建设占用耕地的数量为 16.8 万公顷；2000～2006 年，年均建设占用耕地的数量为 21.7 万公顷。耕地资源的加速占用势必威胁国家粮食安全和社会稳定，尤其 1994 年布朗提出“21 世纪谁来养活中国”的命题后，全球对中国粮食安全及其土地利用问题更加关注。与此同时，环保问题也不容乐观。有专家认为，如果按 GDP 年均增长速度 9.80% 计算，整个 20 世纪 90 年代中国 GDP 中每年约有 4～6 个百分点是以牺牲自身生存环境（包括自然资源耗减、生态破坏和污染）换取的（Grimaud et al.，2002）。由此判断，中国可持续发展面临选择“困境”：“是需要将更多的耕地资源转变为建设用地，来保障经济的稳定增长，还是限制其向建设用地的转变，来保护人们最基本的生命线”（谭荣、曲福田，2006）。中国面临协调“吃饭”、“建设”和“生态”三者之间矛盾的选择“困境”。将研究焦点集中在建设用地增量配置上，有两大现实问题亟待解决。一是中国建设用地增量配置的行政色彩浓厚，政策或规划起主导作用①，没能充分考虑区域经济发展的非均衡性。也就是说，土地边际贡献水平高的地区未能配置更多的建设用地指标，导致土地资源时空配置效率低下②。二是建设用

① 例如，1997 年农用地转用审批冻结政策直接支配建设用地增量配置；另外，当前中国土地利用总体规划的制定和执行是一种自上而下的、行政性的指标层层硬性分解的过程，缺乏科学的分析和预测。

② 例如，根据陈江龙等（2004）测算，东部发达地区建设用地增加对于其 GDP 增长的贡献率是中部地区的 1.24 倍，是西部地区的 1.39 倍；中部地区则在农业土地利用上最具有比较优势。

地增量配置没能与区域耕地资源禀赋、比较优势及其损失挂钩，供给短缺使市场的有效均衡很难达到。也就是说，不考虑建设用地来源（即耕地等其他资源的损失），单纯的增量需求或配置是无意义的。

虽然相关研究就建设用地增量配置问题进行了探索并取得阶段性成果（例如付海英等，2007；殷少美等，2007；刘平辉等，2007；顾朝林等，2007；韦仕川等，2008），但仍未破解上述两大现实问题而走出“困境”。这种“困境”真的会阻碍中国可持续发展吗？其实，优化当前中国土地资源的部门和时空两种配置，对破解上述两大难题、解决日益凸现的选择“困境”有着极其重要的作用，有助于实现“多赢”，使“吃饭”、“建设”和“生态”问题从相互制约转变为相互促进。本文所界定的土地资源部门间配置就是农地（耕地）非农化问题，即通过土地资源在农业部门和非农部门之间的合理配置从宏观上协调面临的“困境”；时空配置本质上就是两部门内部不同时点和不同区域之间的指标分配问题，即在不同时点如何将指标配置到边际贡献率高、比较优势明显的区域，从微观上提高土地的利用效率。因此，本文提出走出“困境”的土地资源两步配置：第一步，部门间配置，可参考有关学者已有的研究（例如谭荣等，2006）；第二步，部门内部配置，此配置又可细分为农业部门和非农部门内部配置。土地资源农业部门内部配置可依据全国农用地分等定级成果，而关于土地资源在非农部门不同时空配置的研究并不多见，尤其是基于耕地资源损失（与建设用地增量来源联系在一起）进行计量反演的研究尚属空白。本文在理论上对土地资源的两步配置进行探讨后，运用经济学成熟的模型和方法及已有成果（例如陈江龙等，2004；谭荣等，2006；李效顺等，2009），计量分析不同时空下的耕地资源损失情况，在此基础上反演计算中国建设用地增量的时空配置，以便为全国新增建设用地指标分配提供依据和参考，进而为中国最终走出可持续发展面临的选择“困境”提供参考。

二、理论探讨：走出“困境”的基础

（一）土地资源部门间配置理论

从理论上讲，只要土地资源在农业部门和非农部门的边际收益相等，就能实现土地资源在两部门的最优配置。因此，本文首先以此判定标准为切入点，探讨土地资源的第一步配置——部门间配置。

众多学者都从理论上论述了土地资源在农业部门和非农部门配置的问题（例如张宏斌等，2001；钱忠好，2003；谭荣等，2006；李效顺等，2009）。如果把土地资源在非农部门的边际收益看作农地非农化的边际收益，把其在农业部门的边际收益看作农地非农化的边际成本，就可以用最基本的边际收益与边际成本曲线图来表示土地资源在两部门的最优配置。如图 1 所示，MR 表示土地资源在非农部门的边际收益，MC 表示农地非农化的边际成本（即土地资源在农业部门的边际收益），MC'表示考虑农地资源生态服务价值后农地非农化的边际成本，因为农地资源不仅能够提供农业生产所必需的土地要素，还具有生态服务功能（Costanza et al.，1997）。如果只考虑 MC，则最优的农地非农化数量为 Q_0；若考虑 MC'，则最优的农地非农化数量为 Q^*。由此判断，理论上农地非农化[①]的合理规模应该在 Q^* 上（考虑农地资源的生态效益）。如图 2 所示，当前中国农地非农化在理论上存在三类价格：P_3 是当考虑农地资源生态服务价值后农地非农化边际成本（MC'）包含生态效益成本时的市场均衡价格；P_2 是当农地非农化边际成本（MC）不包含生

① 本文所界定的农地非农化规模就是耕地资源被建设占用的部分。作出这一界定主要基于两点考虑：一是一般而言，耕地资源占农地资源的比例较大，同时建设用地增量也主要来源于耕地资源；二是倘若选取每年建设用地增量作为农地非农化的规模，会高估农地非农化损失，不利于看清现阶段中国农地资源被过度非农化的形势。

态效益成本时的市场均衡价格；P_1 是当交易受到某种因素（例如政府）干预后的市场均衡价格。价格为 P_3 时的农地非农化数量 Q_3 对应图 1 中的 Q^*，P_2 时的农地非农化数量 Q_2 对应图 1 中的 Q_0。P_1 是现阶段中国农地非农化过程中所特有的价格，是在政府干预农地非农化市场的背景下产生的，它造成了农地资源过度非农化。将图 1 的判断标准与现阶段农地非农化过程（图 2）结合起来分析，可以将农地非农化数量细分为代价性损失、过度性损失 I 和过度性损失 II。代价性损失是指在市场功能完整的条件下，区域经济增长所必需的农地非农化数量，也就是经济增长必须付出的、合理的代价，这个“合理代价”的标准是在内化土地资源的外部性后，土地资源配置在相对自由竞争的市场中达到的一个均衡，图 2 中 $0Q_3$ 即为代价性损失。过度性损失 I 是指由于市场失灵，农地利用中的生态环境、食物安全等非市场价值没能纳入成本效益决策，低估农地价值而造成的过多的农地占用或损失，图 2 中 Q_3Q_2 即为过度性损失 I；过度性损失 II 是指由于政府失灵、扭曲土地价格、排斥市场机制对农地的配置，导致对土地资源过度需求而引起的过度的农地损失，图 2 中 Q_2Q_1 即为过度性损失 II。

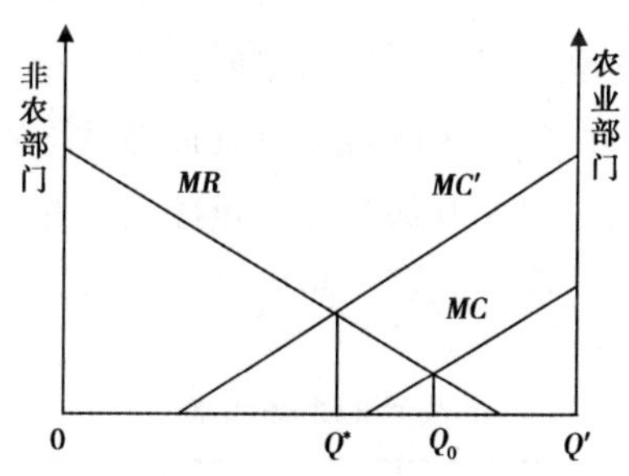

图 1　农地非农化最优数量

由此推断，理论上只要中国农地非农化的规模保持在 Q_3 上，土地资源在农业部门和非农部门的配置就达到了社会最优；倘若再

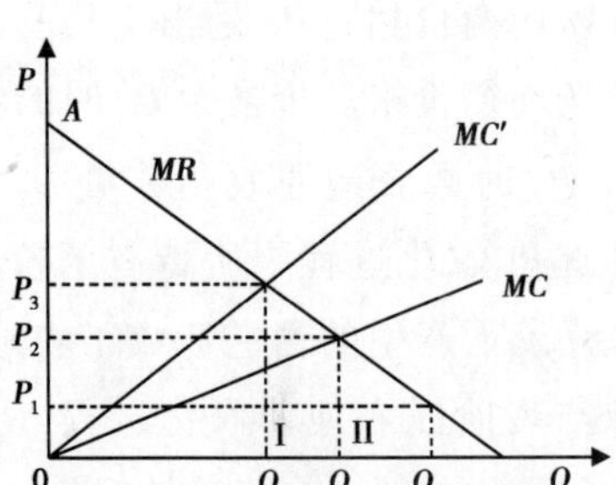

图 2　土地价格与农地非农化

实现建设用地增量的时空均衡，土地资源的配置便能从“困境”走向“多赢”。

（二）土地资源时空配置理论

在资源短缺的背景下，如何通过新的时空发展战略，实现以最小的资源与环境代价达到经济持续发展和区域社会福利最大的目标，原有时空均衡理论不能给出明确的答案（杨圣明，2003）。因此，本文试图探索时空均衡①新的内涵和做法，力求实现区域统筹和人与自然统筹在时空发展上的落实。

如果按照不同时空的比较优势来配置土地资源，资源的利用效率将会发生怎样的改变呢？假设同一时点上两个地区（1 和 2）都有 150 公顷土地，在各自区域内土地质量都是均质的，两个区域内只有两个产业部门，即农业部门和工业部门，并假设除土地成本外其他生产成本相同。两个区域产品生产的土地消耗如表 1 所示。

表 1　　　　生产的土地成本

	地区 1	地区 2		地区 1	地区 2
1 单位农业产品	3 公顷	4 公顷	1 单位工业产品	1 公顷	3 公顷

① 时空均衡的本质实际上是不同时点区域比较优势的发挥。

从表 1 可以看出，无论在农业产品还是在工业产品的生产上，地区 1 的土地耗用都低于地区 2，如果没有按照比较优势配置土地资源，则地区 1 和地区 2 的生产可能性曲线如图 3 所示（例如，图 3 中的实线 A 和 B）。地区 1 和地区 2 农业产品和工业产品的交换比例分别为 1∶3 和 1∶4/3；地区 1 和地区 2 在农业产品生产上的土地成本之比为 3∶4，在工业产品生产上的土地成本之比是 1∶3。从比较优势的角度来看，地区 1 在工业产品的生产上具有比较优势，而地区 2 在农业产品的生产上具有比较优势。假设地区 1 专门生产工业产品并按照地区 2 的交换比例获取农业产品，地区 2 专门生产农业产品并按照地区 1 的交换比例获取工业产品，则两个区域的生产可能性曲线如图 3 所示（例如，图 3 中的实线 A'和 B'）。可以看出，土地利用专业化后，两个区域的生产可能性边界都外移了，在实际交易中，农业产品和工业产品的交换比例会发生改变，生产可能性曲线会介于原有曲线和假定交换率不变的曲线中间（例如，图 3 中的虚线 A'' 和 B''）。由于生产可能性曲线的外移，总体上两个区域的消费者可能的选择集都扩张了，土地利用的社会福利增加了。

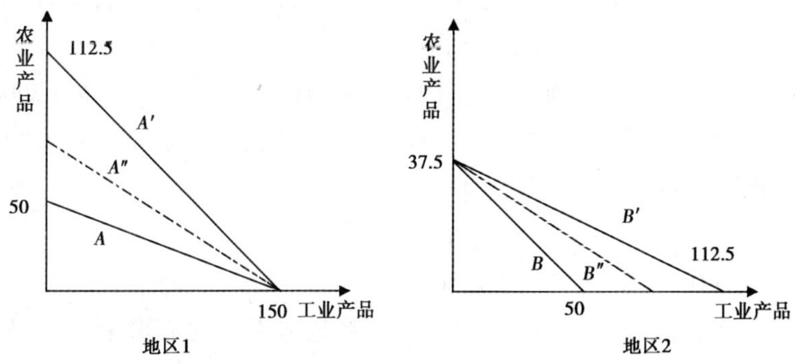

图 3　不同地区的生产可能性曲线（分工）

以上分析及已有研究（例如韦仕川等，2008；姜开宏等，2004）表明，发挥土地利用的比较优势，可以提高土地资源的时空配置效率，实现区域土地利用总福利的最大化。土地资源的时空配置效率是指在土地资源有限的条件下资源向其利用效益最大的区域流动，以实现土地资源整体的最大利用效益。土地资源配置的时空均衡意味着一种时空上的“帕累托效率”状态。按照经济学原理推断，建设用地增量配置时空均衡的条件就是不同时空新增建设用地的边际产出相等；理论上讲，只要边际产出存在差异，就有“帕累托效率”改进的余地，即通过在不同时空之间调整建设用地增量指标能够提高国民经济的总产出。

三、耕地不同损失的计量：走出“困境”的第一步配置

（一）测算思路和模型构建

1. 测算思路。首先，采用C—D生产函数来模拟农业部门和非农部门的生产过程，并求其导数得到土地资源在两个部门的边际收益；其次，模拟耕地非农化的边际成本与边际收益曲线；最后，依据两部门边际收益相等的原则来估计耕地非农化的最优数量，进而测算耕地的不同损失。

2. 模型构建。在构建模型时，本文主要借鉴了经济学成熟的研究方法和已有研究成果。由于本文所用模型比较成熟且已发表，这里不详细阐述，有关模型的具体推导过程详见谭荣等（2006）的《中国农地非农化与农地资源保护：从两难到双赢》一文。计量耕地不同损失的主要模型形式为：

$$\log Q_D = C_1 + C_2 \times \log MR \quad (1)$$

$$\log Q_s = C_3 + C_4 \times \log MC \quad (2)$$

（1）式与（2）式中，Q_D 表示耕地非农化的需求量；Q_S 表示耕地非农化的供给量；MR 表示土地资源在非农部门的边际收益；MC 表示土地资源在农业部门的边际收益；MC' 表示考虑农地资源生态服务价值后的边际收益；C_1、C_2、C_3、C_4 为待估计参数。

令 $MR = MC$，$Q_D = Q_S$，利用农业部门与非农部门的总收益、

资本投入（新增基本建设投资、新增更新改造投资和城镇集体单位固定资产投资之和）、劳动力投入（从业人员数）、农业部门的土地资源投入（农用地的面积）与非农部门土地资源投入（建设用地的面积）等数据，可以计算得到各省（区、市）1989～2006年农地非农化的 MR 与 MC。再利用各地区当年农地非农化数量（Q_D）和当年实际耕地被建设用地占用数量（Q_S）数据，代入上述有关方程中，便可完成对 C_1、C_2、C_3、C_4 的估计。

将估计出的 C_1、C_2、C_3、C_4 的数值代入（1）式和（2）式，就可以得到供需平衡时的农地非农化最优数量 Q：

$$Q = \exp\left[\frac{(C_1 \times C_4 - C_2 \times C_3)}{C_4 - C_2}\right] \tag{3}$$

值得注意的是，此时如果将耕地资源的生态边际效益加入 MC 中，所求出的 Q 就是图2中的 Q_3，此时的 Q 就是耕地非农化的代价性损失，即非农化的合理规模；如果没有将耕地资源的生态边际效益加入 MC 中，所求出的 Q 就是图2中的 Q_2，数量上就等于代价性损失和过度性损失Ⅰ的和；用现实中实际耕地非农化数量减去 Q，即可求出过度性损失Ⅱ。

（二）模型估计

1. 数据来源。本文进行耕地不同损失的计量与反演的基础数据来源于《全国土地管理统计资料》（1989～1995年，历年）①、《中国土地年鉴》（1994～1997年，历年）②、《国土资源综合统计年报》（1999～2005年，历年）③、《中国国土资源统计年鉴

① 国家土地管理局和国土资源部（编）：《全国土地统计资料》（1989～1995年，历年），国家土地管理局、国土资源部。

② 国家土地管理局和国土资源部（编）：《中国土地年鉴》（1994～1997年，历年），人民出版社、中国大地出版社版。

③ 国家土地管理局和国土资源部（编）：《国土资源综合统计年报》（1999～2005年，历年），国家土地管理局、国土资源部。

2007》[①] 和《中国统计年鉴》(1990~2007年，历年)[②]。需要特别说明的是，本文研究区域没有包括中国香港、中国澳门和中国台湾地区。同时，由于重庆市1997年后才成为直辖市，1997年之前的部分数据存在缺失，为保证数据的延续性和研究的可行性，将重庆市合并到四川省，将两者作为一个独立的单位进行估计。因此，本文的主要研究区域为30个省（区、市）。

2. 估计结果。为了得到满意的回归结果，本文把30个省（区、市）划分为东部、中部、西部后再进行回归估计。对方程 *MR*、方程 *MC'* 和 *MC* 进行回归估计时，采用的是固定效应的广义最小二乘法(GLS)，在估计式中运用了一阶自相关校正 AR（1），并对 AR（1）按照横截面省份进行了加权最小二乘法估计；另外，对估计式进行了 White 异方差修正来消除异方差。其估计结果见表2。

表2　　模型的回归估计结果

模型		C_1	C_2		R^2	DW
$\log Q_D = C_1 + C_2 \times \log NR$	东部地区	略	−0.465***	(−4.21)	0.924	2.104
	中部地区	略	−0.453***	(−3.19)	0.911	2.202
	西部地区	略	−0.429***	(−3.17)	0.902	2.325
模型		C_3	C_4		R^2	DW
$\log Q_S = C_3 + C_4 \times \log MC'$	东部地区	略	0.162***	(2.65)	0.956	2.056
	中部地区	略	0.157***	(2.62)	0.953	2.057
	西部地区	略	0.159***	(3.63)	0.945	2.075
$\log Q_S = C_3 + C_4 \times \log MC$	东部地区	略	0.741***	(3.71)	0.948	2.016
	中部地区	略	0.736***	(3.69)	0.943	2.043
	西部地区	略	0.643***	(3.37)	0.938	2.046

注：括号中的数值为t检验值，*** 表示在1%的置信水平上显著。

① 国家土地管理局：《中国国土资源统计年鉴2007》，地质出版社2007年版。

② 国家统计局：《中国统计年鉴》(1990~2007年，历年)，中国统计出版社版。

从估计结果看，各项系数都在1%的置信水平上显著，回归拟合效果很好。由此，可以得到中国1989～2006年期间耕地损失的边际收益和边际成本曲线。

（三）计量结果及分析

借鉴相关学者成熟的研究方法和成果（例如陈江龙等，2004；谭荣等，2006；李效顺等，2009），得到1989～2006年期间中国耕地资源的代价性损失、过度性损失I[①]和过度性损失II，如表3所示。

表3　中国1989～2006年期间耕地资源非农化配置与损失

单位：千公顷、%

区域	最优配置（MC′=MR）(1)	次优配置（MC=MR）(2)	实际非农化数量 (3)	代价性损失比例 (1)/(3)	过度性损失I比例 ((2)-(1))/(3)	过度性损失II比例 ((3)-(2))/(3)
全国	970.18	2267.89	2900.92	33.44	44.74	21.82
北京	24.61	49.15	63.53	38.73	38.62	22.64
天津	11.49	30.53	42.10	27.30	45.22	27.48
河北	78.15	138.68	178.72	43.73	33.87	22.40
山西	29.04	61.59	79.53	36.51	40.93	22.56
内蒙古	15.20	45.70	54.71	27.78	55.76	16.46
辽宁	26.97	79.35	107.90	25.01	48.53	26.46
吉林	13.16	31.36	39.32	33.48	46.28	20.24
黑龙江	27.12	71.82	87.49	31.00	51.10	17.90
上海	25.94	72.76	99.39	26.10	47.11	26.80
江苏	104.36	231.17	300.63	34.71	42.18	23.10

① 耕地的生态服务服务价值的计算方法是：以Costanza et al.（1997）的研究为基础，通过消费者价格指数消除通货膨胀的影响，以2006年不变价格表示1989～2006年期间耕地的生态服务价值。具体可以参考谭荣等（2006）。

续表

区域	最优配置 (MC′=MR) (1)	次优配置 (MC=MR) (2)	实际非农 化数量 (3)	代价性 损失比例 (1)/(3)	过度性损失 I 比例 ((2)-(1))/(3)	过度性损失 II 比例 ((3)-(2))/(3)
浙江	94.83	169.55	224.59	42.23	33.27	24.50
安徽	46.93	113.26	152.83	30.71	43.40	25.89
福建	46.60	62.04	80.57	57.83	19.17	23.00
江西	33.79	50.99	63.90	52.87	26.92	20.21
山东	60.02	202.91	270.72	22.17	52.78	25.05
河南	57.59	138.35	169.44	33.99	47.67	18.35
湖北	27.09	88.12	108.79	24.90	56.10	19.00
湖南	25.70	57.04	70.93	36.23	44.20	19.57
广东	54.74	100.57	136.13	40.21	33.67	26.13
广西	23.25	59.05	72.45	32.09	49.42	18.49
海南	2.68	10.18	12.72	21.06	58.95	19.99
四川	36.27	140.74	164.86	22.00	63.37	14.63
贵州	14.22	42.20	50.62	28.09	55.26	16.65
云南	36.69	70.16	86.50	42.42	38.70	18.88
西藏	2.91	7.55	8.49	34.23	54.67	11.10
陕西	22.47	57.32	69.73	32.23	49.97	17.80
甘肃	7.93	24.33	29.27	27.10	56.03	16.87
青海	5.82	8.16	10.05	57.91	23.28	18.81
宁夏	5.06	15.67	18.87	26.83	56.21	16.96
新疆	9.54	37.58	46.15	20.68	60.76	18.56

从表3可以看出，中国1989～2006年期间耕地资源过度性损失规模达193.07万公顷。其中，过度性损失I的比例为44.74%，过度性损失II的比例为21.82%，而代价性损失的比例仅为33.44%。也就是说，中国现阶段耕地资源加速减少的数量中，只

有33.44%是经济高速增长所必需付出的合理建设占用，其余66.56%的耕地减少属于不必要的占用或过度性损失。中国管理制度和市场的缺陷表明，当前中国土地资源在部门间（宏观）配置的过程中，耕地资源的损失不应超过实际损失的78.18%①。基于本部分的计量结果，下文将进一步反演全国不同时空建设用地增量配置。

四、耕地不同损失的反演：走出“困境”的第二步配置

（一）反演思路

由于中国建设用地增量配置的行政色彩浓厚，其内部变化规律很难得到认识与把握。也就是说，以建设用地为被解释变量构建的模型，其参数大都不能通过显著性检验。考虑到中国建设用地增量主要来源于耕地资源损失的现实，本文试图转变常规的研究思路，以全国不同时空耕地资源的损失为研究切入点，通过构建反演模型，来反演推断不同时空的建设用地增量。具体分为三步：第一步，计量不同时空耕地资源损失情况（见表3）；第二步，构建反演模型，估计不同时空每年建设用地增量中占用耕地的比例；第三步，在前两步的基础上，反演推断不同时空建设用地增量规模。

（二）模型构建

基于以上计量结果，只要确定建设用地增量中来源于耕地资源损失的比例，反推建设用地增量配置就比较容易解决。因此在前人研究（许军强，2007）基础上，本文构建如下反演（反推）模型：

$$\varepsilon_{jt} = \frac{BC_{jt}}{BA_{jt}} = \alpha \frac{\Delta GDP_{jt}}{GDP_{jt}} + \beta \frac{\Delta FP_{jt}}{FP_{jt}} + \chi \frac{\Delta EP_{jt}}{EP_{jt}} + \delta \frac{\Delta PO_{jt}}{PO_{jt}} + \phi P_{jt} + \xi_{jt} \quad (4)$$

① 由于市场失灵是一个世界性的难题，近期很难破解。因此，本研究认为，首先消减由政府失灵引起的过度性损失Ⅱ较为现实和理智，即未来中国耕地资源的损失不应超过代价性损失和过度性损失Ⅰ之和。

（4）式中，ε 为反演（反推）系数；BA 为当年建设用地增量；BC 为当年耕地资源损失规模；GDP 为当年国内生产总值；FP 为当年财政支出；EP 为当年固定资产投资；PO 为当年常住人口数量；P 为政策虚拟变量；ξ 为误差项；α、β、χ、δ、ϕ 分别表示在其他多量不变的前提下，GDP、FP、EP、PO、P 变化对反演系数的贡献率；j 表示不同区域；t 表示年份；Δ 表示年内变化量。这一模型构建的主要思路为，确定建设用地增量中有多大比例来源于耕地损失（减少），而这个比例由当年 GDP、FP、EP、PO 和 P 这几个变量的变化率来决定。

（三）参数估计

1. 常规估计的缺陷。在估计模型（4）时[①]，本文用到的是面板数据，将模型（4）写成下述矩阵形式：

$$\varepsilon = X\omega + \xi \tag{5}$$

按照常规的估计，参数向量 $\omega = (\alpha, \beta, \chi, \delta, \varphi)^T$ 的最小二乘估计向量 ϖ 是无偏的、一致的和有效的估计。其矩阵形式为：

$$\varpi = X^{+}\varepsilon = (X^TX)^{-1}X^T\varepsilon \tag{6}$$

（6）式中，“+”表示广义逆，下同。然而在现实中，只能得到数据矩阵 $X_h: \| X - X_h \| \leqslant h \ (h > 0)$，而且解释变量之间可能存在不同程度的共线性。此外，由于 ε 的观测误差的存在，ε 中可能包含非随机成分；即使 ε 是随机的，也未必总能满足正态性假设。

2. 反演估计方法的应用。上述分析表明，多元计量模型（存在共线性）的参数估计从数值分析的角度来看，就是病态法方程[②]的求解问题，而用反演（Tikhonov 正规化）方法处理此问题是一

① 按照常规思路判断，模型（4）的估计有三个前提假设：其一，解释变量之间是相互独立的，并且不考虑观测误差；其二，误差项 ξ_t 为随机变量；其三，误差项 ξ_t 服从正态分布。

② 在病态法方程中，由于观察误差向量之间存在共线性问题导致其方差和均方差整体偏大，因而按最小二乘法估计的参数值的精度变差发生扭曲，最终使所得结果不能使用。

个很自然选择。将上述参数估计问题转化为下述 Euler 方程（7）的求解[①]问题：

$$(X_h^T X_h + \lambda I)\omega_\eta^\lambda = X_h^T \varepsilon_m \quad (7)$$

（7）式中，I 为 6 阶单位矩阵，$\lambda > 0$，为正则参数。对模型（7）而言，功能强大的计算机软件（AD－AMS）能够较为准确地估计相应参数。

由上述推理判断，反演估计方法能够破解由于共线性问题而导致参数估计不可靠的难题。在收集整理建设用地及相关数据的基础上，下文将估计反演模型（7）中的参数，进而反演推算中国建设用地在不同时空的配置，为全国建设用地增量配置提供直接参考。

（四）数据整理与参数估计

1. 数据整理与说明。数据来源同上，各省（区、市）耕地损失按正数统计，政策虚拟变量为不同时期国家和省（区、市）出台的耕地保护政策个数与建设用地增量控制政策个数[②]之比。

2. 参数估计。考虑到各省（区、市）经济发展阶段的不同，建设用地增量政策的倾斜程度也不同。为了得到满意的估计结果，本文把 30 个省（区、市）划分为东部、中部和西部后再进行估计。参考已有研究（赵维加等，2002），本文采用 AD—AMS 软件估计方程（4）中的系数，结果见表 4。

从估计结果看，各项系数都在 10% 及以上的置信水平上显著。接下来，本文运用估计出来的参数反演中国建设用地增量的时空配置。

① 求解的具体过程为：利用零空间方法对 Euler 方程做简化处理，然后利用高精度谱积分对得到的微分代数方程组做数值离散，形成配置离散格式，针对高阶微分代数方程的离散方程组的病态问题，采用预条件技术改善方程组的求解条件，然后利用 Newton－Krylov 方法迭代求解。

② 这里有两点说明。一是资料来源：①国土资源部政策法规司：《土地政策法律文件汇编》，中国大地出版社 2007 年版；②30 个省（区、市）2005～2008 年的《国土资源政策法规汇编》（历年）。二是为兼顾政策的全面性，在政策筛选过程中坚持了相关原则，凡是涉及耕地保护与建设用地增量控制方面的政策都被计算在内。

表4　　方程（4）的求解结果

	α	β	χ	δ	ϕ
东部地区	0.321***(2.65)	0.014***(2.89)	0.064***(2.73)	1.625***(3.76)	0.030***(2.71)
中部地区	0.412**(2.43)	0.021**(1.83)	0.088***(2.66)	1.836***(3.35)	0.024**(1.85)
西部地区	0.603**(2.37)	0.041**(1.72)	0.130**(2.34)	2.166***(3.01)	0.011*(0.65)

注：括号中的数值为t检验值，***、**和*分别表示在1%、5%和10%的置信水平上显著。

（五）反演结果

在求解反演模型参数的基础上，分别预测各省（区、市）解释变量①后，依据模型（4）可以预测不同省（区、市）未来若干年份的反演系数，预测结果见表5。

依据本文以上耕地资源代价性和过度性损失的计量结果（表3）和估计预测出的反演系数（表5），反演出建设用地增量的三种配置：理想配置、适度配置和消极配置。所谓理想配置就是建设占用耕地恰好维持在耕地资源代价性损失的水平上，这是一种最为科学、但当前较难实现的配置状态；适度配置是指建设占用耕地保持在过度性损失Ⅰ的水平上，通过制度建设和规范（政府）土地管理行为，当前能够实现的较为科学的配置状态；消极配置是指延续以前的耕地损失态势，即建设占用耕地保持在过度性损失Ⅱ的水平上，当前较易实现但不符合集约用地要求的配置状态。最后，多方案比较后选取适度配置规模②作为不同省（区、市）建设用地增量指标分配的依据和参考。

① 5个解释变量的预测是依据不同省（区、市）解释变量的时间序列（1989~2006年）趋势，通过多次模拟后，选择显著性最高的模型进行预测的。因此，30个省（区、市）对应有150个（5×30）预测模型。由于模型较多且相对较为简单，这里不再详述。

② 中国当前经济发展对建设用地的需求态势和土地市场的缺陷表明，理想配置较难实现；而消极配置会造成耕地资源的过度损失和浪费。因此，笔者认为，适度配置可作为全国不同时空建设用地增量配置的依据。

表 5　　2007～2020 年全国不同省（区、市）反演系数预测值

区域	年份													
	2007	2008	2009	2010	2011	2012	2013	2014	2015	2016	2017	2018	2019	2020
北京	0. 49	0. 51	0. 52	0. 52	0. 52	0. 52	0. 52	0. 52	0. 49	0. 49	0. 48	0. 48	0. 47	0. 47
天津	0. 36	0. 44	0. 48	0. 48	0. 48	0. 49	0. 47	0. 47	0. 45	0. 44	0. 44	0. 44	0. 44	0. 43
河北	0. 66	0. 67	0. 66	0. 66	0. 66	0. 66	0. 66	0. 66	0. 63	0. 62	0. 62	0. 61	0. 61	0. 60
山西	0. 79	0. 75	0. 75	0. 75	0. 75	0. 75	0. 75	0. 75	0. 71	0. 71	0. 70	0. 69	0. 69	0. 68
内蒙古	0. 18	0. 21	0. 22	0. 21	0. 22	0. 22	0. 22	0. 21	0. 20	0. 20	0. 20	0. 20	0. 20	0. 20
辽宁	0. 61	0. 64	0. 66	0. 67	0. 67	0. 67	0. 66	0. 66	0. 63	0. 62	0. 62	0. 61	0. 61	0. 60
吉林	0. 87	0. 83	0. 77	0. 76	0. 77	0. 75	0. 78	0. 78	0. 75	0. 74	0. 72	0. 71	0. 71	0. 70
黑龙江	0. 61	0. 62	0. 61	0. 61	0. 62	0. 61	0. 62	0. 61	0. 59	0. 58	0. 57	0. 57	0. 56	0. 56
上海	0. 70	0. 75	0. 78	0. 78	0. 78	0. 78	0. 77	0. 77	0. 73	0. 73	0. 72	0. 72	0. 71	0. 70
江苏	0. 73	0. 74	0. 74	0. 75	0. 75	0. 75	0. 74	0. 74	0. 71	0. 70	0. 69	0. 69	0. 68	0. 67
浙江	0. 48	0. 53	0. 57	0. 57	0. 57	0. 58	0. 57	0. 57	0. 53	0. 53	0. 53	0. 52	0. 52	0. 51
安徽	0. 70	0. 78	0. 82	0. 83	0. 83	0. 84	0. 82	0. 82	0. 77	0. 77	0. 76	0. 76	0. 75	0. 74
福建	0. 38	0. 37	0. 39	0. 39	0. 38	0. 40	0. 38	0. 39	0. 36	0. 36	0. 36	0. 36	0. 36	0. 35
江西	0. 42	0. 45	0. 45	0. 44	0. 45	0. 44	0. 45	0. 44	0. 42	0. 42	0. 41	0. 41	0. 41	0. 40
山东	0. 53	0. 52	0. 53	0. 54	0. 53	0. 54	0. 53	0. 53	0. 50	0. 50	0. 50	0. 49	0. 49	0. 48

续表

区域	年份													
	2007	2008	2009	2010	2011	2012	2013	2014	2015	2016	2017	2018	2019	2020
河南	0. 84	0. 85	0. 88	0. 89	0. 89	0. 90	0. 88	0. 88	0. 83	0. 83	0. 82	0. 82	0. 81	0. 80
湖北	0. 59	0. 62	0. 58	0. 57	0. 58	0. 56	0. 59	0. 58	0. 56	0. 55	0. 54	0. 54	0. 53	0. 53
湖南	0. 43	0. 43	0. 44	0. 44	0. 44	0. 45	0. 44	0. 44	0. 41	0. 41	0. 41	0. 41	0. 40	0. 40
广东	0. 30	0. 27	0. 26	0. 26	0. 25	0. 25	0. 26	0. 26	0. 25	0. 24	0. 24	0. 24	0. 24	0. 23
广西	0. 42	0. 44	0. 46	0. 47	0. 46	0. 48	0. 46	0. 46	0. 43	0. 43	0. 43	0. 43	0. 43	0. 42
海南	0. 19	0. 27	0. 32	0. 32	0. 32	0. 33	0. 31	0. 31	0. 29	0. 29	0. 29	0. 29	0. 29	0. 28
四川	0. 53	0. 57	0. 58	0. 57	0. 58	0. 58	0. 57	0. 57	0. 54	0. 54	0. 53	0. 53	0. 53	0. 52
贵州	0. 64	0. 65	0. 63	0. 62	0. 63	0. 62	0. 63	0. 63	0. 60	0. 59	0. 59	0. 58	0. 58	0. 57
云南	0. 47	0. 55	0. 58	0. 59	0. 59	0. 60	0. 58	0. 58	0. 55	0. 54	0. 54	0. 54	0. 53	0. 53
西藏	0. 34	0. 27	0. 27	0. 27	0. 26	0. 27	0. 27	0. 27	0. 26	0. 26	0. 25	0. 25	0. 25	0. 24
陕西	0. 71	0. 73	0. 78	0. 79	0. 79	0. 81	0. 78	0. 78	0. 73	0. 73	0. 73	0. 72	0. 72	0. 71
甘肃	0. 59	0. 60	0. 60	0. 60	0. 60	0. 60	0. 60	0. 60	0. 57	0. 57	0. 56	0. 56	0. 55	0. 54
青海	0. 21	0. 24	0. 27	0. 28	0. 28	0. 29	0. 27	0. 27	0. 25	0. 25	0. 25	0. 25	0. 25	0. 25
宁夏	0. 32	0. 40	0. 40	0. 40	0. 41	0. 40	0. 40	0. 40	0. 38	0. 38	0. 37	0. 37	0. 37	0. 36
新疆	0. 19	0. 21	0. 22	0. 22	0. 22	0. 23	0. 22	0. 22	0. 21	0. 21	0. 21	0. 21	0. 20	0. 20

基于以上分析和判断，构建如下模型反演不同时空建设用地增量配置目标：

$$C_{gjt} = L_{gjt}/\varepsilon_{gjt} \tag{8}$$

（8）式中，C_{gjt}为不同时空建设用地不同增量目标；L_{gjt}为不同时空耕地资源的不同损失；ε_{gjt}为不同时空的反演系数；g 表示不同损失（配置）；j 表示不同地区；t 表示年份。

根据以上结果及（8）式可以反演出全国不同时空建设用地增量的三种配置，结果见表6。

表6　中国2010年和2020年建设用地增量配置　单位：千公顷

区域	2006年建设用地总规模	2010年			2020年		
		理想配置	适度配置	消极配置	理想配置	适度配置	消极配置
全国	32364.42	140.21	325.23	415.46	155.39	360.27	459.86
北京	327.27	3.65	7.28	9.42	4.04	8.07	10.43
天津	348.69	1.85	4.91	6.77	2.06	5.47	7.54
河北	1770.56	9.14	16.22	20.91	10.05	17.83	22.98
山西	858.34	2.98	6.32	8.16	3.29	6.98	9.01
内蒙古	1456.13	5.45	16.39	19.62	5.99	18.00	21.55
辽宁	1379.64	3.11	9.16	12.45	3.46	10.17	13.83
吉林	1054.75	1.33	3.16	3.96	1.44	3.44	4.31
黑龙江	1477.97	3.41	9.03	11.00	3.75	9.93	12.09
上海	237.11	2.56	7.19	9.82	2.84	7.98	10.90
江苏	1869.12	10.77	23.86	31.03	11.91	26.39	34.31
浙江	974.84	12.70	22.71	30.08	14.20	25.38	33.62
安徽	1639.50	4.36	10.52	14.19	4.86	11.72	15.81
福建	612.35	9.14	12.16	15.80	10.25	13.65	17.73
江西	927.22	5.89	8.89	11.14	6.46	9.75	12.22
山东	2462.25	8.62	29.14	38.89	9.59	32.43	43.27
河南	2166.53	4.97	11.95	14.64	5.54	13.31	16.30

续表

区域	2006年建设用地总规模	2010年			2020年		
		理想配置	适度配置	消极配置	理想配置	适度配置	消极配置
湖北	1378.30	3.65	11.88	14.66	3.96	12.87	15.89
湖南	1362.09	4.47	9.91	12.33	4.97	11.04	13.72
广东	1752.83	16.38	30.10	40.75	18.07	33.19	44.93
广西	932.51	3.82	9.69	11.89	4.27	10.85	13.31
海南	293.18	0.65	2.45	3.07	0.73	2.77	3.46
四川	2155.86	4.86	18.84	22.07	5.36	20.81	24.38
贵州	546.72	1.75	5.20	6.24	1.92	5.70	6.84
云南	787.67	4.82	9.21	11.35	5.36	10.25	12.64
西藏	64.63	0.82	2.14	2.40	0.92	2.38	2.68
陕西	805.47	2.18	5.56	6.77	2.45	6.24	7.59
甘肃	969.28	1.01	3.11	3.74	1.12	3.43	4.13
青海	321.70	1.61	2.25	2.77	1.82	2.55	3.14
宁夏	205.32	0.98	3.02	3.64	1.07	3.31	3.89
新疆	1226.60	3.29	12.96	15.92	3.65	14.38	17.36

注：2006年数据为当年建设用地总规模，在此仅列出2010年和2020年两年的反演结果。

以上反演结果表明，全国2010年和2020年建设用地增量的理性配置规模（选取适度配置）分别为32.5万公顷和36万公顷；将每年建设用地增量加上2006年建设用地总规模，得出2010和2020年建设用地总量的控制规模分别为3370万公顷和3710万公顷。

（六）反演结果验证与应用

为验证全国不同省（区、市）建设用地增量配置的合理状况，本文将2007年全国建设用地现实增量与反演结果进行对比分析，结果见表7。

表 7　　2007 年全国不同省（区、市）建设用地现实增量与反演结果对比　　单位：千公顷

区域	2007 年现实增量（1）	2007 年反演配置增量（2）			（1）－（2）		
		理想配置	适度配置	消极配置	理想配置	适度配置	消极配置
全国	355.12	148.31	345.82	441.34	206.80	9.29	-86.22
北京	5.29	3.85	7.70	9.95	1.44	-2.40	-4.66
天津	11.60	2.42	6.44	8.88	9.17	5.16	2.72
河北	11.33	9.14	16.21	20.90	2.19	-4.88	-9.57
山西	6.93	2.83	6.00	7.75	4.10	0.93	-0.82
内蒙古	21.49	6.52	19.59	23.45	14.97	1.90	-1.96
辽宁	11.70	3.41	10.02	13.63	8.29	1.68	-1.93
吉林	5.45	1.17	2.78	3.49	4.29	2.67	1.97
黑龙江	4.89	3.40	9.01	10.97	1.49	-4.12	-6.09
上海	5.79	2.85	8.00	10.92	2.94	-2.20	-5.13
江苏	33.23	11.07	24.52	31.89	22.16	8.71	1.34
浙江	38.25	15.16	27.11	35.91	23.08	11.14	2.34
安徽	12.85	5.13	12.38	16.70	7.72	0.47	-3.85
福建	18.82	9.32	12.41	16.12	9.49	6.40	2.69
江西	12.81	6.23	9.40	11.78	6.59	3.42	1.04
山东	26.51	8.70	29.42	39.25	17.81	-2.90	-12.74
河南	10.97	5.29	12.71	15.57	5.67	-1.75	-4.60
湖北	11.89	3.53	11.47	14.16	8.36	0.42	-2.27
湖南	11.55	4.58	10.18	12.65	6.97	1.37	1.10
广东	24.07	14.20	26.09	35.32	9.86	-2.03	-11.26
广西	11.53	4.22	10.73	13.16	7.30	0.80	-1.63
海南	2.68	1.06	4.03	5.03	1.62	-1.35	-2.35
四川	17.53	5.24	20.33	23.81	12.29	-2.79	-6.28
贵州	5.13	1.71	5.07	6.08	3.42	0.06	-0.96
云南	11.13	5.99	11.46	14.13	5.14	-0.33	-3.00
西藏	1.40	0.65	1.69	1.90	0.75	-0.29	-0.50
陕西	3.80	2.43	6.20	7.55	1.37	-2.40	-3.75
甘肃	2.65	1.03	3.17	3.81	1.62	-0.52	-1.16
青海	2.92	2.16	3.03	3.74	0.75	-0.12	-0.82
宁夏	3.27	1.23	3.80	4.58	2.04	-0.53	-1.31
新疆	7.67	3.78	14.87	18.26	3.89	-7.20	-10.59

由表 7 可以看出：一是 2007 年建设用地实际增量与理想配置相比较后的结果表明，全国建设用地增量普遍过度，要实现建设用地增量的理想配置较为困难；二是与本研究提出的理性（适度）配置量相比，有 14 个省（区、市）建设用地增量配置过度（现实供地规模超过反演的适度配置量），其余 16 个省（区、市）建设用地增量配置却明显不足（现实供地规模没能达到反演的适度配置量），说明存在帕累托改进的可能；三是即使与消极配置相比，仍有 6 个省（区、市）建设用地增量配置过度，这验证了前文关于建设用地增量配置不尽合理的预期。以上判断表明，将建设用地增量过度区域的指标向不足区域倾斜或转移，无疑是提高建设用地配置效率的理智选择。

五、主要结论及政策启示

基于以上分析，本文得出了以下三点结论：

1. 中国 1989 ~2006 年期间耕地资源过度性损失达 193.07 万公顷。其中，33.44% 是经济高速增长所必需付出的合理的建设占用，其余 66.56% 的耕地减少属于不必要或过度性损失。由于市场失灵是一个世界性的难题，近期难以破解，因此，当前中国土地资源在部门间（宏观）配置的过程中，耕地资源的损失不应超过实际非农化数量的 78.18%，实现这一目标，是走出“困境”的第一步。

2. 全国 2010 年和 2020 年建设用地增量的理性配置规模分别为 32.5 万公顷和 36 万公顷；2010 年和 2020 年建设用地总规模不应超过 3370 万公顷和 3710 万公顷。

3. 为提高全国土地利用的整体效率，应该将更多的建设用地指标配置到北京、上海、河北、黑龙江、山东、河南、广东、海南、四川、云南、西藏、陕西、甘肃、青海、新疆和宁夏 16 个省（区、市），适度控制天津、山西等 14 个省（区、市）的建设用地增量。依据适度配置数量来分配全国建设用地增量的时空配置，是走出“困境”的第二步。

从以上结论中，可以得到以下两方面的启示：一是为扭转中国耕地资源损失严重的现状，应该加快土地管理制度和土地市场的建设，发挥市场在资源配置过程中的基础性作用。二是在效率优先原则的指导下，的确应该将更多的建设用地指标配置到北京、上海等较为发达的地区；但从公平、合理的视角评判，同时应该对牺牲发展机会从而对改善生态环境和维护国家粮食安全作出贡献的区域给予合理补偿。

参考文献

1. Grimaud, Faure; Antoine, Jean - Jaccques Laffont and David Martimort: *Collusion, Delegation and Supervision with Soft Information*, USC Center for Law, Economics and Organization Research Paper, 2002.

2. Costanza, Robert; D'Arge, Ralph and De Groot, Rudolf: The Value of the World's Ecosystem Services and Natural Capital, *Nature*, 1997, Vol. 387, No. 15.

3. 谭荣、曲福田：“中国农地非农化与农地资源保护：从两难到双赢”，《管理世界》2006 年第 12 期。

4. 陈江龙、曲福田、陈雯：“农地非农化效率的空间差异及其对土地利用政策调整的启示”，《管理世界》2004 年第 8 期。

5. 付海英、郝晋珉：“耕地适宜性评价及其在新增其他用地配置中的应用”，《农业工程学报》2007 年第 1 期。

6. 殷少美、金晓斌、周寅康：“基于主成分分析法和 AHP - GEM 模型的区域新增建设用地指标合理配置——以江苏省为例”，《自然资源学报》2007 年第 3 期。

7. 刘平辉、叶长盛：“农用地转化为建设用地的机制及驱动力研究”，《中国土地科学》2007 年第 6 期。

8. 顾朝林、张晓明：“盐城开发空间区划及其思考”，《地理学报》2007 年第 8 期。

9. 韦仕川、吴次芳、杨杨：“中国东部沿海经济发达地区土地资源空间优化配置研究——以浙江省为例”,《技术经济》2008 年第 1 期。

10. 李效顺、曲福田、谭荣:“中国耕地资源变化与保护研究——基于土地督察视角的考察”,《自然资源学报》2009 年第 3 期。

11. 张宏斌、贾生华:“土地非农化调控机制分析”,《经济研究》2001 年第 12 期。

12. 钱忠好:“中国农地保护:理论与政策分析”,《管理世界》2003 年第 10 期。

13. 杨圣明:“五个统筹的经济理论创新”,新浪网(http//: www. sina. com. cn),2003 年 12 月 5 日。

14. 姜开宏、陈江龙、陈雯:“比较优势理论与区域土地资源配置——以江苏省为例”,《中国农村经济》2004 年第 2 期。

15. 许军强:“长白山地表温度反演与地热分布特征研究”,吉林大学博士学位论文,2007 年。

16. 赵维加、潘振宽:“多体系统 Euler 方程的最小二乘法与违约修正”,《力学学报》2002 年第 4 期。

作者单位: 中国矿业大学 南京农业大学 国土资源部土地整理中心

发表刊物:《中国农村经济》2009 年第 4 期

成本快速上升背景下的农业补贴政策研究[①]

方松海　王为农

内容提要： 农业成本快速上升将对供需格局产生不利影响。供需双方随着社会经济不断发展的价格弹性将促成发散型蛛网效应风险，导致市场失灵，这是政府干预农产品市场的最基本理由，应对成本变化的补贴也是这个理由的延伸。根据对3省的典型调查以及14省（市）农户的偶遇调查分析，当前补贴政策有边际激励效果，但应对成本变化的作用未充分体现。此外，存在补贴目的认识不清、战略考虑不足等问题。对此，基于理论分析，本文明确了农业补贴思路，梳理了补给谁、补什么的问题，从战略层面尝试构建了生产补贴与成本变化的联动机制，以及生产补贴、价格支持与公共基础投入相互配合的灵活支持框架，并对近期农业补贴的调整方案提出具体建议。

关键词： 农业补贴　蛛网效应　边际激励　联动机制

---

① 本文是“中国经济学术基金”资助、国家发改委宏观院2008年重点课题“成本快速上升背景下的农业补贴政策研究”课题组集体创作的成果。课题负责人：王为农、方松海。课题组的其他成员如国家发改委产业所的黄汉权、蓝海涛、姜长云、刘中显、涂圣伟，中国农业科学院的钟钰，中国人民大学的马建蕾、赵淑芳等为本文的完成作出了重要贡献。还有许多人在本项课题的完成过程中，不同程度地付出了许多精力和智慧，在此无法一一具名，只能以课题组的名义一并表示感谢。

近年来，我国农业成本上升的问题比较突出，尤其2007年以来成本上涨迅猛[①]，给农业生产带来了深远影响。为稳定农业生产者收益，促进粮食等基础农产品供给持续增长，确保国家粮食安全，从2004年开始国家全面对粮食种植实行直接补贴并不断加大力度、增加类型、扩大范围，取得较好成效。然而，对于为什么补贴、该怎么补贴、补贴效果如何评价等，并没有一个系统的分析和总结。同时，补贴政策的制定如何充分地考虑农业生产成本变化的影响，也有待深入探究。本文将从理论、国际经验和国内补贴实践三个层面尝试回答以上几个问题，并结合农业成本变化的趋势判断以及当前补贴政策存在的不足，提出应对成本变化的补贴思路，构建补贴主体框架和若干循序渐进的改进方案。

一、我国农业生产成本的变化及其影响

（一）我国农业生产成本变化的特点

概括而言，近年来我国农业生产成本[②]的变化主要有以下几个特点：

1. 周期波动特征突出、上升态势明显。自20世纪90年代以来，我国多数农产品成本变化表现出明显的周期性：90年代初期开始上升，1998年前后开始下降，到2001年前后又进入新一轮的上升过程。在周期变化过程中，新周期上升阶段的起点，往往明显高于上一周期上升阶段的起点，并且只是略低于上一周期成本上升阶段的最高点，呈明显上升态势。本轮上涨始于2001年，2004年

---

① 本文所指“快速上升”的含义是：成本涨幅快于以往年份，也快于产品价格上涨速度。

② 农业生产成本主要包括以农业生产资料为主的物质费用、劳动费用及土地费用。对家庭经营而言，实际发生的成本主要是农业生产资料的支出，劳动及土地更多体现为机会成本。对租地、雇工经营的农户，后两种成本都是实际发生的。在本文中，我们将机会成本与实际成本对经营者的影响视为同质，不作区分。

以后尤为突出。按单位产品总成本真实价格①来衡量，2001~2006年3种粮食（稻谷、小麦和玉米）、2种油料（花生和油菜籽）平均成本分别上升了14.4%和8.3%；其中2004~2006年两年间，3种粮食、2种油料平均的总成本分别上升了15.7%和13.2%（见图1）。近两年，农产品成本上涨更加迅猛，根据2008年6月安徽巢湖市调查②，2008年同2006年相比，每亩油菜籽、中籼稻和每头生猪的总成本分别上升了23.3%、53.9%和75.6%③。

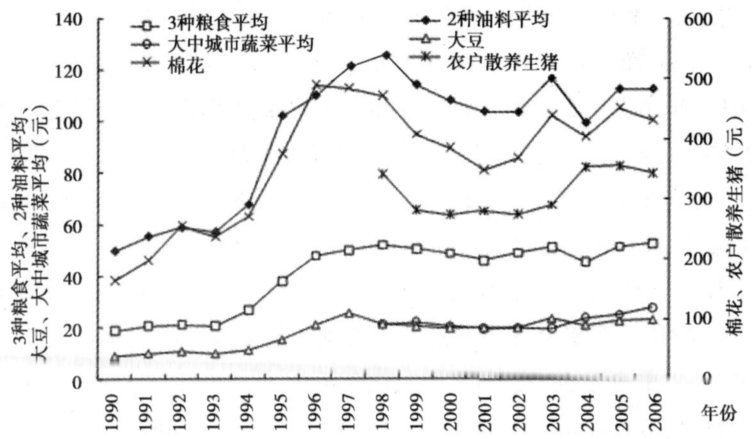

图1　1990~2006年我国农产品每50公斤主产品总成本的变化（真实价格）

2. 主产区和发达地区变化幅度较大。如晚籼稻，2004~2006年全国平均每50公斤主产品总成本④增加了11.6%，而我国稻谷

① 扣除通货膨胀因素（把年度价格除以CPI指数），若按年度价格（名义价格），变化趋势基本相差无几。

② 本文涉及安徽省、巢湖市、无为县、南陵县，江苏省、泰兴市、建湖县，辽宁省朝阳市、朝阳县、北票市的数据均来自课题组于2008年6月和8月对这些地区的调研。这3省调研是课题组核心成员直接参与的典型调查，调查包括了省市县乡各级相关部门负责人和企业、村干部、村民等各个相关群体的代表，以集体座谈为主、个别访谈为辅。

③ 按调查数据计算，未扣除通货膨胀率（但影响不大）。

④ 按年度价格。以下同。

生产大省安徽、江西、湖北、湖南省却分别增加了18.8%、14.4%、16.4%和14.0%，经济发达的省份如浙江、福建、广东每亩成本分别增加了15.8%、24.5%和12.1%，均高于全国平均水平。在小麦、玉米、大豆、生猪等大宗产品的生产上，都存在着类似情况。

3. 能源价格主导型成本①、精饲料费增量突出，人工、土地成本涨速加快。在2001~2006年，3种粮食的能源价格主导型成本平均增加65.6元，占总成本增量69.6%；农户散养生猪每头精饲料费增加123.8元，占总成本增量80.0%。在人工成本方面，2001~2006年，3种粮食和2种油料平均家庭用工日工价都提高了62.5%，雇工工价分别提高了67.2%和43.7%。近年来，工价上涨更为明显。如辽宁省朝阳县，2008年平均雇工工价从2003年的40元增加到80元，4年间增长了1倍；从2006~2008年，安徽省巢湖市中籼稻生产的平均日工价由14.1元增加到35.0元，两年增幅达148%。对于稻谷、油菜籽、棉花、蔬菜等用工较多的农产品生产，人工成本成为总成本上升的首要因素。此外，土地成本也是推动种植业产品成本上升的主要因素之一，其提高速度通常还快于总成本的提高速度，占总成本比重明显提高。

4. 近两年农业生产成本增幅远超农产品价格上升幅度，急剧挤压农业生产获益空间。以化肥和玉米为例，从2007~2008年，辽宁省北票市尿素、嘉吉二铵、三元复合肥的涨幅都在35%以上，而玉米价格仅提高了1.4%（见图2）。在成本快速上涨的挤压下，2008年安徽省南陵县早稻亩均净收益比上年减少33.7%，江苏省泰兴市粳稻亩均净收益下降12.0%，辽宁省朝阳市玉米亩均净收益减少28.6%，生猪养殖收益则急剧下降77%（见附表1）。

---

① 在农产品成本中，能源价格主导型成本有化肥费、农药费、农膜费、排灌费、燃料动力费等。

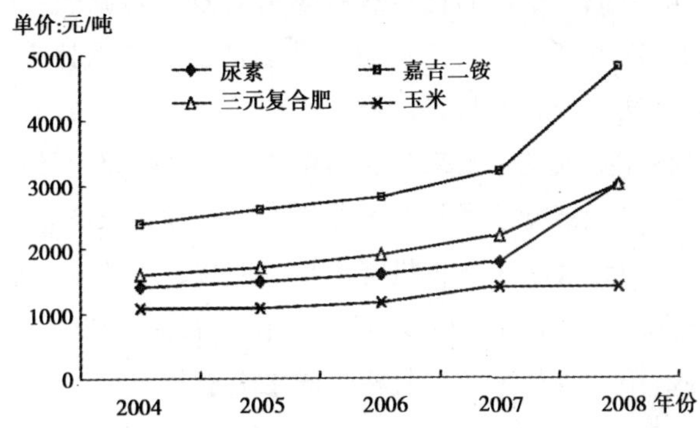

图2 2004～2008年辽宁省北票市化肥、玉米价格变化情况

（二）成本上升的深层原因

在经济稳步增长的背景下，成本的变化有两种表现形式：一种是波动上升型，以能源相关的农资成本为代表；一种是稳步上升型，以劳动力和土地成本为代表①。在一定时期内，成本能够上升的原因是：在技术没有发生新的重大变革的情况下，能源、劳动力、土地的需求持续上升，而供给量无法长期持续上升。第一类成本在上升中会有经常的波动，原因之一是国际市场投机资本的介入；第二类成本没有投机资本推波助澜的条件而且国际因素影响较小，上升相对平稳。

1. 与能源相关的农资价格本轮加速上涨是世界经济持续增长背景下投机资本炒作的直接结果。以最具代表性的化肥、农药、机械作业费为例：我国化肥生产的成本构成中，煤炭、电力和天然气已占60%以上②；在农药生产成本中，各种有机中间体原料③也占

① 在一定的发展阶段，劳动力、土地价格的变化与经济的增长正相关。经济的稳定、持续发展是其价格持续上涨的假设前提。一旦经济环境发生剧烈的变化，其价格水平必然会受到相应的冲击。

② 2003年数据。如作为我国“化肥第一股”的煤头尿素企业湖北宜化当年的主营成本构成是：煤30%、电32%、制造费用23%、蒸汽7%、其他费用8%。

③ 如甲苯、二甲苯、甘氨酸、黄磷等。

60%左右，而石油、矿产品正是这些原料的重要基础①。化肥、农药行业对相关能源、原材料的消费占社会消费总量的比重均较低，很难形成对这些能源、原材料价格的影响力②，只有被动地接受上游价格。机械作业成本主要来自农用柴油，柴油价格直接与石油价格挂钩。在世界经济持续增长的大背景下，石油需求旺盛，而在石油供给紧张的舆论环境中，投机资本推波助澜，石油期货价格持续快速走高，并一度超过了140美元/桶。国际石油价格快速上涨时，化肥、农药、柴油等相关产品价格也随之上涨③。

2. 劳动力、土地成本持续上升是国内经济持续高速增长，工业化、城镇化进程加快的必然结果。从就业增长指数④看，2003～2007年，劳动力非农就业增长指数的变化与1992～1996年相似，出现了新一轮的农民工浪潮（见附图1）。从2003年开始，一系列力度较大的惠农政策相继出台，劳动力从事农业的比较收益明显提高。同年，部分地区开始出现民工荒，第二年各地相继给农民工涨工资，农业家庭用工的工价也随之上涨。不管是农业比较收益提高还是劳动力开始出现短缺⑤，这种上涨趋势都不可避免。土地成本的上升，一方面来自工业化、城镇化进程快速推进，土地需求旺盛而供应日趋紧张导致价格上升，因为连锁反应提升了农业用地的市场租金；另一方面，免税、补贴、提价等惠农政策也提高了农业用

---

① 2003年，作为国内最大的农药上市公司的新安股份的原料成本构成是：甘氨酸36%、亚磷酸二甲脂32%、多聚甲醛12%、甲醇5%、电力等15%。

② “价格成本双变动，拷问生产资料行业景气”，《中国证券报》2005年5月20日。

③ 国际原油2003年平均每桶约为27美元，2004年、2005年和2006年分别上升到40美元、55美元和60美元左右，2008年7月份最高每桶接近147美元，比2003年的平均水平增加了4.4倍。之后，随着金融危机的爆发、泡沫破灭，油价持续下跌，至2008年11月底已跌破50美元。

④ 就业增长指数是当年就业人数除以上年就业人数的值。非农产业（第二、三产业）与农业（第一产业）增长指数之比等于非农产业就业增长指数除以农业就业增长指数。大于1说明非农产业就业增长速度快于农业就业增长速度。

⑤ 即出现刘易斯拐点。

地的潜在收益，从而提升了价值。

（三）成本变化趋势判断

1. 由投机因素主导的国际能源价格波动，必然使农资等下游产品涨跌互现。经历了较长时间的疯狂上涨之后，能源价格的回落之势已经出现。随后必将拉下国际上相关的化肥、农药、柴油等能源类农业生产资料价格。但调整到底之后，若无法对投机资本产生有效制约，新一轮的涨价过程必将重新出现。国内石油价格的调整并没有与国际同步，部分依赖于国内原料的农资，其价格变化不管涨跌都会相对缓和；但大量依赖国外市场的物资（如化肥），将不得不经受相应的冲击。就养殖业而言，精饲料成本与玉米等粮食类价格直接挂钩，饲料涨价源于玉米等原料涨价，玉米涨价主要原因来自因石油涨价而实施的生物能源战略，而石油价格下跌，对养殖业的成本来说，可能是个利好消息。

2. 劳动力、土地等成本将随我国经济发展而持续上升。在世界金融危机大背景下，我国吸收大量劳动力的中小型及外向型企业受到较大冲击，势必对劳动力需求从而对劳动力价格产生不利影响，可能在短期内抑制劳动力成本上升势头。但从中长期看，只要我国经济保持稳健增长，劳动力成本继续上升的趋势就不会改变。出于国家战略的考虑，在未来发展中，我们将坚守 18 亿亩耕地的红线，建设用地紧张和地价上涨的问题也将持续。此外，无论种植业还是养殖业，出于节水、环境、食品安全的考虑，农产品生产的用水成本、环境成本和防疫、检验成本也将不断增加。

所以，我们的判断是：在未来中长时期内，我国农业生产成本总体上还将继续保持上升的趋势，并且很可能在某一个阶段内继续出现快速上升的局面。

（四）成本快速上升对农业生产的影响

1. 农业生产成本近年来的迅速提高，引发了农业发展方式的变化。如一些地方优质高产品种和轻简栽培技术[①]得以迅速推广，耗费体力较大的病虫害防治和农作物收获等环节逐步实行机械化操作。生产成本低、补贴高、种植管理简单方便的品种和种植类型日益受到青睐[②]。从长期看，农业生产资料价格提高，对发展节约、高效农业会有直接的推动作用。但技术变迁需要时间，难有立竿见影之效。在新技术短期内无法实现的情况下，生产成本提高，不仅严重侵蚀着减免农业税、农业补贴等惠农政策带给农民的好处，也给农业生产带来严重的负面影响。

2. 收益下降挫伤农民增加农业投入的积极性。由于近两年成本快速上升，超过农产品价格提高幅度，生产收益下降，不少农户削减农资、人工和农业技术投入，许多地方种植业复种指数下降、精耕细作减少，“冬闲田”、“抛荒田”增加。课题组对14个省（市）的农户调查[③]发现，面对生产成本急剧上升，多数农户除了希望粮价上涨和政府加大补贴外，自身显得无能为力[④]，另有1/3农户表示会减少投入，主要是减少化肥、农药的使用量或者改种其他作物或缩减规模[⑤]。

3. 导致局部地区农业现代化出现倒退。如辽宁省北票市，近年来由于农机作业成本迅速增加，许多农户被迫缩减农机作业量。

---

① 以直播、抛秧为代表。

② 安徽省近年来小麦种植面积扩大、油菜种植面积减少，与此有很大关系。

③ 根据对14个省（市）返乡调查217个农户样本整理。返乡调查于2008年7~8月进行，14个省（市）包括安徽、河南、湖北、湖南、吉林、江苏、江西、辽宁、山东、山西、陕西、四川、重庆、天津等。出于调查的方便性、真实性考虑以及经费的限制，这次调查委托中国人民大学20名学生利用暑假返乡的机会进行。这些学生家在农村或与当地农村有密切联系，所获信息真实度较高；调研之前进行了专门的培训，对问卷的把握也比较准确。样本点的选择不管是省份、地区还是农户，事前都没有特定的预设前提，唯一的要求是被调查户不能一点地都不种。该调查属于偶遇抽样，必然存在误差无法评估。即便因此我们无法直接通过这些样本推断全国整体的情况，但至少可以反映相当一部分群体的状况，而且反映的情况可信度较高。本文所涉及的农户数据若无另加说明，都来自于本次返乡调研。

④ 在150个回答者中，58.0%的人没有应对办法。

⑤ 如双季变单季、减少面积等。还有少部分表示会改变种植技术或外出打工。

该市农机作业量由 2006 年的 589.30 万亩，减少到 2007 年的 408.78 万亩。目前，该市部分耕地的草荒、板结现象严重，很大程度上是因为机械作业成本高，部分农民不愿利用农机进行轮翻或深翻。江苏省调查也发现，许多农户为了减少农机作业支出，甚至由机械作业回归手工作业。

二、成本快速上升背景下进行农业补贴的理论依据

面对农业生产成本快速上升、比较效益下滑的状况，学界和政府相关部门几乎已形成共识，需要对农业进行大力补贴，以保护农民从事农业生产的积极性、稳定农产品供给。为了更好发挥补贴效力、构建更完善的应对成本上升的补贴政策体系，需要充分理清补贴背后的理论依据。根据现有研究基础，我们将农业补贴界定为：以引导农业生产和经营为直接目的对生产经营主体提供的财政转移支付①。根据本研究需要，具有直接或间接降低成本效果的补贴归为“与成本相关的补贴②”，下文将以这类补贴为主线，结合其他与应对成本变化相关的支持政策③进行系统考察。

（一）农业补贴理由探讨

在关贸总协定农业谈判开始之前，世界各国增强本国农业竞争力、促进农产品出口或保护本国农产品不受冲击是实施农业补贴的重要理由（如雷纳、因格尔森特、海恩，2000）。但是，后来的农

① 在此定义下，针对农业的投资、公共品、奖励以及生活性的补贴都不属于我们要考察的农业补贴范围。

② 当前我国这类补贴主要包括：对种粮农民的直接补贴、农资增支综合直补、良种补贴（包括水稻、小麦、玉米、大豆、棉花、油菜、生猪、奶牛等）、农机具购置补贴、能繁母猪养殖补贴、生猪规模养殖补贴等。

③ 如价格支持、公共基础投入等。WTO《补贴与反补贴措施协定》将补贴定义为，“成员政府或者任何公共机构向产业或者企业提供的财政资助，包括直接的资金转移、潜在的资金或债务（如贷款担保）的直接转移，放弃或未征收在其他情况下应征收的政府税收（如税收抵免之类的财政鼓励），政府提供除一般基础设施外的货物或服务，或者购买服务，任何形式的收入或价格支持。”这两项政策处于 WTO 所界定的范围，可视为广义补贴。

业补贴理由回归农业本身，主要包括农业的基础地位、弱质性、外部性、供求弹性等。此外，政治力量博弈也构成了解释补贴的一个独特视角。

1. 现有农业补贴理由及其问题。（1）关于农业的基础地位。农业是国民经济的基础产业，具有其他产业所不具备的、不可替代的特殊地位和作用（李茹，2003；熊艳，2004；宗义湘，2006等），这个论述经常直接构成对农业进行补贴的理由。但是具有基础性地位并不必然产生补贴的需要，同样作为工业化时期社会经济基础性产品的能源，并没有保护或者补贴一说。对一个国家而言，农业的基础性地位在任何时期都没有改变，甚至在工业化时代到来之前表现得更为突出。恰恰是在工业化初期农业没有补贴，到了工业化中期以后，农业补贴等农业支持政策才相继出现。基础性地位只是构成补贴理由的一个要素，而非全部。（2）关于农业弱质性。认为农业弱质性并以此作为补贴理由的大有人在，其理由大体包括自然和市场的双重风险（李建平，2007；徐逢贤、唐晨光、程国强，1999）；生产周期长、生产条件和外部环境差（汪洋，2003）；市场扩张能力差、比较收益低（靳黎民，2007；李建平，2007；何忠伟，2005等）。但也有不少人认为，农业并不是天生的弱质产业（如严立冬，2001；雷海章，2002等）。自然风险并不能成为农业弱质的理由（王东京，2005）[①]，而农业比较利益低是最基本的客观经济存在，是向工业社会迈进的根本原因。若因为农业比较利益低就实行保护实质上等于阻碍社会分工发展（周咏，2001）。（3）关于农业的外部性。农业正外部性的收益，在市场机制调节下并不能转化为农业生产者的收益，需要政府通过补偿予以调节、

① 周咏（2001）也认为，农业最主要的特点就在于利用自然力，这是其他产业不具备的优势。很难准确估计出利用自然力是优势大于风险，还是风险大于优势。

干预[①]。同时，农业和工业一样都具有污染环境的负外部性[②]，同样需要政府采取措施予以改进[③]（祖田修，2003 等）。这是当前讨论得比较充分的、可以自成一体的补贴理由。但这个理由仅解释了一般的农业补贴，对特定农产品的补贴项目无法触及。（4）关于农产品供求弹性的特殊性。许多人认识到农产品供需任何一方轻微变化，都会导致农产品价格更大幅度甚至剧烈的波动，从而通过产业关联，引起国民经济波动。为了保证农业和国民经济平稳发展，应该对农业进行补贴，平抑价格波动（吴晓华，1995；靳黎民，2007；李建平，2007）[④]。这种理由最贴近经济理论本质，但由于没有更深一层分析，只能停留于解释波动，却无法解释发展中国家与发达国家在处理相同问题上的巨大差异。（5）关于政治博弈。安德森和速水佑次郎（1996）从政治博弈的角度分析不同发展阶段的国家对农业保护政策取舍的理由，解答了为什么能补贴，也从政治的层面回答了不同发展阶段的差异。但对于为什么要补贴，并没有给出很好答案[⑤]。

---

① 农业可以保证食品供应，保障国家粮食安全（祖田修，2003；李建平，2007 等），还具有增加就业、消除贫困等功能，可以维护社会稳定以及国民经济各部门均衡发展，给全社会提供了一种稳定的基础环境（祖田修，2003 等）。农业生产系统是农业生态系统和农业经济系统相互融合的生态经济复合系统。农业生态再生产的实现问题，基本上不能通过市场竞争在物质上和价值上得到补偿。因此，国家和社会必须给农业以必要的保护与支持，以增强农业生态再生产的自生能力和自净能力（祖田修，2003；何忠伟，2005；李建平，2007）。此外，农业在生产农产品的同时还具有形成农业景观，维护生物多样性等非商品生产功能，它使农业生产的私人成本与社会成本发生差异，造成“市场失灵”（李建平，2007）。持相同观点的还有：马晓河，2003；汪洋，2003；沈淑霞，2004；宗义湘，2006 等。

② 如化肥和农药的大量使用引起土壤和水质的污染等等（祖田修，2003）。

③ 如鼓励发展绿色和有机农业等（李建平，2007）。

④ L. 阿兰·温特斯（L. Alan Winters，2000：第 22 页）也有类似提法（农产品供给的不稳定性、需求的刚性等）。

⑤ 速水佑次郎等（2003）的研究对生产者剩余、消费者剩余及国家整体福利损失的角度比较了关税、进口数量限制与补贴效果的区别，也分析了不足支付与生产补贴的共同点，分析已经很到位。本文的研究任务决定了以应对成本快速上升的补贴为重点，较少涉及不同补贴手法的比较，所以对生产者剩余、消费者剩余问题不再重复展开分析。

2. 市场经济特定阶段实行农业补贴的理论探讨。直观上看，农业补贴主要有两种类型，一种是出于稳定市场目的而使用的补贴；一种是出于贸易需要的补贴。本质上，前者是在需求既定情况下，通过调整供给稳定市场；后者是在供给既定情况下，通过扩大需求来稳定供需格局。两者背后的共同逻辑都与稳定供需有关，而稳定供需格局的需要都来自农产品供需弹性问题。

在市场机制下，政府之所以在发展到一定阶段后需要采取补贴等手段，支持农业生产、干预市场，理由有两种：第一，对于有具体指向性的基础农产品①补贴，原因在于到了特定发展阶段，基础农产品长期生产价格弹性远大于消费价格弹性；第二，对于普惠型、没有具体指向性的农业补贴，原因也在于生产、消费的价格弹性发生了类似变化，只不过从基础农产品的范围扩展到整个农业生产，从食品扩大到生态环境。对于普惠型、没有具体指向的农业补贴，基本属于 WTO “绿箱” 政策范畴，若财力允许，多多益善，既不抵触世贸规则，又可培育国内农业长期生产能力。但需要从经济学角度仔细探讨，并在实践中谨慎使用的是有具体指向性的、针对基础农产品的补贴。

（1）对基础农产品补贴理由有三要素：基础农产品、长期生产价格弹性、消费价格弹性。三者缺一不可。习惯简单认为农产品消费价格弹性低，其实并非所有农产品在任何时候都是这样。在低收入人群中，蔬菜、水果、水产品、大部分肉类等，消费价格弹性就比较高。这种弹性因经济水平、消费习惯不同而不同。只有关系国计民生的基础农产品，不管在什么阶段、什么国家，其消费弹性都比较低。从经济学意义上来说，产品关系国计民生、关系社会稳定，其实也表现为消费价格弹性低。

对农产品生产价格弹性，经典论断是短期弹性小、长期弹性

① 基础农产品指关系国计民生的粮棉油，且以粮食最为突出。

大[①]。但这种判断仅基于有自由职业选择权的环境和充分发育的就业市场，并不适用所有发展阶段的国家。很多发展中国家，即便走的是市场经济模式，因为职业选择的有限性，也未必具有这种特点[②]。

（2）农产品生产价格弹性变化促使发散型蛛网形成。经济发展和社会进步，往往增强了经济主体自由选择能力、降低了劳动转移成本。微观农户模型分析[③]表明：当外出务工变得越来越容易、限制越来越少的时候，农户选择务工还是种地更多地取决于务工和种地的比较效益。当务工收益高于农业生产边际收益达到一定程度[④]时，理性的农户会选择放弃农业生产。而且，转移成本越低，弹性就越大。在工业化加速推进的过程中，农民外出务工越来越容易，收入越来越高，相比而言，如果农业生产比较效益严重下滑，而且不采取相应干预措施，有能力自由选择的农民用脚投票的结果就是放弃农业。对粮食与非粮食种植的选择也是如此[⑤]。

进一步的简易宏观模型[⑥]分析表明，生产价格弹性 η 与农业生产边际产出 F'_1、产品价格 p、损耗系数 ε 以及边际非农收入 G'_1（如工资）有如下关系：

$$\eta = \frac{F'_1 p}{(1-\varepsilon)G'_1 - F'_1 p} \tag{1}$$

---

① 如萨缪尔森、斯蒂格利茨、曼昆等在其经典教科书所言。

② 在发展初期，劳动力转移门槛较高，农产品市场空间较小，农业经营类型及职业自由选择机会有限，生产长期价格弹性往往比较低；只有到了一定发展阶段，职业转移成本降低，农产品市场空间扩大，市场主体自由选择能力增强，农产品生产的长期价格弹性才相应提高。

③ 读者若对具体分析感兴趣可与作者联系。

④ 取决于折损系数（即转移成本系数）大小。

⑤ 当各种农产品市场空间逐渐扩大、生产技术壁垒逐渐降低时，农户在决定是否种植粮食的问题上也有了更多的回旋余地。

⑥ 该模型以家庭模型为基础，所不同的是，从经济体的层面来看，产品价格是产量的函数 $p=p(F)$，且 $P'<0$。其他所有变量的含义与家庭微观模型的变量含义一致，只不过从一个家庭的范围变成了一个经济体（国家）。新古典分析框架一般不考虑劳动转移成本，本研究将劳动转移的损耗系数引入弹性分析，这与新古典分析有较大区别。

因为 $p'<0$，且 $\eta=\frac{p}{Fp'}$，所以 $\eta<0$。当 $(1-\varepsilon)\ G'_1>F'_1p$ 时，η 不存在；当 $(1-\varepsilon)\ G'_1<F'_1p$ 时，$|\eta|=\frac{F'_1p}{F'_1p-(1-\varepsilon)\ G'_1}$，$|\eta|$ 与 G'_1 成正比，与 ε 成反比；当 $(1-\varepsilon)\ G'_1=F'_1p$ 时，$|\eta|$ 无穷大。相应的经济含义是：（1）如果扣除了劳动转换成本后的最低非农收入还大于农业边际收益，那么将无人从事农业生产；（2）当扣除了劳动转换成本[①]之后，最低非农收入小于农业边际收益时，最低非农收入（如最低工资）越高，农产品生产的价格弹性越高；劳动转换成本越低，农产品生产的价格弹性越高；（3）如果扣除了劳动转换成本之后，最低非农收入等于农业边际收益时，农产品生产的价格弹性无穷大，即农户可以非常自由地选择是否从事农业生产，价格稍微提高，可以大幅度地增加生产，而一旦价格稍有降低，可能所有人都放弃农业。

对农户而言，劳动转换成本越低，非农就业越方便，以多大的精力投入于农业生产，取决于农业生产收益与非农就业收入的比较。从一个国家的层面上看，劳动转换成本越低，农产品生产的价格弹性越高；非农就业的工资水平越高，农产品生产的价格弹性也越高。模型分析从微观和宏观两个层面上解答了农产品生产价格弹性变化的依据。在许多发展中国家发展初期，国家采用了剥夺农业的政策而农业依然持续发展，而在许多经济发展程度较高的发达国家，国家不得不采取补贴、支持农业的政策换来农业的稳定发展，这背后的重要原因之一就是农产品生产价格弹性的变化。经济发展带来就业机会增加、社会进步使得职业转换成本降低，而农业劳动力转移到一定程度产生了劳动力的紧张从而提高了非农就业的最低工资水平。这三个方面的原因不断提高农产品生产的价格弹性。另

① 劳动转换成本不纯粹代表转换的费用，它包括了精神、时间、便利等方面的损失，可用广义的效用评价来衡量。与收入的比较则属于效用等价评估的问题。

一方面，居民消费用于食品的比重越来越低，对食品价格变化敏感度也在降低，基础农产品需求价格弹性小的特征越发突出。供需双方价格弹性的变化使得基础农产品进入了发散型蛛网的高风险状态，容易引起价格、供应量大起大落。所以，到了这个阶段，纯粹依靠市场无法造就稳定的基础农产品供给格局，需要政府干预市场①。

3. 补贴理由小结。具有基础性地位的基础农产品在工业化发展到一定阶段后，由于供需弹性的变化②产生了发散型蛛网的风险，容易引起供给大起大落，危及社会安全，需要政府通过补贴等干预手段稳定市场③。这是为什么要对基础农产品的生产实行补贴的核心理由。对农业的一般补贴是这个理由的延伸，是在政府能力所及的情况下，从产量干预向产能干预的提升，从稳定供给向补偿外部性的拓展。至于为什么能够补贴则可以通过政治博弈理论得以解释（如图 3）。

（二）成本快速上升对基础农产品发散型蛛网的触发机制及干预对策

农业生产的特性④决定了产品价格无法对投入品价格的变化及时反应。农业生产资料、劳动力或土地要素的成本快速上升，将直接使得农业经营主体调整要素的投入分配，减少在农业上的要素投入，由此可能减少农产品产量。为了更直观地理解成本快速上升对基础农产品供给格局的影响，我们将使用假设案例模拟成本变化对基础农产品发散型蛛网的触发过程，并对生产补贴等各种干预手段进行初步比较。

---

① 发达国家之所以需要保护农业、发展中国家之所以能够剥夺农业，根本原因也在这里，而不仅仅是安德森、速水佑次郎（1996）所强调的政治博弈的结果。

② 需要强调的是变化过程，而不是以往不变的假设。

③ Winters（1990）、速水佑次郎、神门善久（2002）也认为，政府干预的主要目的是维持农场收入、价格和收入的稳定、支持农村社区发展、确保食物供应的稳定和安全。结论一致但出发点有所区别，他们没有考虑生产弹性动态的变化。

④ 投入和产出较长的时间间隔。

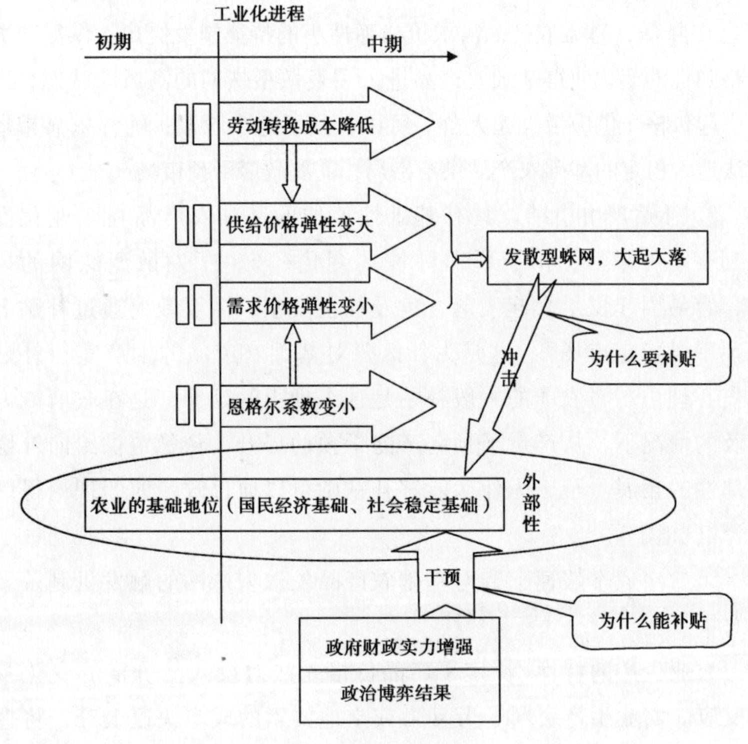

图3　农业补贴理由

1. 发散型蛛网触发过程模拟。以农业生产资料涨价为例：在基础农产品生产中，农资使用量的价格弹性、基础农产品产量的要素投入弹性较小①，而基础农产品生产价格弹性大、消费价格弹性低②。不妨设农资使用量的价格弹性为 -0.5，即价格上涨 1%，用量减少 0.5%；产量的要素投入弹性为 0.6，即要素投入增加 1%，产量增加 0.6%；价格的产量弹性为 -2，即产量增加 1%，价格下跌 2%；生产的价格弹性为 2，即价格上涨 1%，产量增加 2%。现

①　属常态。

②　也可以反映为价格的产量弹性大。

在假定农业生产资料价格上涨了 10%，由此改变了既有均衡，在其他条件不变的情况下，将产生如下连锁反应：农资用量将减少 5%，基础农产品产量将减少 3%，这批农产品上市时将使价格上涨 6%；而农资价格因上期上涨太多，过早释放了涨价能量，此时价格变化不大，而产品价格上涨大大刺激下期的基础农产品生产，新产量将增加 12%；因为供大于求，且需求价格弹性小，新产品上市时，价格将大幅下跌，跌幅达 24%，基础农产品的生产将急剧萎缩，而新一轮的价格上涨又将重新开始（见图 4）。

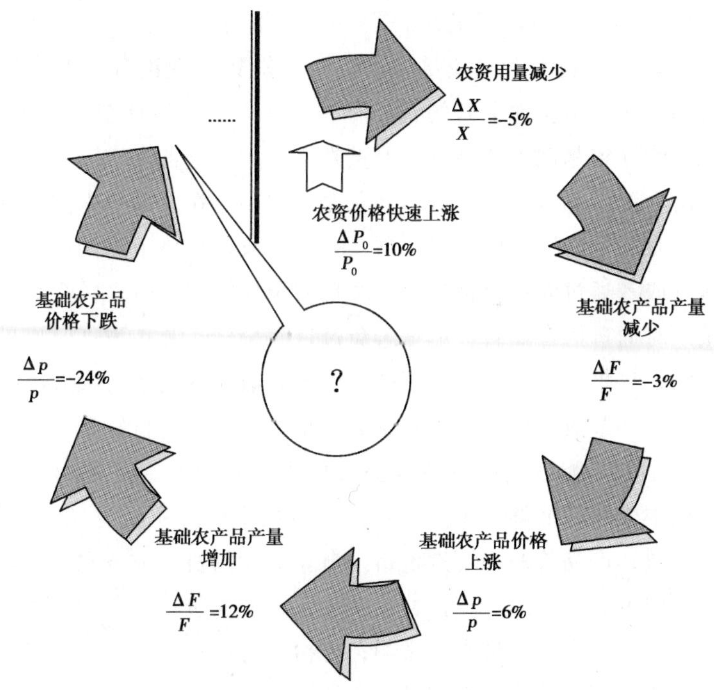

图 4 农资大幅涨价对基础农产品发散型蛛网的触发机制模拟

当然，我们这个假设案例只是一个简单抽象，弹性的值只是一个很不准确的估计，而且没有考虑弹性可能发生的变化，而且还有很多现实条件没有考虑。比如，由于耕地数量的制约、要素转换成本的约束以及在不同生产区间不同经济发展阶段供需弹性的变化，实际反应并不会像这个假设案例所描述的那么激烈。但是，如果放任市场调节，一旦生产成本发生大幅度改变，在一定阶段、一定的生产区间，基础农产品供给大起大落的可能性是存在的。必须强调的是，这里讲的是农资价格大幅度上涨。如果只是小幅度上涨，在下一轮引发农产品价格上涨的时候，由于潜在收益增加，可能增加对农业生产资料的需求量，从而继续拉高农资价格，抵消一部分潜在收益，从而抑制下期农产品的增加，市场可以自行较快地恢复平衡。

2. 成本快速上升时应尽早采取干预对策。理论分析及模拟结果表明，在成本快速上升的背景下，放任市场自行调节并不可取，很有可能导致基础农产品供需严重失衡、大量经营者难以为继，甚至市场崩溃。此时政府的恰当介入尤为重要。在发散型蛛网形成过程中，有三个阶段政府可以干预：一是在农资价格上涨的同时，抑制涨价或者通过农资价格补偿，尽量避免农资用量过多减少；二是在减产时通过抛售储备，尽量避免过度涨价；三是在增产时通过收购吸储，尽量避免价格过度下跌。由于发散型蛛网的放大效应，越到后面，调节成本越大，风险越大，干预介入的时机宜早不宜迟。

3. 直接补贴、价格支持及公共投入应对成本上升适用条件有别。成本变化后能够对生产结果产生直接影响的主要有三类因素：技术函数，产品价格和要素价格，自家劳动的机会成本和自家土地的机会成本。相应地，直接补贴在于弥补要素价格、劳动机会成本和土地机会成本上升带来的影响；价格支持通过改变产品价格促成新的均衡；而公共投入则通过改变技术函数，提高产能或者减少对不断涨价的生产要素的依赖。农户生产决策大多依据当期投入品价格以及上期产品价格，产品价格干预并不能对投入品价格的变化起直接作用，仅有事后调节功能。能起到事前控制作用的是直接针对投入品的补贴，以减少要素价格、劳动机会成本或土地机会成本提高后的负面影响。用以改变技术函数的公共投入尽管无法立竿见影，却属根本之策。所以，应对农业生产成本变化的长期、治本之策是加强农业公共基础设施建设、相关科研投入和技术推广应用；短期、应急之策是针对基础农产品进行生产补贴；产品价格干预仅在事后调节发挥作用。

三、国外经验借鉴与我国的特殊战略考虑

国外农业补贴实践已有70余年发展历史，很多经验值得借鉴，一些教训也需要吸取。对当前中国而言，制定补贴政策还需要充分考虑国际政治经济环境以及中国特殊的国情。

（一）国外农业补贴实践与启示

20世纪30年代，美国实行“罗斯福新政”应对危机，其中包括对农业实施了强有力的政府支持，农业补贴政策开始逐步形成。当时目的在于，通过增加农业生产补贴和出口补贴，提升农业生产力，拓展国际市场，保证粮食安全。战后各国农业补贴政策日渐成熟并广泛使用。日本、欧盟、美国是使用补贴政策最多的国家（地区），其他的农业优势国家如加拿大、澳大利亚和农业劣势国家如韩国、瑞士等也都广泛采用农业补贴政策。战后各国农业补贴逐渐增加，在20世纪80年代达到高峰后，通过乌拉圭回合谈判达成初步削减协议，各国扭曲性农业补贴开始减少。总的来看，各国农业补贴发展过程中，补贴绝对额不断上升，结构明显变化，价格补贴逐渐下降，农业生产者收入直接补贴大幅提高；早期以有特定指向性的专项补贴为主，后期适用面更广的综合补贴比重越来越大。

1. 价格补贴逐渐让位于收入补贴，各国收入补贴目标不尽相同。在1996年WTO农业协议执行后，美、欧、日都大幅度削减了价格支持力度，而以更大幅度增加了直接收入补贴。原因除世贸组织规则要求外，也考虑让农业投入获得社会平均利润率，让市场调节农业生产和经营。由于各国资源禀赋不同，收入补贴的目标和政

策有较大差别。美国资源丰富，其农产品不仅过剩而且具有明显的比较优势，直接补贴已基本与当前的生产脱钩。日本农业基本上处于劣势，增加生产是其实施生产补贴的主要目标[①]。

2. 补贴形式随着农业发展而调整，降低生产成本的专项补贴依然是重要组成部分。欧盟各国在20世纪40年代就开始对农民农田水利基础设施建设和购置农机具给予财政补贴，促进农业生产条件的改善。如英国在1947年开始对土壤改良、田间排灌和施用化肥给予补贴，法国20世纪60年代对农业机械进行补贴等。在20世纪90年代以后，欧美等国才逐渐开始使用限产支付和不挂钩支付来保障农民收入。日本的山区、半山区直接支付也是在2000年才出台。随着农业生产的发展，部分专项补贴因失去价值而被取消或者转变为综合补贴，但部分依然保留：如美国的农田水利设施建设贷款利息补贴和日本对农户生产设施投入的补贴等。

3. 要防止保护成本不断追加。农业保护政策一般具有追加性特点（卢锋，1998），农业补贴作为保护政策的一种也不例外。若处理不好，农业保护政策成本将不断增大。以日本大米保护为例：自1960年引入大米定价公式后，整个20世纪60年代，日本大米价格猛烈上升，不仅大大超过了国际市场价格，而且超过了国内市场供求均衡价格，上升的生产者价格刺激了生产和市场供给，大米产量因而增加，政府随之购买的大米数量增加尤其迅速，由于生产量大大超过消费量，结果政府仓库大米积存日益增多。购销价格赤字加上政府保管余米而付出的储藏费用，给粮食控制特别账户带来巨额亏损，且这一亏损随着政府购买大米数量的增加而增加。后来改为面积控制费用，而后续的面积控制和余米处理也耗费了大量的

---

① 如为了鼓励山区、半山区的生产，日本政府制定了《针对山区、半山区地区等的直接支付制度》，规定山区和半山区生产成本与平原地区生产成本差异的80%由政府直接支付。

财力[①]。

4. 制定补贴政策要充分考虑一国农业发展的历史和时代背景、资源禀赋和经济发展阶段。从价格支持到直接补贴，从专项补贴到综合补贴，本质上是投入不断加大、覆盖面不断扩展的过程。这种变化因针对性的弱化而减少了对农产品市场信号的扭曲，但同样改变了生产要素市场配置的格局，只是这种调整从农产品品种之间的调整变为农业与非农业之间的调整。以保证农业生产获得平均利润率的补贴，其实是对价格支持的深化，只不过将特定的产品价格泛化为一般的农业生产收益。美国2007年农场法提出的“农场整体收益保险”，也是在相同的逻辑框架下进行的操作技术层面的创新。需要注意的是，发达国家3000亿美元的农业补贴规模经历了长达70余年的发展。此时，农业产值在其国民经济中所占比例在2%左右[②]，农业人口在社会总人口中已降到较低比重。发达国家使用的补贴政策适合他们本国农业和经济发展的阶段性特征，但未必适合其他不同发展阶段的国家，这点我们必须有清醒的认识。印度等发展中国家在规则允许的情况下扩大“黄箱”补贴范围，这种做法值得中国借鉴。

（二）全球化背景下我国使用农业补贴政策的特殊考虑

当前中国实行农业补贴政策，除了经济学层面上的理由、除了博采众长，还必须考虑全球化背景和本国国情。现在我国已是世界贸易组织成员，面临着游戏规则约束、来自全球的竞争压力以及对农业产业安全的考验。作为一个发展中大国，农业补贴战略的制定还面临着人口、资源以及快速工业化和城镇化进程所带来的种种制约。

① 日本粮食控制特别账户的赤字1960年时290亿日元，占一般预算的1.6%，占农业总预算的17.4%，1965年时赤字增至1200亿日元，占一般总预算和农业总预算的比重分别增加到3.2%和29.8%，到1970年，赤字增至3740亿日元，是1960年的近13倍，占一般总预算和农业总预算的比重也分别增至4.6%和37.7%。后来，粮食账户赤字与面积控制费用一并构成的粮食控制成本1970年为4550亿日元，1975年增至9170亿日元，1980年为9560亿日元，此后才开始减少（冯海发、李溦，1993）。

② 其中，欧盟为1.4%，美国也在2%上下。

1. 世贸规则约束“黄箱”政策的使用。作为世界贸易组织成员，国内新补贴政策的出台，必需遵循中国入世谈判时对农业补贴所作的承诺[①]。从近年世贸谈判结果看，大幅减少扭曲市场的“黄箱”政策，已基本成为世贸成员的共识[②]。针对投入品价格上涨而实行的补贴多属典型的“黄箱”政策，这类补贴目前有8.5%的使用上限，必须妥善使用，使其在恰当时机发挥最大效力，而不能像撒胡椒面似的泛化使用，也不能固化成为只上不下的收入补贴，削弱其调节功能。

2. 全球化竞争压力与大国安全要求构建稳定、有效的农产品平衡机制。发达国家早期的农业补贴政策是以农产品进出口贸易为出发点制定的，目的是提高本国农产品的国际竞争力。现在，面临着来自全球的竞争压力、来自经历了足够的补贴哺育的农业生产群体的竞争压力，我们不可能也没必要进行出口补贴[③]，必需把相应的财力和精力放在通过各种综合支持措施练好内功、提升竞争力上面[④]。在全方位开放进程中，农业产业安全问题严峻而紧迫[⑤]。若不以恰当方式应对，国际竞争者极有可能利用农产品价格大起大落挤压国内生产，从而进一步操控国内价格，并可能引发进一步危险。作为一个有13亿人口且农业人口占多数的大国，基础农产品价格若大起大落，农业生产受到国际竞争者挤压，农民的就业甚至普通百姓的吃饭、生存都将成为大问题。利用世贸组织允许的游戏规则，构建防止基础农产品生产及价格大起大落的机制，其意义已不止于经济领域。

3. 工业化、城镇化迅速发展与职业自由选择扩大了农产品供

① 中国在加入世贸组织的谈判中，作出关于农业补贴的主要承诺是：(1) 中国不对农产品出口进行任何补贴；(2) 在国内支持方面，中国的微量许可水平为8.5%；(3) 中国在超过微量许可水平之上的“黄箱”政策总补贴不能超过8.5%；(4) 中国不享受发展中国家的三项特殊减免待遇（参见何忠伟，2005，第53页）。

② 如2005年的《香港部长宣言》。

③ 世贸规则不允许，我国资源也不允许。

④ 当然，这不是本文关注的重点，只能点到为止。

⑤ 大豆、植物油产业的现状已经给我们敲响了警钟。

给波动风险。当前，我国正处于工业化和城镇化加速发展期，城乡劳动力就业壁垒正逐渐弱化，职业自由选择余地扩大，劳动力非农转移发展迅速，非农劳动力人数已经超过了农业劳动力人数，农业兼业状况相当普遍。这种情况下，农业生产价格弹性越来越大。价格弹性反映的是自由选择权，自由选择权扩大是社会进步的重要标志，这种状况在经济上的反映，以前我们并没有经历过。所以，必须以新的眼光、以足够谨慎的态度来看待生产成本、收益变化对农产品尤其是基础农产品供给的影响。

4. 小规模经营者利益需要重视。小规模经营是我国农业的典型特征。但在补贴政策选择上，容易考虑抓大放小、促进规模经营。这种看法有其合理性，但仅考虑了局部效率，忽视了小规模经营的民生问题。更危险的是，一旦忽视占大多数的小规模经营者利益，在不可预料的时期产生了共同退出的羊群效应①，后果不堪设想。所以，在补贴政策的制定上，除了重视大规模经营者，也要强化对小规模经营者的支持。

四、成本上升背景下我国补贴政策实践的分析

与世界各国农业补贴发展过程相似，我国的农业补贴也经历了从价格补贴到生产者直接补贴的变化。自农村改革之初至 2001 年，在我国每年用于农业的补贴中，价格补贴逐年增多②。早期的价格支持，采用“暗补”方式，通过流通领域间接地给予农民补贴。1993 年国家对粮食实行保护价制度③，并相应建立粮食风险基金和

---

① 羊群效应（Herd effect）：这是由个人理性行为导致的集体的非理性行为的一种效应。由于信息不充分，决策者很难对市场未来的不确定性做出合理的预期，往往通过观察周围人群的行为而提取信息。在这种信息的不断传递中，许多人的信息将大致相同且彼此强化，从而产生从众行为。

② 这些价格补贴主要用于两部分：补贴城市居民消费、农产品保护性收购（价格支持）及弥补国有粮棉油收储加工企业的亏损。

③ 粮食保护价由国家根据农业生产成本和粮食供求状况确定。

储备体系，价格支持由“暗补”变为“明补”，直接面对农业生产者。2001 年，为适应 WTO 农业谈判需要，针对粮食保护政策实施过程中出现的问题，以粮食直接补贴为核心的农业直接补贴政策应运而生。2002 年吉林东丰、安徽天长和来安 3 县进行了粮食直接补贴试点，2004 年以粮食直接补贴为核心的补贴政策在全国铺开，2007 年对奶牛、生猪养殖也实施了补贴。2008 年农资综合直补、粮食直补、良种补贴、农机补贴四项补贴资金共计 1028 亿元①。从目前看，补贴政策取得较好效果，在探索中也存在许多突出问题亟待解决。

（一）补贴政策实施效果②

1. 增强了农业综合生产能力。一是加快推进了机械化步伐。2001 年我国农机总动力为 5.5 亿千瓦，2004 年 6.4 亿千瓦，2007 年达到 7.6 千瓦。前 3 年累计增加 16%，后 3 年累计增加 19%。拖拉机保有量 2001 年为 1388 万台，2004 年 1567 万台，2007 年 1834 万台。前 3 年增幅不到 13%，后 3 年则达到 17%。政策效果明显。二是加快良种推广步伐。通过良种补贴实施，一大批优质良种通过项目带动被农户广泛接受。2007 年安徽省小麦良种覆盖率达到 98%③；江苏省优质专用小麦品种推广面积达 90% 以上，双低油菜种植比例达 95% 以上，优质水稻种植面积以每年 10 个百分点速度递增④。三是促进农村服务体系建设。各项补贴政策涉及县、镇、村、组、户和栽培、种子、农资、财政等，通过这些惠农政策的落实，服务链条延长，部门、学科之间的配套协作能力增强，新技术推广周期缩短，加强了农业服务体系。

---

① 2008 年 12 月 27 ~ 28 日，中央农村工作会议决定，明年将加大农业补贴力度，粮食直补、良种补贴、农机具购置补贴、农资综合补贴都要继续增加。其中农机购置补贴将达到 100 亿元，比 2008 年增加 60 亿元。

② 补贴效果评价及问题主要根据对 14 个省（市）返乡调查 217 个农户样本和皖、苏、辽 3 省调查资料归纳整理。

③ 当地政府部门提供。

④ 当地政府部门提供。

2. 补贴普遍受农户欢迎，存在边际激励效果[①]。（1）多数农户对各项补贴的发放标准比较满意。在2007年获得粮食直补的117个受访农户中，70%的受访者表示“比较满意”或“很满意”，回答不满意的农户仅占9.4%。获得过农资综合补贴、良种补贴的农户也大多对发放标准比较满意。对退耕还林退牧还草补贴标准评价度最高，72.4%的受访农户非常满意，没有不满意的。对能繁母猪补贴发放标准，22个接受过该补贴的受访者中有18个表示比较满意和很满意，占81.8%。（2）农户对农业补贴作用总体认可度较高，存在边际激励效果。绝大多数受访农户对各项补贴有积极的评价，只有不到10%的受访者认为补贴微不足道、不影响自己的生产。但在积极评价的背后，粮食直补、农资综合补贴和能繁母猪补贴对大多数人（60%以上的回答者）的作用只是“心里高兴”，“但不影响积极性”。这印证了“感恩充分、激励不足”的说法[②]。在假设没有补贴的情况下，绝大多数农户表示会维持目前的经营不受影响。其中，如果没有粮食直补，85.8%的农户会继续种粮；如果没有能繁母猪补贴，21个回答者只有1个表示会减少养殖规模。整体激励效果明显的是良种补贴和退耕还林退牧还草补贴，超过一半的人认为补贴提高了他们的积极性（见表1）。其中更多依赖杂交种子的中晚稻和玉米，良种补贴的激励作用更为明显[③]。对于粮食直补、农资综合直补和能繁母猪补贴，尽管整体激励作用并不突出（都小于30%），但边际激励效果明显：因为有了粮食直补，避免了10.8%的农户减少种植面积（见表2），而使28.5%的农户提高了积极性（见表1）。同样因为有了农资综合直补和能繁母猪补贴，分别有28%和21.7%的农户积极性相应提高。

---

① 激励了在种与不种之间摇摆的人群，提高了他们的积极性。

② 这是课题组在江苏、安徽两省调查时，有基层干部对补贴的评价。

③ 中晚稻良种补贴14个回答者有11个认为提高其积极性；玉米良种补贴5个受访者有4个认为提高积极性，还有1个表示心里高兴但不影响积极性。

小样本的 Pearson 相关系数分析（见表 3）进一步表明，补贴政策一定程度上防止了粮食种植面积大幅下滑，但并不能激励农户多种粮食。这种状况完全符合经济学的逻辑，可以大体认为，补贴政策避免了生产者中部分边际人群的退出，也提高了部分边际人群的积极性，总体上取得较理想的政策效果。

表 1　　农户对补贴政策激励效果的评价　　单位：户

	积极性提高了，增加种植面积或增加投入	心里高兴，但不影响积极性	补贴微不足道，不影响生产	总户数
粮食直补	35（28.5%）	76（61.8%）	12（9.7%）	123
农资综合直补	7（28%）	16（64%）	2（8%）	25
良种补贴	17（60.7%）	9（32.1%）	2（7.1%）	28
退耕还林退牧还草补贴	16（53.3%）	12（40%）	1（3.3%）	30
能繁母猪补贴	5（21.7%）	17（73.9%）	1（4.3%）	23

资料来源：根据 2008 年 7～8 月 14 个省（市）返乡调研资料整理。

表 2　　如果没有补贴对农户经营的可能影响

	没有补贴，也会继续种（养）	减少规模和改种（养）其他	其他	总户数
粮食直补	85.8%	10.8%	—	120
中晚稻良种补贴	71.9%	—	15.6%	32
能繁母猪补贴	95.2%	4.8%	—	21

资料来源：根据 2008 年 7～8 月 14 个省（市）返乡调研资料整理。

表 3　　补贴政策与农户粮食种植面积变化相关系数

指　标	2008 年减少种植面积	2008 年增加种植面积
Pearson 相关系数	−0.283***	0.051
显著性（双尾）	0.002	0.345
样本数	40	25

注：*** 相关系数在 1% 的水平上显著（双尾）。

资料来源：根据农户调研数据分析所得。

（二）农业补贴实施中存在的主要问题

1. 应对成本变化，补贴作用未充分体现。就多数农产品而言，农业补贴的增加与弥补由农产品成本增加所导致的利润损失相差甚远。如2003～2006年，3种粮食平均、2种油料平均和棉花亩均补贴规模分别增加了16.58元、5.33元和4.01元，但仅占同期对应农产品每亩总成本增量的23.4%、8.5%和3.9%。安徽省巢湖市2006～2008年中籼稻每亩补贴的增量仅占总成本增加量的9.6%。2007年安徽、江苏两省农民种粮获得的各项补贴总额仅占当年农业生产成本增加额的47%。另据辽宁省朝阳市物价局测算，2008年该市获得的粮食直补和农资综合直补亩均补贴标准57.56元，仅能弥补成本增量的38.37%。对217个农户调查数据的T检验也显示，补贴政策对降低成本效应不显著，只能在一定程度上起到缓解作用。

2. 补贴目的认识不清，补贴对象有泛化倾向。在政策制定过程中，相关部门经常把促进农民增收作为补贴的目的之一，并经常不加分析地认为补贴促进了农民增收。事实上，这种模糊的认识非但无助于充分地发挥补贴效力，而且还有削弱补贴作用、误导决策的害处。补贴旨在稳定供给，既可以促进增产，也可以控制产量。相应地，对农民的收入可以有稳定作用。但是，根据基础农产品供需弹性的特点，促进增产时一般导致生产者收益下降，而反倒是控制产量时可以稳定生产者收益不至于下降。从我国实行直接补贴至今，保证基础农产品供给的稳定增加是一贯的目标，这个目标事实上与促进农民增收难以同时实现。提高农民收入是一个综合命题，没必要也不可能把这个问题与农业补贴紧紧联系在一起。因为存在着视增收为补贴目的的逻辑，所以很多地方、很多部门在影响农民收入的问题出现时，都毫不犹豫地搬出补贴的方式，泛化补贴的倾向已经开始显现[①]。如果方向不明、目的不清，泛化的补贴将形成巨大窟窿，好钢无法用在刀刃上，将造成财力的巨大浪费。

3. 补贴应急色彩突出，战略考虑不足。补贴政策应有长期战略与应急预案。但从目前看，应急色彩较浓。生猪补贴最为典型。在几年前生猪价格低迷时，养殖户纷纷宰杀母猪，国家没有对此进行任何补贴，生猪的再生产能力受到破坏。在2007年生猪价格较高、养殖积极性高涨时国家却又进行补贴，过度刺激了产能。在促进生猪生产的目标已经实现后，能繁母猪补贴等政策仍在持续，可能会带来新一轮的产品过剩[②]。整体看来，这种补贴方式将放大周期波动的幅度，不利于市场稳定。当然，从利益集团博弈的层面上看，只有出现供不应求的紧张局势并严重伤及消费者利益时，出台相关农业支持政策才能获得更多的强势支持者。一旦政策已经出台，后续则必需更多地从符合经济规律的逻辑加以调整。油菜、大豆的问题也是如此。

在战略层面上，对什么该补、什么不该补，什么时候该补、什么时候不该补，补多少，怎么补，这些问题并未有明确思路。在农业生产成本持续上升的背景下，如何将补贴与之联动，如何处理好价格支持与补贴的关系等，目前的政策还考虑不够，缺乏前瞻性、系统性的安排。所以出现了旨在鼓励粮食生产的粮食直补政策，但执行中却不论种不种粮都给补贴，出现了“中央当投入、农民当收入、地方政府当包袱[③]”等不同认识，导致运行结果与政策目标出现偏差。与生产成本最密切的农资综合直补，虽然金额逐年提高，但补贴量的核算没有明确的方式，其增长幅度远远落后于农资

① 在江苏省调研时，水产部门的人就强烈呼吁应该像补贴粮食一样给水产业提供补贴；福建省沿海地区在柴油涨价的时候就动用了大笔资金给从事渔业生产的渔民提供柴油涨价补贴。

② 当前猪肉价格已经持续回落。

③ 粮食直补资金由原来的粮食风险基金转换过来，需要地方财政出一定比例的配套资金。粮食主产区一般财力较弱，对它们而言，无疑是一种财政负担。

价格，难以有效抑制成本，还被部分农民误以为是补贴推动了成本上涨。

4. 操作方式尚不成熟，影响补贴效果。（1）补贴门类多，影响农户认知度。近年来国家先后实施了一系列补贴项目，共4大项[①]20多种补贴。据安徽省无为县乡镇干部反映，该县仅通过“一卡通”直接发放到农民手中的补贴共有23项，很多农民搞不清楚自己获得了哪些补贴，甚至拿到钱却不知道补什么。从农户调查结果看，193个农户中，就有50个不知道具体的补贴项目，占到了25.9%。另外，有些农户尽管知道所获补贴的具体项目名称，也知道所获得的种植业补贴量，但对各项目所获得的金额却不能很好地区分。（2）多头管理加大地方工作量，增加运行成本。由于不同补贴项目由不同部门执行，即使同一个部门内部也由不同司局管理，不同补贴发放各自为战[②]。每项补贴发放都要两个程序：一是从上到下层层下达，县、乡、村三级干部全体动员；二是从下到上逐级申报、统计核实、登记造册。上下至少各经5个层级。由此大量增加基层工作量和行政成本。安徽省南陵县2007年仅种植业就发放了10次补贴[③]，有8次发放工作每次都涉及全县13.8万户，每次都要统计、核实、张榜公示13.8万户的种植面积和发放补贴金额，累计发放补贴110万户次。安徽省无为县无城镇周店村反映，该村每个干部一年用于发放补贴的工作量至少1个月，用于发放补贴的交通费、报表打印复印费、核查费等支出在5000元左右，户均成本5元。而该村一年办公经费1.5万元，补贴的行政成本约占30%[④]。（3）部分补贴加重产区财政负担，产销区利益关系进

① 粮食直补、良种补贴、农机补贴和农资综合直补。

② 从补贴资金的发放看，就涉及财政部的多个业务司局。

③ 其中：粮食直补发1次，良种补贴早、中、晚稻发3次，农资综合补贴早、中、晚稻发3次，水稻良种良法发1次，小麦良种发1次，油菜良种发1次。

④ 南陵县三里镇某村也反映，发放补贴的行政成本大约为3～4元/亩，也约占村办公经费的30%。

一步失调。部分农业补贴政策要求地方财政承担一定的比例，加重了主产区的财政负担，进一步加剧了产销区之间利益关系的失调[①]。例如，能繁母猪补贴和能繁母猪保险补贴都要求市县财政进行配套，配套资金虽然直接给了生产环节，但由于产品供给富有弹性，而需求却相对缺乏弹性，消费者可间接获得大部分补贴利益。对于生猪调出市县，这相当于用他们不宽裕的财政去补贴调入地区的消费者，“谁养猪谁掏钱”，而不是“谁吃肉谁掏钱”。粮食主产区的农业补贴配套更是如此[②]。这让农业主产区承担了过多的保障食品供应的责任，也淡化了主销区在保障食品供应方面的义务。

5. 农资生产企业优惠政策没有很好发挥作用，价格调控失灵。为保障化肥供应、稳定化肥价格，多年来国家一直以优惠政策支持化肥生产企业，如对天然气和电力等原料的价格优惠，对化肥成品的运输优惠，对氮肥、磷肥、复合肥的税收优惠等等，同时也制定了价格差率管理等政策来对化肥价格进行控制，试图通过降低化肥价格来间接补贴农业生产。然而，对化肥生产企业的补贴和价格控制基本无效，化肥价格大幅度上涨，农民难享低价好处。江苏省从2005~2007年的3年间，有234个化肥生产企业享受优惠电价补贴共计46.73亿元[③]，政府希望通过补贴鼓励企业生产、保证市场供应、让利于民。但实际情况是，由于国际化肥市场的价格大大高于国内，化肥生产企业一边享受国家的优惠政策，一边以相对较低的价格出口国际市场。同时通过设立自己的销售公司在国内市场顺价销售产品，“一头吃补贴，一头吃市场”赚取高额利润，国家补

---

① 农业主产区与主销区之间利益失调问题在实行农业补贴政策之前就已经存在。农业生产比较效益低，主产区财政普遍困难。许多地区放弃农业生产，发展比较效益较高的非农产业，成为主销区，把本地区粮食安全的责任转嫁给主产区，但并没有相应补偿。

② 根据1994年《粮食风险基金实施意见》，地方粮食风险基金的资金来源由中央补助和地方财政预算安排构成，两项资金的配套比例原则上为1:1.5。粮食补贴的经费主要来自风险基金。对此，相关部门已提出相关完善办法。

③ 多的化肥企业每年获得1亿元补贴，少的也有500万元。

贴无法起到应有作用[①]。

6. 农业基础设施不足，公共成本居高不下。现有的农业补贴政策在一定程度上降低了农业生产的私人成本，但是基本上无法降低农业生产的公共成本。长期以来，我国农业基础设施建设以农民投入为主、政府补助为辅。近几年虽然中央不断加大对农业基础设施的投入，但由于历史欠账较多，农业基础设施依然比较滞后，农业发展的外部环境较差，农业生产需要的水、电、路（运输）、燃料（气）等价格较高，从而传导到农业生产成本上。在辽宁省朝阳市，农民农业生产用电除了交电费，还要负担把电输往地块的线路建设成本。

五、成本快速上升背景下我国农业补贴政策思路和框架设计

成本上升将是在较长一段时期里我国农业发展不得不面对的考验[②]，特别是成本出现快速上升的时候，通过补贴等方式及时、有力地干预农产品生产尤为必要。国内外实践的经验和教训表明，补贴政策的制定要充分考虑国情和国力实际，在国际游戏规则的框架下，目标明确地逐步推进，要防止因补贴本身极易产生的不断追加特性和被补贴者的依赖性，造成难以填补的窟窿并使农业丧失其应有的活力和竞争力。针对农业补贴政策存在的问题，基于理论分析和趋势判断，我们对成本快速上升背景下的农业补贴应有之策作如下梳理：

（一）补贴思路

概括而言，我们的补贴思路是：从国家安全和可持续发展两大

---

① 在上游原料大幅涨价、下游国际终端市场行情看好的情况下，让以追求利润为首要目标的生产企业老实地冒着亏本的危险恪守本分，本来就勉为其难。

② 在农业生产技术没有重大突破、农业生产要素使用格局没有发生根本变化的情况下，只要世界经济持续增长、投机因素继续存在，农业生产资料价格波动上升的趋势就不会改变；只要国内经济持续增长，劳动力、土地价格上升趋势也不会改变。

战略需要出发，以保持基础农产品供需平衡、提升农业综合生产能力为目标，以确保国家粮食安全为根本，循序渐进拓展补贴范围，妥善处理好政府补贴与市场调节、直接补贴与间接补贴、提高效率与保护积极性三大平衡点，建立科学合理、稳定持续、前瞻测度①、联动运行的动态调整机制。综合考虑生产补贴、价格支持和公共基础投入三种方式，构建直接、简洁、灵活、有效的农业补贴体系，化解农业成本上升压力。按照有所为有所不为原则，集中、高效使用财政补贴资源，努力形成确保国家粮食安全、有效保障基础农产品供给的长效补贴机制和运行框架。

1. 农业补贴是国家战略需要，稳定基础农产品市场、提升农业综合生产能力是补贴的直接目的。从补贴的基本理由出发，国家安全和可持续发展是实施农业补贴的两大战略需要。农业，尤其是基础农产品的供给问题是经济问题与政治问题的结合点。与农业相关的国家安全核心是粮食安全，农业产业安全是该问题的拓展，而问题的最终落脚点在于社会稳定。可持续发展主要表现为农业生产方式可持续性、农业自身的生态涵养以及环境保护等问题。在解决了人民吃饱饭问题之后，让人民吃得好、长久地生活得好成为需要进一步考虑的战略问题，这是从更长远视角考虑的安全问题，也是前者的延伸。相应地，农业补贴的直接目的体现为：第一，稳定基础农产品市场，防止以粮食为主体的基本农产品供给大起大落；第二，提升农业生产能力，保证长期持续的供给能力。这同时构成补贴的两个层次，在操作层面上，补贴应该从第一层次着手，在能力允许的情况下，逐步扩展到第二层次。

2. 把握政府补贴与市场调节、直接补贴与间接补贴、提高效率与保护积极性三大平衡点。（1）不因政府干预制约市场调节机

① 根据农业生产成本变化现状与未来趋势，预见性地测度政府需要提供的财政专项补贴规模、总量、结构和方向。

制发挥作用。在构建社会主义市场经济体系的过程中，让市场充分地发挥资源的配置作用是我们在政策的制定过程中必须坚持的一大前提。政府之所以要干预市场，只是因为市场在某些时候的配置失灵，有危害经济健康、稳定发展的风险。所以，政府的干预必须有所为有所不为，在恰当的时机出手并保持适度。（2）不因采用见效快的治标之法忽视长期的治本之策。直接补贴见效快，可以有效改变收益失衡的格局。但应对成本上升，根本措施在于通过公共的生产基础设施建设、技术研发和推广提高效率降低成本。两者相辅相成，不可偏废。（3）不因保护生产者积极性降低生产效率。避免在补贴过程中造成生产者对补贴的依赖，充分利用市场机制，激励生产者通过技术变革等方式积极应对市场环境变化。

3. 按照有所为、有所不为原则，在确保不增加国家财力负担情况下，在成本快速上升的时候，集中财力资源，优先补贴以小麦、玉米和稻谷，以及棉花、油料和生猪等为主的基础农产品。对于蔬菜、水果、水产品等产品，要更多依靠市场调节，暂不纳入补贴范围①。要保证补贴的针对性，提高补贴效率，增强补贴效果。

（二）应对成本上升的补贴框架战略设计

根据以上思路，从战略层面考虑，建议通过构建成本与补贴的联动机制应对成本变化，通过差额补贴设计实现政府与市场、效率与积极性的平衡，通过三种支持方式的灵活联动实现直接补贴与间接补贴的相互补充。同时，作为一种方向，可以考虑构建相应的补贴预警机制，并尽可能理顺市场价格。

1. 构建成本与补贴的联动机制。在构建补贴与成本变化的联

① 补贴的核心目的在于防止生产的大起大落以至崩溃。只有存在发散型蛛网效应的基础农产品才需要补贴。原则上讲，所有生产价格弹性小于等于需求价格弹性的产品，都无需纳入补贴范围，因为市场力量就足以产生均衡或者跨年度的均衡。

动机制上，以基期准化参照价格[①]为基准，当成本上涨系数[②]大于1时，启动补贴；当成本上涨系数小于等于1时，停止补贴。至于差额补贴的幅度，因为无法给出精确的模型，只能根据大概的价格参照系给出大致范围。补贴额度 B 的范围为：$0 < B < (\lambda - 1) C(t-1)$，其中 $C(t-1)$ 表示上期投入成本总额[③]，即补贴额度必须小于成本上升的幅度，利用差额补贴为市场调节留出空间。

必须强调的是，政府补贴不是以弥补所有成本上升所带来的损失为目的，而是在促进基础农产品稳定增长，确保国家粮食安全的前提下，用补贴纠正市场偏差，促成基础农产品供需实现新的均衡[④]。图示分析表明（见图5），如果足额补贴，确实可以在短期内让产量和产品价格维持现状，但由于技术函数已经改变，这种补贴方式将形成下一步市场剧烈波动或者补贴不断追加的根源。用差额补贴的方式，让补贴额度小于成本上升幅度，此时生产会小幅缩减，但产品上市时，价格依靠市场力量有所提高，便于形成新的均衡[⑤]，避免不断追加补贴，造成政府财政不必要的过度负担。

2. 构建长期的生产补贴、价格支持与公共基础投入相互补充相互配合的灵活支持体系。制定补贴政策时，必须明确补贴只是权宜之策，应对成本上升，从长期看，需要依靠公共的农业基础设施投入，依靠科研投入、科技推广投入；明确补贴属于事前控制，而价格干预属于事后调节，两者诱因不同目的不同，都不可或缺；明

---

① 基期准化参照价格表示为$\overline{P'} = \overline{P_X}/\overline{P_Y}$，其中，$P_Y$ 表示产品价格，P_X 表示投入品的市场价格，$\overline{P_X}$、$\overline{P_Y}$分别表示基期的参照价格，$P' = P_X/P_Y$ 表示投入品的准化价格。

② 成本上涨系数 $\lambda = P'(t,t-1)/\overline{P'}, P'(t,t-1) = P_X(t)/P_Y(t-1)$。

③ 严格地讲，准确确定补贴额度难度很大，如果能模拟出较接近生产实际的生产函数，操作的可行性会更大一些。根据生产函数的特点，再确定补贴系数就比较简单了。在生产函数无法确定的情况下，明确补贴额度的大致范围也未尝不是一种改进。

④ 由于函数工具的限制，这里只能进行原则性的讨论，无法对具体的补贴尺度给出精准的评估。有待于进一步研究。

⑤ 这时不能抛售储备粮压低价格。

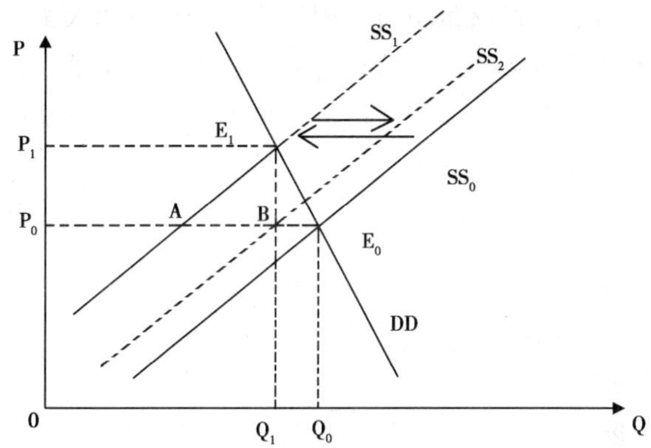

图 5 以补贴促进新的均衡

说明：在需求函数不变的情况下，供给曲线由 SS_0 到 SS_1，均衡点由 E_0 转移到 E_1。E_1 对应的价格和产量分别为 P_1 和 Q_1。补贴的目标应该是让生产者愿意在当前价格水平（P_0）下生产出 Q_1 的产品（即 B 点位置），这样，在本期收获时，价格依靠市场力量提高到 P_1 就可以达到新的均衡。

确生产补贴政策应该相机抉择，把有限的"黄箱"政策用活，不能泛化、固化，用足"绿箱"政策，在财力允许的情况下，加大农业一般性的支持力度。

在确保财政支农投入资金不断加大的原则下，为避免生产补贴产生不断追加的依赖性，将补贴与公共基础投入联动，建立联动基金。当成本快速上升，启动生产补贴，以减少成本快速上升对生产的冲击；当成本下降、不变或小幅上升时，停止生产补贴。但是，补贴的停止不意味着支农资金的减少，不能因此改变生产者的预期，原来用于直接补贴生产者的补贴资金明确转向基础投入，作为农业基础设施建设专项资金的补充。这项资金可保留于中央、省或县相关部门，专款专用。

成本快速上涨后，如果补贴恰当，产品出售时价格将适当上涨，这时价格调控无需发挥作用；如果补贴过度，将导致产品价格稳定不变或下跌，此时有必要通过吸储适当抬高价格；如果补贴不到位或补贴滞后，产品价格可能因供给减少较多而大幅上升，此时必须通过抛售储备适当平抑价格。补贴与价格支持处理得当将可以相互补充、相互配合，并尽可能地促进市场均衡，避免因过度使用补贴导致补贴固化（见图6）。

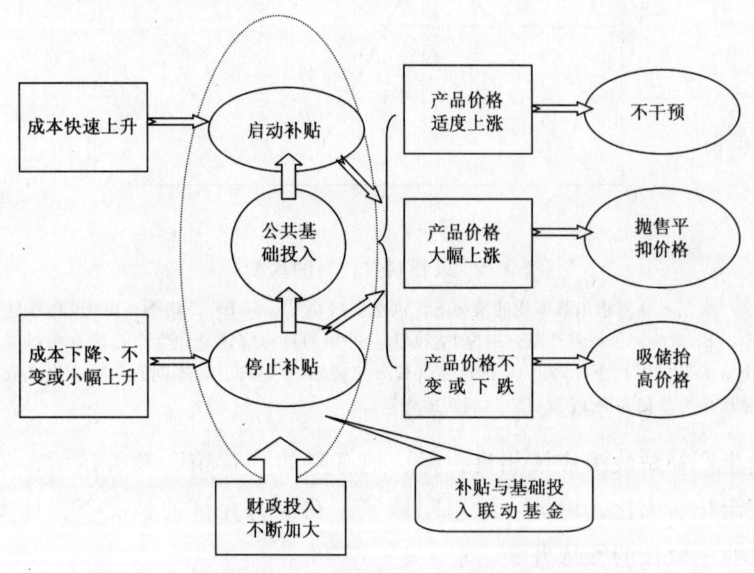

图6　生产补贴、价格支持与公共基础投入联动机制

3. 建立稳定持续、前瞻测度的动态调整机制。(1) 根据农业生产成本收益率的纵向（历史）、横向（行业之间）比较，建立农业生产成本变化与补贴的动态预警系统。实现有效动态预警，需构建一套科学可行的数据测算标准和数据运行管理等相关的信息化系统，以及与成本变化联动的政府财政补贴量化模型，设定成本变化与补贴增长的相关关系的具体测度指标①。(2) 建立经常性补贴②

---

① 目前仅提出方向性思考，相应的测度模型和指标有待于下一步继续探讨。

② 经常性补贴没有特定的指向性，多以补偿农业的外部性、缩小农业与非农产业投资回报率的差距、保持或增强农业生产能力为目的，属一般性补贴的范畴。具有普遍性、稳定性、综合性特点。

与应急性补贴[①]相互配合机制。确定政府农业补贴总量规模、结构、范围、方式等主要项目，并在一个较长时间内保持基本不变。根据我国实际情况，经常性补贴期限应与国民经济发展规划、政府机构负责人任期要求相匹配，以5年为一个补贴周期，中途不打“补丁”。5年以后根据具体情况变化进行补贴方案的调整和修正。应急性补贴以6个月到1年为期，根据当年发生的应急情况，随时出台和执行应急补贴。应急性补贴总量不宜过大。一旦补贴效果显现并稳定，即应停止补贴。

4. 以理顺农产品价格形成机制为基础，建立以基础农产品的生产补贴为重点，低收入群体生活补贴为补充的调节体系。当前基础农产品（尤其粮食）价格偏低，逐步理顺价格形成机制，是在考虑制定支持政策过程中不可忽视的一个重要前提[②]。但理顺价格不等于放开价格，当前生产价格弹性已经比较大，价格放开，很可能出现大起大落的局面。对于基础农产品，理顺价格的同时，以调节生产为目的的生产者补贴不可或缺。以稳定基础农产品产量为目的，补贴对象应该是基础农产品的所有生产者；以稳定基础农产品产能为目的，在财政能力及世贸规则允许的情况下，则可以把补贴对象扩展到耕地所有者。基础农产品价格理顺后可能高于现有价格水平，作为价格调整的配套，低收入群体的生活补贴也需相应调整。

（三）近期调整方案

根据已有补贴政策实行效果及存在的问题，我们建议近期在现有基础上，小步快跑，逐步推进补贴改革。改革应遵循三原则：第

---

① 应急性补贴是根据生产期农业生产投入品价格变化，农业各种自然灾害以及病虫害发生频率和损失，农产品市场价格波动等特殊情况出现时进行的短期性补贴。具有专门性、临时性、单一性特点。

② 这个问题比较复杂，但不是本文研究的重点，在此点到为止，不作深入分析。相关问题刘福垣（2008）已有精辟表述。

一，充分发挥市场调节作用，在市场力量就可以实现有效配置的领域，政府尽量不要干预；第二，补贴方式和力度要因地制宜、因势利导、量力而行，不要一刀切，也不能不切实际地大包大揽；第三，用足“绿箱”、用好“黄箱”、适时启用“蓝箱”，尤其是有针对性的农资补贴和粮食补贴，必须把握好8.5%的可用空间，避免补贴的泛化或固化。

1. 完善种植业补贴。(1) 粮食直补一年内保持不变，暂不扩大补贴范围和规模。考虑当前粮食产量连续几年丰收，2009年上半年世界经济形势不容乐观，国内粮食市场价格可能走低。目前在一些粮食主产区，如黑龙江已经出现了粮食销售难的问题。如果年底粮食滞销局面没有改变，中央政府必须集中资金做好按保护价敞开收购粮食的准备。同时，在连续增产5年的背景下，如果库存充裕，不妨考虑在部分主产区择机启用“蓝箱”政策，通过少量轮休培育地力，从而控制产量抬高价格①。(2) 对油料生产试行“反周期支付”②。现在国内油料生产支持的问题比较突出，不妨考虑借鉴美国反周期支付的做法，在尽量不干预市场机制发挥作用的前提下，保证油料生产者能够获得稳定的生产利润③，促进油料发展，减少进口依赖。(3) 扩大良种补贴范围，改进补贴方式。把水稻、玉米、小麦、油菜等良种补贴尽快扩展到所有优势主产区，变良种特惠制为普惠制。根据各地实际，制定便捷、科学的品种审定确定办法，避免优良品种的水土不服。(4) 扩大农机补贴覆盖面和机型范围，强化对丘陵山区小型机械和缺水地区节水灌溉机械

---

① 在一定程度上也可以起到抑制农资需求从而抑制农资价格的效果。

② 反周期支付（补贴）是美国2002年农业法案提出的补贴工具，它实际上是贷款差额补贴与直接收入补贴相互混合的产物。其实施过程是：事先由农业部确定一个目标价格，如果市场价格加上直接支付高于目标价格，则不启动反周期支付；如果市场价格加上直接支付低于目标价格，政府就用反周期支付来弥补两者之间的差额。

③ 在粮食和油料分别使用两种不同的调节机制，还有利于相互比较优劣，以便建立更适合我国的有效调节机制。

的支持。把这项补贴范围扩展到全国所有粮食主产区，改变机械补贴重大轻小的现状。利于提高劳动生产率、降低农业生产成本的农机具都应尽量纳入补贴范畴。要重视适合山地丘陵地区作业以及适合当前农业劳动力特点的小型、轻型、微型并可以全程作业的农机具的研发和推广。针对我国水资源短缺的实际，将旱作节水灌溉机械列入补贴目录。（5）完善农资相关补贴。首先，尽快建立灵活的农资综合直补机制，使补贴与农资价格变化有效联动，避免农资补贴刚性上涨；其次，在此基础上，构建农资补贴与基础设施投入互为调节的稳定基金，确保农业投入持续增长的预期；再次，逐步取消对化肥企业的优惠政策，将原有的优惠投入转向建立化肥调控专项基金；最后，利用农资调控专项基金，同时建立、充实化肥储备体系，通过化肥储备平抑化肥价格，稳定农资市场。

2. 调整畜牧业补贴重点。（1）集中力量构建全免费、有保障的公共防疫体系，改进畜牧业保险补贴。补贴应该把经费用在关键环节，不要过多地受部门利益牵扯，分散财政资金使用效力。畜牧业发展有两个关键问题，一个是品种改良；一个是防疫。品种改良做得相对好一些，薄弱的是防疫问题。现在不少地方防疫费用地方出，但地方经费无法保证时，往往流于形式。畜牧业保险属于事后补偿，可稳妥推进、提高保额，但不宜操之过急。防疫是产业链安全的基础。在经费有限的情况下，中央和省级政府应该集中全力构建公共防疫体系，保证一支合格的防疫技术人员队伍，保证足够的运行经费，并实行免费防疫。（2）建立以饲料储备为主，能繁母猪补贴和储备肉制度建设为辅的生猪市场稳定机制。以玉米、大豆等饲料粮的储备为主体，衔接粮食储备与肉类储备，通过稳定饲料市场稳定养殖成本。同时，调减能繁母猪补贴，加强猪肉储备制度建设，通过储备吞吐平抑价格激烈波动。当前的生猪补贴政策的出台尽管是多方利益主体博弈的结果，但逆市而为的做法有放大波动的可能。现在猪肉价格又重新进入了下行通道，此时应及时调整补贴策略，建立饲料储备、加强猪肉储备，用储备调节的方式干预价格。

3. 扩大补贴范围，改进操作方式。（1）加大支持核心产区，兼顾边际产区。从保障粮食安全的长远考虑出发，加大中央对粮食主产区（核心区）的补贴力度，充分发挥粮食主产区、优势产区，特别是发挥东北、冀鲁豫、长江中下游地区的增产作用，确保这些地区能够得到更多的中央财政转移支付和更大的政府干预力度。在保障核心能力的同时，必须注意到对收益变化最敏感的是非核心产区的边际区域以及就业选择余地比较大的边际农户，在为调整产量制定补贴政策时，必须尽可能地坚持普惠制原则。（2）逐步整合资源，提高农业补贴实施效力。由于管理体制和运行机制的困扰，多龙治水的局面可能不会在短期内得到解决。但我们可以从局部做起，逐步调整。归并目前重复或相似的专项农业补贴政策，实现同类补贴资金统一规划和利用；将分散于各个部分的补贴资金，适当集中，加强部门合作与信息共享；梳理发放渠道，确保补贴资金从上到下通畅运用。（3）减少环节简化程序，提高补贴政策的运行效率。按照"群众简便易懂，基层简单易行"的方向，减少发放环节，简化业务操作，在一定区域内按照统一补贴依据和标准，授权农村财政管理机构或乡镇财政所实行"一个专班、一个会议、一个文件、一个账户、一个存折"模式发放；建立补贴发放全过程和执行效果的信息搜集和反馈系统，特别是关键环节的即时反馈，及时发现问题。

4. 加大财政对农业基础设施的投入，改善农业外部环境，降低生产的外部成本。要把农业基础设施建设由以农民投入为主，转向以政府投入为主、农民投入为辅，建立和完善农业基础设施建设投资体制，加大各级政府对农业基础设施建设的投入，增加农业基础设施和农村公共品供给，为农业发展创造良好环境，使长期由农民承担的不合理公共品生产成本，转由政府财政支付，降低农业生产成本。

5. 相关配套措施。（1）增加中央和省级农业补贴发放运行专项补助款，用于弥补基层村镇发放农业补贴的行政支出，减轻基层财力负担和行政成本。（2）建立相关法律保障体系。为保证政策的稳定性和系统性，待时机成熟后，农业补贴应以法律的形式固定下来，从补贴总量、范围、方式，到补贴年限、执行人、受益人等，都以法律为基准。任何部门和个人都不能随意修改和决断，以确保国家补贴目标的实现。

六、有待进一步研究的方向

在补贴的战略框架设计上，本文试图构建一个有效的联动机制和预警机制，但由于函数工具的限制和预警研究的不足，没有给出一个可以直接使用的方案，只能提出方向性思考和建议。在一手资料的掌握上，由于经费和研究时间限制，只能使用3省典型调查和14省（市）217个农户调查样本，样本量非常有限，且只能采用偶遇抽样调查，对样本可能产生的偏差无法准确度量。

如果可能，进一步研究不妨从以下几个方面考虑：界定差额补贴更准确的额度范围，设计生产补贴、价格支持与公共基础投入联动的实际操作机制，建立可行的动态预警信息系统，考察理顺市场价格机制与发挥补贴作用之间的关系等。这也是本文尚未完成的、很有挑战性、又具有很强的政策指导意义的工作。

附表1 2007～2008年部分地区水稻、玉米、生猪净收益变化

	2007	2008	绝对增加额	相对增长率（%）
安徽省南陵县（早稻，元/亩）				
生产成本	392.5	523.1	130.6	33.3
收益	630	672	42	6.7
净收益	237.5	148.9	-88.6	-37.3

续表

	2007	2008	绝对增加额	相对增长率（%）
江苏省泰兴市（粳稻，元/亩）				
生产成本	378.6	472.2	93.6	24.7
收益	825	865	40	4.8
净收益	446.4	392.8	-53.6	-12.0
辽宁省朝阳市（玉米，元/亩）				
生产成本	400	550	150	37.5
收益	750	800	50	6.7
净收益	350	250	-100	-28.6
辽宁省朝阳市（生猪，元/100公斤）				
生产成本	1085	1360	275	25.3
收购价格	1520	1460	-60	-3.9
净收益	435	100	-335	-77

资料来源：根据2008年6~8月对以上3个地区的调查资料整理。

注：生产成本仅仅包括物质与服务费用，不包括农民家庭用工成本和自营地折租。

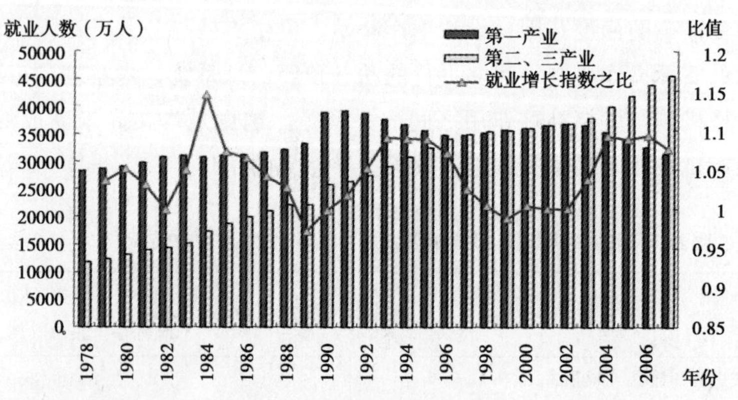

附图1 就业人数变化情况（1978~2007年）

资料来源：根据2008年《中国统计摘要》整理。

参考文献

1. Winters, L. A.: 1990, "The national Security Argument for Agricultural Protection", *The World Economy*, 13, pp. 170 – 190.

2. 基姆·安德森、[日] 速水佑次郎:《农业保护的政治经济学》,蔡昉、杜志雄等译,天津人民出版社 1996 年版。

3. 雷纳(A. J. Rayner)、因格尔森特(K. A. Ingersent)、海恩(R. C. Hine):《关贸总协定与农产品贸易》,雷纳、科尔曼主编:《农业经济学前言问题》,唐忠、孔祥智译,中国税务出版社 2000 年版。

4. 温特斯(L. Alan Winters):《工业化国家农业政策的政治经济学》,雷纳、科尔曼主编:《农业经济学前言问题》,唐忠、孔祥智译,中国税务出版社 2000 年版。

5. 速水佑次郎、神门善久:《农业经济论》,沈金虎、周应恒等译,中国农业出版社 2003 年版。

6. 祖田修:《农学原论》,张玉林等译,中国人民大学出版社 2003 年版。

7. 冯海发、李微:"日本农业保护政策评析",《中国农村经济》1993 年第 5 期。

8. 何忠伟:《中国农业补贴政策效果与体系研究》,中国农业出版社 2005 年版。

9. 靳黎民:《财政补贴与反哺农业》,中国财政经济出版社 2007 年版。

10. 雷海章:"农业不是弱质产业——关于'农业保护'问题之我见",《调研世界》2002 年第 1 期。

11. 李建平:《我国农业保护政策研究》,人民出版社 2007 年版。

12. 李茹:"农业补贴的效应分析——2002 年美国农业法案分析",中国社会科学院硕士学位论文,2003 年。

13. 刘福垣:"重新认识社会主义市场经济",内部资料,2008 年。

14. 卢锋:"我国是否应当实行农业保护政策——外国农业保护政策的经验教训和启示",《战略与管理》1998 年第 6 期。

15. 马晓河:"解决'三农'问题的战略思路与政策措施",《农业经济问题》2003 年第 2 期。

16. 沈淑霞："我国财政农业支持及其效率研究"，中国农业大学博士学位论文，2004 年。

17. 汪洋："WTO 背景下中国农业补贴问题研究"，东北财经大学硕士学位论文，2003 年。

18. 王东京："补贴农业政府应公平交易"，《21 世纪经济报道》2005 年 9 月 19 日。

19. 吴晓华："市场经济条件下的农业保护政策"，《管理世界》1995 年第 5 期。

20. 熊艳："论我国农业补贴制度的改革与完善"，四川大学硕士学位论文，2004 年。

21. 徐逢贤、唐晨光、程国强：《中国农业扶持与保护——实践·理论·对策》，首都经济贸易大学出版社 1999 年版。

22. 严立冬："农业现代化与农业产业化"，《中南财经大学学报》2001 年第 2 期。

23. 周咏："实施农业保护政策研究"，《调研世界》2001 年第 6 期。

24. 宗义湘："加入 WTO 前后中国农业支持水平评估及政策效果研究"，中国农业科学院博士学位论文，2006 年。

作者单位：国务院研究室农村司　国家发改委产业经济与技术经济研究所

发表刊物：《管理世界》2009 年第 9 期

贸易自由化对中国土地密集型农产品调整成本的影响分析

——从边际产业内贸易的角度①

朱　晶　张　姝

内容提要：本文基于边际产业内贸易理论和平滑调整假说（SAH），运用贸易调整空间（TAS）模型和产业内贸易度量指数（S指数）等分析方法，利用1994～2007年的统计数据，对加入WTO前后中国土地密集型农产品的调整成本和调整压力进行了不同层面的分析、测度和对比。研究结果表明，与加入WTO前相比，贸易自由化使中国土地密集型农产品面临更大的收缩性调整压力，其中以棉花和植物油最为明显；从不同的要素相对密集度层面考量，位列资本相对调整压力前三位的分别是棉花、大豆和植物油；位列劳动以及土地相对调整压力前三位的分别是棉花、植物油和大豆以及大豆、植物油和玉米。不同于已有的从粮食安全、比较优势等角度的研究，本文的分析基于贸易引致的生产要素调整成本和调整压力的测度和比较，为后过渡期内中国农产品贸易和保护政策的制定提供了一个新的分析视角和新的政策选择参考。

①　本文是国家自然科学基金项目“资源可流动性对中国农产品贸易开放度影响及政策选择研究”（项目编号：70573049）的部分成果，本文作者同时感谢教育部新世纪优秀人才支持计划（项目编号：NCET－07－0443）的资助。

关键词： 贸易自由化　调整成本　农产品　边际产业内贸易

一、引　言

中国经济融入世界经济的步伐在不断加快，人们也越来越意识到更加开放的市场、更加自由的贸易对一国经济发展的益处。但是，在农产品市场开放方面一直存在着争论，农业贸易也成为中国加入 WTO 后最令人关注的领域之一。虽然根据经典贸易理论的阐述，自由贸易能给交易双方都带来收益，提高双方的福利水平，但是，在现实的农产品市场开放谈判中政府往往更关注开放给国内相关行业造成的生产者损失，通常倾向于采取偏离经典自由贸易理论，限制进口数量和提高进口产品价格的保护政策。实际上，现实的情况和经济学理论之间的差异来源于经典自由贸易理论所暗含的重要假设之一，即受冲击的部门可以迅速地、无成本地将其各种生产资源（包括人力资源）无障碍转移到其他具有竞争力和其他未被冲击的部门或行业，从而实现资源的有效再配置，并获取由贸易促进带来的更多获利机会和经济收益。但是，在现实生活中，特别是对于农业生产部门，这一假设很难完全成立，在面对市场开放带来的冲击时，农业生产资源相对较低的流动性使其难以在短时间内无成本地把生产资源转向其他生产，从而产生了所谓的调整成本（Adjustment costs）。贸易冲击在影响调整成本较大的产业时甚至会威胁到该产业从业者的基本生存，对社会稳定和经济发展都会产生负面影响。因此，可以理解为什么尽管依据经典贸易理论自由贸易能给双方带来最大福利，但现实中各方往往都倾向于采取有限度的市场开放政策，也可以理解在一定时期内（例如加入 WTO 后过渡期[①]）对某些行业或产品实行一定贸易保护的合理性和必要性。

---

① 中国加入 WTO 协议中规定的正式过渡期已于 2004 年结束，但是，由于多哈回合仍未结束，中国对外贸易仍然执行过渡期的条款。本文因此将正式过渡期结束、新协议达成之前的时期称为“后过渡期”。

然而，保护也是有代价的，对一种行业或部门的保护必然需要国民经济的其他部门付出相应代价。对中国农业生产部门如果过多保护也就必然会对整个国民经济的发展带来不利影响，因此，对农业部门的保护也应该“有所为、有所不为”，在尽量扩大贸易交换福利的同时减少重大贸易冲击的不利影响。事实上，从中国农产品部门看，不同品种的农产品面临的调整压力和调整成本是有差别的，有的市场开放后面临贸易的外部冲击强、调整压力大，相应的调整成本也就较高；有的则面临的调整压力小，相应的调整成本也就较低。因此，对于不同的行业或产品采取适度、有别的贸易保护和开放政策，将适度保护和合理开放相结合，有利于促使农业部门总体降低贸易调整成本，同时获得尽量大的贸易福利。

作为世界上的农业大国，中国的农产品市场正在与世界市场不断融合，并将进行更加深入和全面的市场开放。如何在不断开放的过程中，考虑不同农产品面临的调整成本压力，并制定相应的后过渡期的保护和缓冲政策，是决策者和公众都关心的问题。由于合理的市场开放政策与调整成本压力直接相关，因此，对农业部门不同产品生产的调整成本进行科学测度和比较，就成为决策参考的基础和关键问题。土地密集型农产品是普遍认同的中国加入 WTO 后受影响和冲击最大的农产品部分，加入 WTO 后所受的冲击对中国农产品的生产结构、农民的就业和收入甚至粮食安全都带来很大影响。因此，分析中国土地密集型农产品在加入 WTO 前后调整成本和调整压力的变化，并进行不同产品调整成本的比较，是本文在研究贸易福利最大化和资源调整成本最小化的合理市场开放和后过渡期保护等政策时需要深入探讨的问题。本文以小麦、水稻、大豆、植物油等土地密集型农产品为研究对象，运用加入 WTO 前后十多年的数据，实证分析中国主要土地密集型农产品加入 WTO 前后贸易引致的调整成本和调整压力[①]，从相对要素密集度的角度，对不同品种的调整压力进行比较和排序，为合理的后过渡期内农产品市场开放和保护政策的制定提供参考。

二、分析框架和模型

（一）相关理论综述

衡量市场开放引致的生产资源流动和相应的调整成本并不容易，但由 Balassa 于 1966 年首次提出的“平滑调整假说”（The smooth adjustment hypothesis，SAH）却使这一测度成为可能。Balassa（1966）指出，调整成本的大小与贸易结构以及产业内贸易程度的高低有密切的关系，因为产业内贸易引起的资源再配置主要发生在技术条件及投入要素品质相近的同一产业内，而不是产业之间。虽然按照比较优势原理，发达国家与发展中国家由于更大的资源禀赋差异而进行贸易有更多的贸易利益，然而在现实中，占世界贸易总量 80% 以上的贸易是在发达国家和发达国家之间进行，且以产业内贸易为主。相对于产业间贸易，产业内贸易涉及的生产要素调整成本要小得多。以葡萄酒产业与汽车产业贸易为例，如果是在葡萄酒产业和汽车产业这两者之间进行产业间贸易，贸易国就需要生产要素在汽车和葡萄酒这两个不同的产业间转移和调整，其幅度和成本往往都较大；相比之下，如果是汽车产业内部不同性能的汽车进行贸易或是葡萄酒产业内部不同品质的酒品进行贸易，则此种汽车产业内部或葡萄酒产业内部的贸易所涉及的要素调整成本和调整压力会大大降低，因而贸易的摩擦和阻力也往往较小。因此，产业内贸易水平越高，所涉及的要素的调整成本和调整压力就越低；反之则越高。也就是说，调整成本大小可以通过测量相关产

① 本文所涉及调整成本主要是从国际市场需求变化、由贸易引致的调整成本层面考虑。由国内需求变化引致的调整成本虽然也会对资源的流动和配置效率产生重要影响，但暂不作为本文的考察范围。

业的产业内贸易程度而获得。

平滑调整假说（SAH）对贸易引致的调整成本的测度起到了重要的推进作用，有学者在研究中提出，调整成本对贸易、投资及生产要素需求等方面都会产生重要的影响（例如 Vasavada and Chambers，1986；Treadway，1970；Mortensen，1973；Beladi and Parai，1993；Luh and Stefanou，1991；Artuc et al.，2007）；也有部分研究尝试运用平滑调整假说（SAH）对不同经济体自由贸易所产生的成本进行实证分析（例如 Brulhart and Elliott，2000；Azhar and Elliott，2003；Sohn and Lee，2004；Erlat and Erlat，2003；李坤望、施炳展，2005；史青，2009）。不过，已有研究大多针对发达国家，且多集中于工业领域，相比之下，基于发展中国家实践特别是中国贸易状况的研究仍较少见，而对农产品贸易领域调整成本的相关研究则更为匮乏。实际上，虽然与工业产品品种繁多、产业内贸易旺盛相比，农产品往往在研究中被简单化地认为都具有同质性，因而会被有关产业内贸易的研究所忽视，但在当今的农产品生产和贸易中，存在着大量的农产品不可忽视的异质性，例如稻米的籼稻和粳稻，小麦的强筋、中筋和弱筋，棉花的长绒和短绒等等。它们具有不同的特质和性能，能够满足不同层面的需求，因而传统的农产品都具有同质性的假设不再成立。在当今关于农产品国际贸易的研究中，对农产品产业内贸易的研究实际上已经受到越来越多的关注。虽然国内已有学者研究了中国对东亚、欧盟等地区的农产品产业内贸易（例如刘鸿雁、刘小和，2005；陆文聪、梅燕，2005；朱允卫，2005；朱晶，2004），不过，这些研究基本上都是对贸易本身的考察，并未涉及贸易引致的调整成本问题。本研究将从边际产业内贸易的角度考察中国农产品贸易，并运用贸易调整空间（TAS）模型和 S 指数、相对要素密集度调整成本指数等分析方法，测度和比较加入 WTO 前后中国土地密集型农产品面临的调整成本和调整压力。

（二）贸易调整空间（TAS）模型和 S 指数

最早用于衡量产业内贸易程度的是由 Gruble 和 Lloyd 在 1975 年提出的 GL 指数①。GL 指数在估计和比较世界上不同国家的产业内贸易水平方面发挥了重要的作用，但是，GL 指数也存在自身的弊端（Hamilton and Kniest，1991；Brulhart，1994），例如产业间贸易的增长同样会让 GL 指数升高，而且它不能很好地反映贸易的变化等。于是，基于边际产业内贸易的新标准应运而生（Hamilton and Kniest，1991；Greenaway et al.，1994；Brulhart，1994；Dixon and Menon，1997），其中较为常用的 A、B 指数②经常用于衡量基于平滑调整假说（SAH）的调整成本，二者能够很好地反映出不同时间跨度内贸易流量的变化情况，从而很好地解释产业内贸易的动态变化与贸易结构的关系，但 A、B 指数也存在不能判定贸易方向或对贸易边际变化不敏感等缺陷。由 Azhar and Elliott（2003）提出的贸易调整空间（Trade adjustment space，TAS）模型和计算边际产业内贸易 S 指数的方法可以很好地满足相关条件，对产业内贸易程度进行测度，进而衡量各产业面临的调整成本的大小。

贸易调整空间（TAS）模型是一个能够帮助研究者清楚认识产业由贸易引致的调整成本大小的工具，具体形式见图 1。

每个贸易调整空间（TAS）模型都表明了母国（Home）和贸易伙伴国（Foreign）的关系，其中，横轴表示观察期内进口的变化量（ΔM），纵轴则表示观察期内出口的变化量（ΔX）。进口和出

---

① GL 指数的公式为：$GL_i = 1 - \frac{|X_i - M_i|}{(X_i + M_i)}$，其中，$X_i$、$M_i$ 分别代表一国 i 产业在观察期内的出口额和进口额。

② A 指数的公式为：$A_i = 1 - \frac{|\Delta X_i - \Delta M_i|}{|\Delta X_i| + |\Delta M_i|}$，B 指数的公式为：$B_i = \frac{\Delta X_i - \Delta M_i}{|\Delta X_i| + |\Delta M_i|}$，其中 $|\Delta X_i|$ 和 $|\Delta M_i|$ 分别代表观察期内一国 i 产业出口额和进口额在单位时段内的变化幅度。

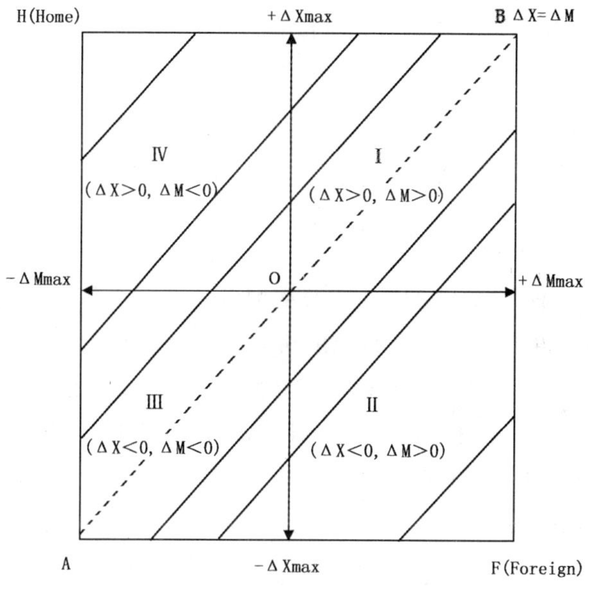

图 1　贸易调整空间（TAS）模型

口都是从母国的视角而言的。在左上方三角形 AHB 区域内，$\Delta X > \Delta M$，即出口增加大于进口增加（或出口减少小于进口减少）；对应地，在右下方三角形 AFB 区域内，$\Delta X < \Delta M$，即进口增加大于出口增加（或进口减少小于出口减少）。左上方三角形 AHB 中的点意味着该行业或该产品面临扩张性的调整压力和调整成本，而右下方三角形 AFB 中的点则意味着面临收缩性的调整压力和调整成本。在 45°对角线 AOB 上的点则是进口变化幅度与出口变化幅度相当，面临的由贸易引致的调整压力和调整成本为零。图 1 中平行于 AOB 的线为等调整线，线上各点调整成本相等，其大小取决于该点到对角线 AOB 的垂直距离。

通过贸易调整空间（TAS）模型可以直观地了解某一产业或产品调整成本的变化情况，或将某一时点上所关注的多个产业或产品的调整成本和调整压力以图的形式明晰地表现出来，为对具体问题的分析提供帮助。而 S 指数则可以数值的形式切实地测度调整成本的大小。

S 指数形式如下：

$$S = \frac{\Delta X - \Delta M}{2(\max\{|\Delta X|_t, |\Delta M|_t\})};\ t \in \mathbf{N}, N = \{1,2,3,...,n\} \quad (1)$$

（1）式中，ΔX 和 ΔM 分别表示出口和进口在单位时段内的变化幅度，t 为时间期数。从指数的构造来看，分母为观察期内最大进口或最大出口变化绝对量的 2 倍，而分子的取值范围在 -2（max{|ΔX|，|ΔM|}和 +2（max{{|ΔX|，|ΔM|}之间，因此，S 指数取值在 -1 到 +1 之间（$-1 \leqslant S \leqslant 1$）。$S>0$，说明本期与上期相比，出口的增加大于进口的增加，或出口的减少小于进口的减少，即边际顺差，此时该行业或该产品面临扩张性的调整成本和调整压力，对应标点处于图 1 中的 AHB 区域；反之，则 $S<0$，为边际逆差，此时该行业或该产品面临收缩性的调整成本和调整压力，对应标点处于图 1 中的 AFB 区域。S 值越接近于 0 表示新增的贸易中产业内贸易的份额越大，相应地，根据平滑调整假说（SAH），其对应的调整成本越小；当 $S=0$ 时，新增的贸易为完全边际产业内贸易，调整成本为 0。反之，S 越接近 -1 或 1，则说明新增的贸易中产业间贸易的份额越大，相应的调整成本越高；当 $S=1$ 或 -1 时，新增的贸易为完全边际产业间贸易，调整成本和调整压力最大。

用 S 指数可以测度调整成本，通过 S 值的符号即可判断出产业扩张或收缩的状态。相比之下，通过计算产业每年净进口（净出口）的方法虽然也能够描述当年行业的进出口情况，但缺乏跨时段的比较。S 指数基于边际产业内贸易理论，不是简单地比较当年的进出口，而是在所要研究的时间范围内进行动态地观察，将前后两期进出口的差别进行比较，更注重一定时期内新增的贸易量的变化情况。因此，在对贸易状况的描述上，S 指数和净出口数值不仅在数量上有别，而且正负号也会有异。例如分别考察中国小麦产业的 S 值和净出口值，在 1998～2007 年的 10 年间，二者符号相反的就占到了一半①（见表 1）。究其原因，净出口是对当期贸易状况的反映，而 S 值则是对变化部分的测度，更好地反映了所面临的需要调整部分的压力。另外，S 指数是一种无量纲的指数形式，为不同行业或产品以及年度之间的比较提供了便利。

表 1　1998～2007 年中国小麦 S 指数和净出口数据对比

	1998 年（1997/1998）	1999 年（1998/1999）	2000 年（1999/2000）	2001 年（2000/2001）	2002 年（2001/2002）
净出口额	-252	-76	-127	-62	-27
S 指数	0.03	0.061	-0.018	0.022	0.012
	2003 年（2002/2003）	2004 年（2003/2004）	2005 年（2004/2005）	2006 年（2005/2006）	2007 年（2006/2007）
净出口额	152	-1199	-551	39	329
S 指数	0.062	-0.467	0.224	0.204	0.1

注：净出口额单位为百万美元。

数据来源：UNCOMTRADE（http://unstats.un.org）。

（三）相对要素密集度调整成本指数

调整成本是对要素进行重新配置所产生的成本。对于相同的产业或产品总体调整成本和调整压力，它们所涉及的某种生产要素的使用密集度越高，则此产业或此产品在该种要素上所面临的收缩性或扩张性的调整成本和调整压力就越大。本研究对土地密集型农产

① 实际上，除了小麦，玉米、水稻等的同期数据比较也有同样的情况出现。此处为表格表述简洁起见未将其一一列出。

品所使用的土地、资本和劳动这三种生产要素进行相对要素密集度调整成本的测度和比较。

本研究以最大要素密集度的产业或产品为参照，建立不同产业或产品间的相对要素密集度指数如下：

$$\eta_i^j = \Gamma_i^j / \max\{\Gamma_1^j, \Gamma_2^j, \ldots \Gamma_i^j\} \tag{2}$$

（2）式中，η 为要素密集指数，Γ 为单位价值产品要素含量，i 和 j 分别为产业或产品和要素类别。该指数值介于 0 ~ 1 之间，具有单调性，该指数值为 1 时表示该产业或产品上此要素密集度相对最高。再将其与反映该产业或产品总体调整压力和调整成本的 S 指数相结合，即可构建相对要素密集度调整成本指数（θ）如下：

$$\theta(i,j) = S_i \times \eta_i^j \times 100 \tag{3}$$

（3）式中，θ 代表相对要素密集度调整成本指数，i 和 j 分别为产业或产品和要素类别。θ 在 -100 和 100 之间取值，其绝对值大小表示相应的产业或产品面临由贸易引致的调整压力时所涉及的特定生产要素的相对调整压力水平，正值表示扩张性调整，负值表示收缩性调整。

三、实证分析和结果

依据上文所述方法，以小麦、水稻、玉米、大豆、棉花、糖类和植物油为研究对象，本研究运用 1994 ~ 2007 年数据，对中国加入 WTO 前（1995 ~ 2001 年）和加入 WTO 后（2002 ~ 2006 年）由贸易引致的调整成本和调整压力进行测度和对比。为了消除端点年份数据的偶然波动，本研究采用了三年移动平均法对端点数据进行处理。依据联合国贸易与发展会议（UNCTAD）颁布的“标准国际贸易分类”（SITC Rev. 3），各品种编号分别是 041（小麦）、042（水稻）、044（玉米）、2222（大豆）、263（棉花）、06（糖类）、42（植物油）。贸易数据以 1994 年美元价格为基价以消除通货膨胀的影响。

（一）加入 WTO 前后贸易调整空间（TAS）模型结果对比

图 2（a）和（b）分别表示加入 WTO 前后各产品面临的调整成本状况。对比加入 WTO 前后两张图，可以发现，加入 WTO 后各产品的标点整体出现明显的向右下方的位移。加入 WTO 前，中国大多数土地密集型农产品（玉米、小麦、水稻、棉花、糖类、植物油）的标点在调整空间图内都位于左上角三角形 AHB 内，面临的是扩张性的调整压力和调整成本；而加入 WTO 后，上述农产品的标点基本上都右移到了调整空间图的右下方，面临的更多的是收缩性的调整压力和调整成本。

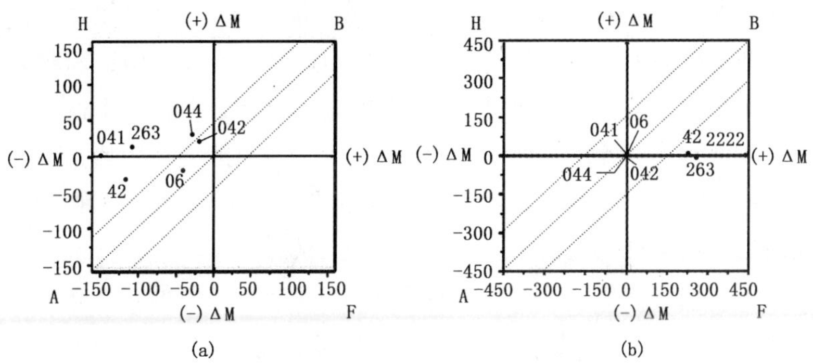

图 2　土地密集型农产品贸易调整空间（TAS）模型结果

注：① 数据均为三年平均，例如，1995 年数据为 1994～1996 年三年数据平均，2001 年数据为 2000～2002 年三年数据平均。② 各品种编号分别为：041（小麦）、042（水稻）、044（玉米）、2222（大豆）、263（棉花）、06（糖类）、42（植物油）。

数据来源：UNCOMTRADE（http://unstats.un.org）。

从具体品种来看，玉米、水稻、棉花、植物油等产品的标点从左上角的三角形 AHB 位移到右下角的三角形 AFB 区域内，由贸易引致的调整压力从扩张性的转变成收缩性的。其中，尤以棉花和植物油为最；小麦和糖类的标点在加入 WTO 后虽然仍保持在左上角的三角形 AHB 区域内，但位置已很接近原点；大豆的标点在调整空间图 2 中的位置一直处于距 AOB 对角线很远的最右端，其面临的收缩性调整压力在加入 WTO 前后均处于较高水平。

贸易调整空间图 2 中各产品标点的右移表明，在加入 WTO 后的 2002～2006 年期间，中国主要土地密集型农产品进口增速明显高于出口增速，由市场开放引致的高额进口增幅带来了中国相关产业收缩性调整压力加大的可能。虽然从年度净出口数据看有些品种一直处于顺差状态，但通过贸易调整空间（TAS）模型进行动态观察可以发现，事实并没有想像的那样乐观。从移动程度看，植物油（42）和棉花（263）标点向右下方位移的距离表明这两个产品出口收缩规模较大，相关行业要素调整面临很大压力。小麦（041）、玉米（044）、水稻（042）和糖类（06）也出现了类似的出口规模减小和进口规模增大的状况，从加入 WTO 前面临较大的边际顺差和扩张性调整压力，转为加入 WTO 后边际顺差缩小和扩张性调整压力降低，并开始出现向边际逆差扩大、收缩性调整压力增加的方向发展的趋势。大豆（2222）的标点位移不大，一直处于距 AOB 线最远的右端位置，面临着巨大的调整压力。

值得注意的是，虽然贸易调整空间（TAS）模型可以直观地展现各产业或产品在各时点所代表的调整成本的相对位置，但由于图 2 中坐标单位是有量纲的绝对数，在进行跨期比较和产业或产品间比较时有明显的局限性，有必要进一步运用 S 指数对调整成本进行测度。

（二）加入 WTO 前后 S 指数对比

表 2 反映了加入 WTO 前后中国主要土地密集型农产品 S 指数的变化。对比表明，水稻、玉米、棉花和植物油 4 个产品的 S 指数都出现了由正转负的现象，其中，棉花的 S 指数从加入 WTO 前的 0.39 到加入 WTO 后的 -0.33，相对变化率为 -185%；植物油的 S 指数从加入 WTO 前的 0.26 到加入 WTO 后的 -0.27，相对变化率为 -204%；小麦和糖类的 S 指数则由相对较为明显的正值分别下降至 0.00 和 0.01，下降幅度分别达到 -100% 和 -83%。大豆的 S

指数加入 WTO 前后分别为 -0.52 和 -0.49，收缩性调整压力一直处在较高水平。

表 2　中国加入 WTO 前后土地密集型农产品调整成本比较

S 指数	小麦	水稻	玉米	大豆	棉花	糖类	植物油
加入 WTO 前（1995～2001 年）指数	0.47	0.14	0.18	-0.52	0.39	0.06	0.26
加入 WTO 后（2002～2006 年）指数	0.00	-0.02	-0.02	-0.49	-0.33	0.01	-0.27
加入 WTO 后较加入 WTO 前变化率（%）	-100	-115	-113	5.6	-185	-83	-204

注：1995 年数据为 1994～1996 年 3 年数据平均；2001 年数据为 2000～2002 年 3 年数据平均；2006 年数据为 2005～2007 年 3 年数据平均。

数据来源：UNCOMTRADE（http：//unstats. un. org）。

（三）相对要素密集度调整成本指数对比和排序

本文运用《农产品成本收益资料汇编》① 中的数据，以 2005～2007 年的三年平均数据计算了生产要素在不同产品生产中的相对密集度，并结合加入 WTO 后调整成本 S 指数，计算了不同产品的相对要素密集度调整成本指数 θ，并按资本、土地、劳动三种生产要素在产品间进行对比和排序。

从表 2 和表 3 可以看出，虽然在反映加入 WTO 后的总体调整压力的 S 指数对比中，大豆、棉花和植物油分别排名第一、第二和第三，但如果与具体的不同要素密集度相结合再进行比较，它们所面临的调整成本和调整压力的排序就会有变化。从资本要素相对调整成本和调整压力的角度看，棉花、大豆、植物油分别排第一、第

① 《农产品成本收益资料汇编》2001 年及以前由国家计划经济委员会价格司、国家经济贸易委员会、农业部、国家林业局、国家烟草专卖局、国家轻工业局和中华全国供销合作总社等部门联合编写；2002 年、2003 年由国家发展和改革委员会价格司编写，中国物价出版社出版；2004～2008 年由国家发展和改革委员会价格司编写，中国统计出版社出版。

二和第三位；如果从土地要素相对调整成本和调整压力的角度看，顺序则是大豆、植物油和玉米；从劳动要素相对调整成本和调整压力的角度看，排在前三位的则分别是棉花、植物油和大豆。此外，虽然水稻和玉米从总体上看调整成本和调整压力基本相当，但若结合了它们不同的要素密集度来考量，则玉米面临的土地和劳动要素的相对调整压力比水稻大，而水稻面临的资本要素的相对调整压力比玉米大。

表3　　土地密集型农产品相对要素密集度调整成本指数（θ）对比和排序

品种	θ指数			θ指数排序		
	资本	土地	劳动	资本	土地	劳动
小麦	0.38	0.26	0.20	6	6	6
水稻	-32.69	-19.80	-22.89	4	4	5
玉米	-29.98	-24.95	-24.28	5	3	4
大豆	-35.84	-49.27	-25.86	2	1	3
棉花	-39.44	-19.16	-52.54	1	5	1
糖类	10.24	4.88	7.17	7	7	7
植物油	-36.62	-31.54	-36.28	3	2	2

数据来源：根据 UNCOMTRADE（http://unstats.un.org）及《农产品成本收益资料汇编》数据计算。

四、结论和政策含义

加入WTO后，中国的市场开放程度不断提高，农产品进口关税更是一降再降，目前已低于世界平均水平。由于在现实中由贸易引致的生产要素在部门或产品间的调整并不能像经典理论所假设的那样可以迅速、充分和无成本，中国在加入WTO后过渡期内面临的调整成本和调整压力对贸易政策的制定形成了相当的挑战。

本文基于边际产业内贸易理论和平滑调整假说（SAH），运用贸易调整空间（TAS）模型和S指数，结合相对要素密集度调整成本指数，对中国加入WTO前后土地密集型农产品的调整成本和调整压力情况进行了分析、测度和对比。研究结果表明，与加入WTO前相比，贸易自由化使中国土地密集型农产品面临更大的收缩性调整压力，其中，玉米、水稻、棉花、植物油等产品从面临明显的扩张性调整压力转变为面临大幅的收缩性调整压力；大豆在加入WTO前经历了强烈的收缩性调整成本和调整压力，加入WTO后仍处在继续进行收缩性调整的高位。结合土地、资本和劳动三种要素在不同产品上的密集度，对各产品相对要素密集度调整成本指数的比较和排序则表明，棉花、大豆、植物油排在资本要素相对调整压力的前三位；大豆、植物油、玉米排在土地要素相对调整压力的前三位；棉花、植物油和大豆排在劳动要素相对调整压力的前三位。

中国农业对外开放程度在不断增加，了解贸易自由化对中国土地密集型农产品调整成本变化的影响，对中国农产品贸易政策的制定以及更加合理的资源配置具有重要作用。在市场开放和贸易保护政策的选择上，需要从不同的层面对其进行考量。已有研究多从粮食安全、比较优势等角度对农业贸易政策选择进行研究。本文则基于生产要素流动的不充分性和非及时性的特征，从由贸易引致的生产要素调整成本和调整压力的视角，对各产业或产品的调整成本进行分析，为后过渡期内中国农产品贸易和保护政策的制定提供了新的分析角度和选择参考。

当然，后过渡期内的市场开放和贸易保护政策还是属于短时期范围，从长期来看，提高要素流动性、降低调整成本才更符合长期贸易利益和经济利益，也是中国农产品市场与世界市场进一步融合的必经之路。这除了要制定后过渡期内与本国贸易福利相适应的市场开放和保护政策外，还应促使包括劳动力、资本和技术在内的资源迅捷而畅通地流动。同时，在开放贸易的环境下，多元化生产也将在刺激产业内贸易增加的同时相应地减少贸易摩擦和调整成本，为中国各产业在拓宽贸易市场空间方面发挥重要作用。

参考文献

1. Azhar, A. K. M. and Elliott, R. J. R. : *On the Measurement of Trade – Induced Adjustment*, The School of Economics Discussion Paper Series 0309, School of Economics, The University of Manchester, 2003.

2. Artuc, E. , Chaudhuri, S. , and McLaren J. : *Trade Shocks and Labor Adjustment: A Structural Empirical Approach*, NBER Working Paper No. 13465, Oct. 2007.

3. Balassa, B. : Tariff Reductions and Trade in Manufactures among the Industrial Countries, *American Economic Review*, 56 (3): 466 – 473, 1966.

4. Beladi, H. and Parai, K. A. : Sluggish Intersectoral Factor Movements and Alternative Trade Policies, *Southern Economic Journal*, Vol. 59, No. 4, pp. 760 – 767, 1993.

5. Brulhart, M. : Marginal Intra – industry Trade: Measurement and Relevance for the Pattern of Industrial Adjustment, *Weltwirtschaftliches Archiv*, Vol. 130, pp. 600 – 613, 1994.

6. Brulhart, M. and Elliott, R. J. R. : *Labor – Market Effects of Intra – industry Trade: Evidence for United Kingdom*, GEP Research Paper 2000/21, 2000.

7. Sohn, C. and Lee, H. : *Marginal Intra – industry Trade, Trade – induced Adjustment Costs and the Choice of FTA Partners*, KIEP working paper, 2004.

8. Dixon, P. and Menon J. : Measures of Intra – Industry Trade as Indicators of Factor Market Disruption, *Economic Record*, 73: 233 – 237, 1997.

9. Erlat, G. . and Erlat, H. : *Intra – industry Trade and Labor Market Adjustment in Turkey*, http: //www. ecomod. net, 2003.

10. Greenaway, D. ; Hine, R. C. ; Milner, C. R. and Elliott, R. J. R. : Adjustment and the Measurement of Marginal Intra – industry Trade, *Weltwirtschaftliches Archiv/Review of World Economics*, 130 (2): 418 – 427, 1994.

11. Grubel, H. and Lloyd, P. J. : *Intra – industry Trade, London*: Macmil-

lan, 1975.

12. Hamilton, C. and Knist, P.: Trade Liberalization, Structural Adjustment and Intra - industry Trade: A Note, *Weltwirtschaftliches Archiv*, Vol. 127, pp. 356 - 367, 1991.

13. Luh, Y. and Stefanou, E. S.: Productivity Growth in U. S. Agriculture under Dynamic Adjustment, *American Journal of Agricultural Economics*, Vol. 73, No. 4, pp. 1116 - 1125, 1991.

14. Mortensen, T. D.: Generalized Costs of Adjustment and Dynamic Factor Demand Theory, *Econometrica*, Vol. 41, No. 4, pp. 657 - 665, 1973.

15. Treadway, B. A.: Adjustment Costs and Variable Inputs in the Theory of the Competitive Firm, *Journal of Economic Theory*, Vol. 2, No. 4, pp. 329 - 347, 1970.

16. Vasavada, U. and Chambers, R. G.: Investment in U. S. Agriculture, *American Journal of Agricultural Economics*, Vol. 68, No. 4, pp. 950 - 960, 1986.

17. 李坤望、施炳展："产业内贸易变迁与贸易自由化调整成本——基于中国制造业的实证分析"，2005 年中国经济学年会会议论文，2005 年。

18. 刘鸿雁、刘小和："中日韩农产品产业内贸易研究"，《农业经济问题》2005 年增刊。

19. 陆文聪、梅燕："中国与欧盟农产品产业内贸易实证分析"，《国际贸易问题》2005 年第 12 期。

20. 史青："中国主要进口农产品贸易调整成本研究——基于边际产业内贸易视角的分析"，南京农业大学硕士学位论文，2009 年。

21. 朱晶："中国劳动密集型农产品出口市场结构与定位分析"，《中国农村经济》2004 年第 9 期。

22. 朱允卫："中泰农产品产业内贸易的实证研究"，《农业经济问题》2005 年第 7 期。

作者单位：南京农业大学经济管理学院

发表刊物：《中国农村经济》2010 年第 1 期。

农田水利的利益主体及其成本收益分析

——以湖北省沙洋县农田水利调查为基础[1]

贺雪峰　郭　亮

内容提要： 本文以在湖北省沙洋县农田水利调查为基础，分析了与农田水利有关的五大利益主体的行为逻辑，探讨了当前农田水利陷入困境的原因，并提出了解决当前农田水利困境的政策建议。本文认为，中国人均一亩三分，户均不过十亩的小农经营条件下面，离开村社这个最小的有效灌溉单位，国家无论向农村投入多少水利资金，都无法解决农田灌溉问题。本文的结论是，国家当前对农田水利的投资，不只是要用于工程设施建设，而且要着眼于机制建设。

关键词： 农田水利　水利直补　村社组织　农民用水户协会

农田水利一直是新中国的战略性议题。新中国前 30 年，在“以粮为纲”的时代背景下，“水利是农业的命脉”，水利成为当时中国自上而下各级政府最为关注的焦点问题。也正是前 30 年的努力，为新中国建立了完备的农田水利体系。分田到户以后，因为已经有良好的水利基础，承包制又调动了农民的积极性，农业生产形

---

① 本文系 2010 年 1 月华中科技大学中国乡村治理研究中心研究人员在湖北省沙洋县 6 个乡镇所作为期 20 天的农田水利调查基础上完成的。

势一度大好。到20世纪90年代，因为农民负担沉重，粮价低迷，农民种粮积极性下降，农田水利建设投入不足，在国家汲取资源的背景下，乡村利益共同体形成①，“三农”问题逐步成为影响国家发展的重大问题。

取消农业税和其他面向农民的收费后，之前由乡村组织强制收取的农田灌溉费用不再可以收取，乡村组织逐步脱离农田灌溉，农户成为独立的农田灌溉单位。同时，因为国家积年的水利欠账，农田水利基础设施出现严重毁损。农田水利再次陷于困境。

取消农业税后，一方面，国家不仅不再向农民收取税费，而且逐年提高对种粮农民的补贴，从而极大地提高了农民的种田积极性。另一方面，农户作为基础灌溉单元的规模太小，农田灌溉越来越成问题，农户不得不通过修挖各种微型水利来应对灌溉的困难。农户微型水利的修挖又进一步破坏了大中小型配套的农田水利基础设施。

粮食是国家的战略产业，作为粮食生产基础和粮食安全前提的农田水利是国家必须重视的事业。农村税费改革后，尤其是最近几年，国家不仅给农户越来越多的直补，而且迅速增加水利投资，农田水利几十年的欠账正在偿还。

不过，农田水利建设显然不只是国家投入的问题，因为中国农田水利是以中国“人均一亩三分，户均不过十亩”，且田块分散的小农经济为基础的，国家水利投入究竟应该投在何处？水利投入与水利使用关系如何？在中国当前的小农经济基础上，如何建立起低风险、低成本、可持续和高效益的农田水利体系？这就需要仔细清理农田水利的逻辑。本文中，我们以在湖北省沙洋县6个乡镇的调查为基础，讨论农田水利的利益主体及其行为逻辑，在此基础上分

① 关于乡村利益共同体的进一步讨论，见贺雪峰：“试论二十世纪中国乡村治理的逻辑”，载黄宗智主编：《中国乡村研究》总第五辑，福建教育出版社2007年版。

析当前农田水利存在问题的症结，提出建立保证国家粮食安全的农田水利的基本原则与具体途径。

一、农田水利的两个基本前提

讨论农田水利，我们需要首先明确讨论的基本前提。我们认为有两个必须首先明确的基本前提。

第一个基本前提是，“水利是农业的命脉”，中国季风型气候条件下，农田水利的状况是决定中国粮食生产的关键要素，从粮食安全的角度看，中国必须保证农田的基本水利条件。中国是一个大国，土地资源稀缺，极端气候频繁。没有可靠的农田水利，一旦出现极端干旱气候，粮食生产就会大受影响。中国这样的大国，一旦出现粮食问题，是不可能依靠其他国家来救助得了的。保证在极端气候条件下面仍然可以获得稳定粮食生产的水利条件，成为国家必须的战略考虑。换句话说，建立可以旱涝保收的农田水利体系是国家战略任务。

第二个基本前提是，中国农田水利需要建立在当前农户分散经营的体制基础上。“人均一亩三分，户均不过十亩”的小农经济，是当前中国农业的基本形态，还将长期存在，我们不能离开这样一个基本的农业生产条件来讨论农田水利基础的建设。

以上两个基本前提是建立比较完善的农田水利系统的条件和基础。完善的农田水利系统至少应当包括以下几个方面：一是低风险；二是低成本；三是可持续；四是高效益。所谓低风险，就是要保证农田旱涝保收，不能动辄旱死庄稼，尤其要能有效应对异常天气情况；所谓低成本，就是用最低成本来获得有保障的农田灌溉；所谓可持续，是指可以长期进行下去，是永续性的；所谓高效益，是指农民可以从农田水利中受益，国家粮食安全有保障。

下面我们通过回顾新中国农田水利建设的历史，重点分析当前农田水利建设的各个利益主体及其成本收益分析，讨论当前农田水利存在的困境，并尝试性提出解决问题的办法。

二、新中国农田水利建设的几种形态

在湖北省沙洋县农村调查，农民所说“单干以来”，有两个不同的时点，一是1982年分田到户，二是2002年农村税费改革。这很有趣，因为1982年与2002年相隔20年，农村社会发生了巨大变化。我们通常只讲1982年分田到户以来是“单干以来”，即是由“三级所有、队为基础”的人民公社体制到家庭承包责任制，由集体经济到农户经济。农民却讲出了有两个“单干以来”的时点，而且在相当多的时候，农民讲“单干以来”就是指2002年农村税费改革以来。

湖北省沙洋县农民这样讲是否有道理？是有道理的，因为1982年分田到户，仅仅是分田到户，中国农村基本经营制度则仍然是“家庭承包、双层经营”的体制。田是分到户了，但土地所有权仍然是村社集体的，农户仍然要承担对村社集体的义务，村社集体仍然是一个经营层次。这样一种“家庭承包、双层经营”的农村经营体制，被认为是中国农村的基本经营制度，要“长期不变”。按当时的体制设计和农村的实践，村社集体经营层次的作用是解决个体农户“不好办和办不好”的生产中的共同事务。村社集体在调整土地、兴办集体事业等方面也大多可以有所建树。农民不仅要承担交给国家的农业税，而且要承担用于村社集体事业的“三提五统”和承担“两工”义务。此外，村社集体可以向农民收取用于共同生产事务的共同生产费。

2002年税费改革至2006年取消农业税，国家也同时取消了面向农民的各种收费。取消了“两工”。以前用于解决村庄共同生产事务的共同生产费也不再收取，而代之以“一事一议”。国家希望通过农民自愿来筹集共同生产费用。

取消农业税之前，村社集体向农民收取的各种税费和共同生产费，是有一定强制性的，虽然税费（三提五统）和共同生产费具有不同的强制性，但搭在农业税中一并收取的三提五统和共同生产费，是农民应尽的义务，即使有人拖欠税费，也只是拖欠，账是被作为农户欠集体的债务记在那里的，且这些债务是记利息的。理论上讲，欠债是要还的。

税费改革时，中央为了稳定农村，缓解农村干群关系，要求锁定农村债务，暂停各种向农民清收欠债的行为，且一直到现在，国家也不再出台政策向农民清收各种欠债。农民事实上都已认定国家不再可能组织向农民“清欠”了。乡村干部也是这样认为。因此，农民普通认为，那些拖欠集体税费的农户得了好处，而积极交税费的农户吃了亏、上了当。这也极大地削弱了和搞乱了农民对国家和集体的义务观念。

“一事一议”与之前共同生产费的差异之一在于，农户拖欠共同生产费是被作为债务记在农户与集体经济的往来上的，而“一事一议”决定向农户收费的费用不再能被作为债务记载下来，农户拖欠费用，也就拖欠了，没有任何办法强制，甚至无法作为债务记载下来。这样，少数农户拖欠或拒交“一事一议”费用的行为就会极快地扩散，最后必然是所有农户都不再愿意交纳“一事一议”费用。从我们在全国农村调查的情况来看，“一事一议”很少有成功的案例。

与此同时，在权利话语下面，越来越强的赋予农民更大的土地权利的呼声逐步变成国家政策甚至法律，比如 2002 年的《中华人民共和国土地承包法》不仅进一步强化了农户土地承包权，而且规定村社集体一般不得预留机动地，2007 年通过的《中华人民共和国物权法》将土地承包权界定为用益物权，2008 年中共十七届三中全会决议规定“现有土地承包关系要保持稳定并长久不变”，等等。在农户土地承包权被极大地加强的同时，土地集体所有权进一步被削弱，村社集体调整土地利益分配的能力和从土地集体所有权中获取收益的能力均因此削弱。

也就是说，2002年税费改革以来，以农田灌溉为主要目标的村社集体经营层次因为无法向农民收取费用，且丧失调整土地利益分配和从集体土地中获取收益的权利，而不再能够持续，“双层经营”因此变成了只有农户一个经营层次。结果是村社集体迅速退出农村共同生产事务，农村中出现了千家万户搞水利的局面。

换句话说，农民说2002年是“单干以来”，就是指1982年分田到户以来所形成的作为农村基本经营制度的农村双层经营体制解体后的又一轮“单干”。

这样一来，我们就可以划分出农村基本经营制度的三个不同时期，一是1982年分田到户以前的大集体时期；二是分田到户后至2002年前的“家庭承包、双层经营”的时期；三是2002年农村税费改革以来的时期。

这三个时期恰好对应三种不同形态的农田水利。

（一）大集体时期

因为可以通过工分制来调动农民参与公共事务的积极性①，大集体时期，国家有能力将农田水利作为全国一盘棋，开始大规模的农田水利建设。以湖北省沙洋县为例，在大集体时期，沙洋境内即建立了漳河水库（库容22亿立方米，全国最大的人工水库之一）三干渠，7座中型水库，29座小一型水库，数十座大中型抽水泵站。

除大中型水利设施以外，到大集体后期，以“农业学大寨”为契机在全国掀起农田水利基本建设的高潮，在不长的时间，全国一盘棋，基本上建立了大中小型水利设施配套，农田水利基础条件良好，且可以抗大旱排大涝的完整的农田水利体系。1952年，中国耕地的灌溉面积为1995.5万公顷，占农地总面积18.5%。到

① 关于工分制度精彩的讨论，可以参见曹锦清等著：《当代湖北乡村的社会文化变迁》，远东出版社2001年版，第4章。

1978年，中国耕地的灌溉面积达到4996.5万公顷，占农地总面积的45.2%①。

大集体时期水利建设的缺点是，因为当时调用劳力比较容易，水利建设不计成本，导致重复建设比较多，水利建设标准过高，水利建设的投入甚至超过了农田实际灌溉需要，以沙洋县为例，从汉江调水的大碑湾泵站的设计灌溉面积达到40多万亩，而大碑湾泵站灌区与漳河水库三干渠灌区重叠，从而导致大碑湾泵站设计灌溉能力从来没有实现过。

大集体时期，除了水利建设投入机制上的一盘棋以外，在用水体制上，因为人民公社是一个比较大的灌溉单元，大中型水利设施基本上可以通过“公社、大队、生产队”三级与农田对接，从而可以保障农田基本灌溉的需要。

（二）双层经营时期

分田到户以后，虽然集体仍然可以调用“两工”来进行农田水利建设，但大规模调动劳动力建设大中型水利设施的时期已经过去，也正是因为大集体时期已经修建完善的水利设施，双层经营时期可以从中获取好处。这一时期，无论是国家还是农民，都极少在大中型水库和农田基本建设上作大规模投入，“两工”投入也大多只是维护大集体时期的水利体系。

双层经营时期的一个重要之处是，村社集体仍然是一个经营层次，仍然具有一定的经营权力，比如可以组织“两工”，且可以向农民强制性的收取共同生产费，可以调整土地。正是因此，村社集体还可以作为一个基本的灌溉单元，以与越来越市场化取向的大中型水利设施对接，从而可以保证农田基本灌溉的进行。

到双层经营的晚期，有三个因素导致集体灌溉越来越难，一是

① 程漱兰：《中国农村发展：理论和实践》，中国人民大学出版社1999年版，第266页。

大集体时期建设的水利设施没有得到良好的维护，而逐步毁损，基本农田水利设施严重不足；二是在人民公社解体后，国家缺少向农民提取的组织制度，但国家继续期待通过向农民汲取资源来加快现代化建设事业，导致乡村利益共同体的出现，基层政权甚至出现黑恶化倾向，农村干群关系越来越紧张；三是村庄社会边界被打破，越来越多农民外出务工经商，农村出现了前所未有的农民大流动。因此，到了双层经营的后期，虽然村庄集体灌溉体制仍然维持，其成本却越来越高，农民的不满情绪越来越重，农田水利越来越成为问题。

（三）税费改革以来

针对农民负担及由此引起的严重干群矛盾，中央自 2002 年进行农村税费改革并于 2006 年彻底取消农业税。取消农业税后，村社集体作为一个经营层次越来越不能发挥作用。取消农业税和面向农民的收费之后，村社干部也没有介入到农田水利的积极性。取消村民组长等制度安排进一步瓦解了村社集体作为一个基本灌溉单元的条件。其结果就是，一方面农田水利条件继续不好，一方面，随着村社退出农田灌溉，农户成为独立的灌溉单元，过小的农户根本无法与大中型水利设施相对接。结果是，大型灌区的灌溉面积迅速萎缩，农户不得不通过打井、挖堰等小微型水利来维持农业基本生产条件。

这个时期，国家不仅取消了农民的税费任务，而且给农民越来越多的各种补贴。国家还从粮食安全的战略考虑，逐年偿还积年的水利欠账，开始大规模投入资金整修大中型水利设施。农民因为负担减轻和粮价上涨，有了较高的种粮积极性。在村庄集体不再成为一个经营层次，村社作为灌溉单元不再能发挥作用的情况下，农户不得不依靠单家独户的力量来投资小微型水利。而小微型水利的投入并不是作为大中型水利的补充，而是作为大中型水利的替代者乃至破坏者来发挥作用。其结果就是我们在湖北省沙洋县农村调查所看到的状况：国家大规模投入大中型水利设施，大中型水利设施的灌区面积却迅速萎缩；因为村社这个与大中型水利对接的最小灌溉单元的解体，农户不得不建设小微型水利；小微型水利的建设进一步复杂化了农户的利益需求，从而使农户与大中型水利的对接更加困难；国家投巨资建设好的大中型水利因此更加没有发挥作用的希望。在大中型水利无法与小水利对接，在农户只能通过打井挖堰等微型水利来解决自己基础生产条件时，任何天灾都可能导致农业的严重损失、粮食的严重减产。举例来说，最近几年，国家新增投资一亿多元建设维修的大碑湾泵站，却已经有 5 年时间没有开机抽水，灌区农民因为无法从泵站抽水，而不得不打井灌溉水稻。仅仅大碑湾泵站灌区所在一个乡镇，农民在最近 5 年即打了 7000 多口机井，以每口井 5000 元计算，农民新增机井投资即达到 3000 多万元。但是，在大碑湾泵站灌区，农民的灌溉条件不仅没有改善，而且变得旱灾频繁，甚至到了年年受灾的程度。

还有两点小的补充。一是取消农业税以后，水利部门希望通过推广农民用水户协会来组成基础的灌溉单元，以代替之前的村社，这种想法很天真。实践中基本上没有成功的。二是取消农业税后国家和农民大量的水利投入并不能替代过去的“两工”，因为“两工”投入是投入到水利体系之中的，而目前农民增加的投入只是投到了小微型水利中。两者差异是，前者是衔接起大中型水利与小水利，而后者则构成了对这种衔接的破坏。

三、当前农田水利的利益主体

要找到造成当前农田水利困局的原因，就需要找出当前与农田水利有关的各个利益主体，并对各个利益主体的状况尤其是其成本收益状况进行分析。以下我们来找出农田水利的几大利益主体，并分析各利益主体的行为逻辑。

我们从农户开始，一层一层向上找。显然，农户是与农田水利关系最为密切的利益主体，因为当前中国农村的基本经营体制是“家庭承包、双层经营”的体制，农户是一个相对独立的经营单位，农田水利条件好坏直接关系到农业生产能否顺利进行，农业生产成本和收益状况；在农户之上的第二个农田水利的利益主体是村社，即“双层经营”中农户以上一个层次的单位，通常是村民组或村委会。村社这个层次是集体土地的所有者，是办单家独户“办不好和不好办”事业的单位；在村社以上的层次则是乡镇，再上去是市县，再上去是省市区，最高层是中央。我们可以区分出地方和中央。这样，我们就可以得到农户、村社、地方和中央等四个农田水利的利益主体。

除以上四个利益主体以外，建国以后修筑的大中型水利设施（如水库、泵站、灌区等）因为推行市场化取向的改革，“以水养水”、“以库养库”，这些大中型水利设施也就成为相对独立的利益主体。这样，我们就可以区分出五个农田水利的利益主体。

以下我们来讨论这五大利益主体在农田水利建设上的逻辑。

（一）国家或中央政府

我们先来看国家的行为逻辑，也就是看中央政府在农田水利建设上的成本收益分析。

中央政府在农田水利上，最为关心的问题是粮食安全，因为中国是水旱灾害比较频繁的国家，雨热同期的季风型气候，容易出现连续多年的涝灾或旱灾，极端如 1959 ~ 1961 年的 3 年自然灾害。无论成本有多高，建立（或维护）可以抗大旱的农田水利体系，从而保证即使出现极端气候条件也能生产出足够粮食，是中央政府的第一责任，也是最大的利益所在。粮食具有很强的战略性，即一旦中国粮食生产不足，全世界可能都无法为中国提供足够的粮食。粮食需求弹性极小，粮食生产不足会导致粮价飞涨，而粮价飞涨又可能导致粮食屯集，从而可能出现饿死人的情况。而对粮食生产影响最大的因素是水利，尤其是旱灾。因此，从粮食安全角度看，建设一个具有相当可靠性的可以保证粮食旱涝保收的农田水利体系极为重要。这也是中央政府首要的关注点。

中央政府除了从粮食安全角度关注水利以外，还希望健全的农田水利系统可以为农民提供低成本、高效益的农业生产条件，低成本是指农民较少的灌溉成本，高效益是指可以为农民提供增收机会和种植方便的良好水利条件。

中央政府在农田水利体系中还有一个重要的收益，或必须杜绝的严重事态，就是有效防范水利风险，比如病险水库必须及时维护，因为病险水库跨坝，可能导致严重事态。这种严重事态会直接影响中央的权威，影响党的执政合法性。

在以上三点收益的基础上，中央政府也希望通过调动其他利益主体的投入积极性，以中央政府最少的投入来获取以上三项收益。而其中最为根本之处是建立一个良好的既少风险又少浪费的高效益的农田水利体系和体制。恰恰当前的农田水利体系既高成本，又高风险，是中央政府应当通过政策和体制调整来改变的。

小结，中央政府在农田水利上的收益有三：一是建立一个高度保险的水利体系，这是由中国粮食安全需要所决定的；二是要杜绝水库跨坝等严重事态；三是有利于农民增收。只有在满足以上三个收益的的基础上，中央政府才追求最少投入的第四个收益。

（二）地方政府

取消农业税以后，地方财政脱离来自农业的收入，农民收入状况与地方财政几无关系。地方政府的财政收入越来越依靠工业和城市建设，尤其是土地征用所获收益。因此，招商引资成为地方政府尤其是市县两级政府的首要冲动。从某种意义上，县乡政府的利益与农户利益已经脱钩。

而从农户一面看，取消农业税前，农户可以要求地方政府（县乡村）为自己提供基本的灌溉条件，不然他们就可以在秋后拒交税费。地方政府为了收取税费方便，而有为农户提供灌溉的压力和动力。取消农业税后，地方政府不再向农民收取税费，农民也就不再可以以拒交税费来施加压力，地方政府也不再有为农民提供灌溉的积极性。地方政府越来越脱离农户的生产，越来越与农业生产无关。

不过，在中国这样的中央集权国家，农业生产尤其是粮食生产是事关国计民生和国家安全的大事，地方政府有责任为农民提供基本的农业生产条件。若出现严重的旱涝，从而引起粮食大幅度减产，地方政府是要负一定政治责任的。同时，因为旱涝减产绝收的农户仍然习惯于遇事找政府，他们尤其是在干旱季节，会到县市上访，要求政府解决灌溉问题。其中有些农民为干旱而上访就是在村社干部的鼓动下产生的，因为村社无法解决农民的灌溉问题。农民上访成为群体性事件后会对地方政府产生巨大压力，地方政府不得不调动（或挪用）手中资源来解决农户的抗旱问题（比如多多打井，挪用排涝费用于抗旱等），以暂时缓解农户的激烈情绪①。

小结，在农田水利中，地方政府的利益逐渐与农业生产脱钩，农田水利好坏几乎与地方政府利益无关，只要不出现农民大规模上访闹事，以及不出现粮食严重减产，地方政府没有理由关心农田水利建设。

此外，地方政府主要官员任期较短，他们因此倾向于机会主义地解决农田水利问题，即他们不是从建立一个完善的农田水利体系，而是从最近几年可能不出事来对待农田水利。至于农业灌溉的成本如何收益如何，地方政府并不关心。

（三）村社

村社主要指村民组和村委会。村民组是由人民公社时期的生产队演变而来，村委会则一般相当于人民公社时期的生产大队。

---

① 焦长权将农民要求政府解决灌溉问题的上访称为“求援型上访”。见焦长权：“政权‘悬浮’与市场‘失灵’：一种农民上访行为的解释框架”《开放时代》2010 年第 6 期。

取消农业税后，全国大部分地区村民组长被取消，村民组这个“三级所有、队为基础”的基础也就逐步瓦解了。村民组瓦解的后果相当严重，因为分田到户时，全国绝大多数地区农村都是以村民组为单位进行分地的，分地时，以户为单位，按人均分。为了公平，一般分地都是肥瘦远近搭配，因此，中国式小农经济，不仅是人均耕地少，而且地块分散。

村民组作为以前的人民公社的基础，往往也是一个相对独立的灌溉单元，是一个基本农田水利建设单元。在村民组内实行以户为单位的按人均分的土地承包，在村民组仍然可以在灌溉上发挥“统”的作用的情况下，分户经营下的农田灌溉问题不是很大。取消农业税后，不仅全国大部分地区取消了村民组长，而且全国几乎所有农村地区都取消了向农民的收费，而这种收费中，最重要的两项收费是作为农民耕种集体土地而对集体承担义务的“三项提留”和作为共同生产费用支出的“共同生产费”。因为取消了村社向农户收费的权利，且取消了村民组长，作为一个基本灌溉单元的村民组也就解体了。

村民组解体后，村委会成为距农民最近的一级建制，但村委会既不可能向农民收费，也其实难以组织农户灌溉，解决农田水利难题，因此，当农户在灌溉中遇到困难时，村干部最倾向于动员（暗中）农民到县乡上访，农民上访既可以推卸村干部的责任，又可能为村里争取来自上级的水利拨款。

村社或村组两级在当前农田水利建设上不作为的后果相当严重，因为村组是农田灌溉的最为基本的单位。但村社不作为的责任并不全在村社，而在于政策。取消农业税后，国家不仅取消了村社向农民收费的权利，而且极大地削弱了集体的土地权利。自上而下给农民的补贴，也都采取了不经过村社而直接到户的政策。村社即使想在农田水利建设方面有所作为也十分困难。

与村社组织被置于一边相一致，取消农业税后，国家试图通过农村公共事业“一事一议”的办法和成立“农民用水户协会”的办法，来解决农业共同生产所要解决的问题。所谓“农民用水户协会”，是指由农户自愿组织起来的用水组织，这种组织最重要的特点是自下而上和自愿。在农田水利具有极高的公共性和公益性的情况下，用水户协会无法克服搭便车行为，因此在实践中困难重重，几乎没有成功的范例。“一事一议”也同样因为缺少强制性而难以持续。相反，村社组织是自上而下的行政建制的组成部分，具有一定的强制性，从而具有防止搭便车的机制。

村社组织因为已经无力解决农田灌溉问题，且村社利益也与农户经营没有关系，村社在面对农业生产的灌溉困难时，要么不闻不问，要么将农户推向上级政府。以前村社组织在农户上访时所起防火墙作用没有了。而当越来越多的村庄的甚至农户经营的问题都被推向越来越高层政府时，上级政府将无力应对如此巨大的农民要求，现行的政治体制就会出现严重梗阻。

（四）农户

农户是相对独立的经营者，农田水利的状况与他们的利益最为相关。良好的水利条件可以让他们旱涝保收，且他们可以较少为灌溉而“操心”。低成本、有保障和高效益的农田水利，是中国小农极为期盼的目标。

当地方政府不再关注农田水利，村社无力关注农田水利时，以前作为基本灌溉单元的村社解体，基本的灌溉单元下降到户。

农户作为基本的灌溉单元显然太小。与户相适应的灌溉方式是打井和挖堰，条件好一点的是在小河中筑坝拦水，用潜水泵抽水。这正是当前湖北省沙洋县农村农田水利的发展方向。比如我们前述某镇，全镇近年打机井数竟超过 7000 口，户均一口机井还要多。

问题是，打井、挖堰等微型水利不仅成本高而且风险大。风险有二，一是打井后，往往用不上几年就报废了。一口机井成本一般在 5000 元以上，原计划用 10 年，往往只用 3 年就报废了。据我们在沙洋县的调查，农户打井 3 年后，报废率达 40% 以上。二是无法抗大旱。而微型水利的成本很高，若算上打井折旧，每亩灌溉费用达到 200 元以上，远高于取消农业税前用大中型水利设施灌溉的亩平 20～30 元的成本。且用微型水利费工费时无数。

当大中型水利无法与农户对接，农户不再可以指望大中型水利时，打井、挖堰也许就成为农户唯一选择。农民称打井是打“呕气井”，挖堰是挖“呕气堰”，意思是当村社组织不再可以采用带有一定强制性措施来组织农户灌溉时，若分散的农户仍然要依靠大中型水利设施，则那些最为需要灌溉用水的农户就最为强烈地希望组织起来对接大中型水利设施，而那些上游的、水利条件好一点的农户则指望搭便车。这个虽然可能便宜但组织成本极高的与大中型水利对接的灌溉，是以积极分子“呕气”为代价的，这些积极分子（下游的、用水不太方便的）因此打井、挖堰，而不再为用大中型水利设施的水而呕气。下游的农户首先退出大中型水利设施，上游也就成了下游。农户的打井因此一直打到水库脚下和灌区边上，灌区也因此废掉。

（五）灌区

作为相对独立的经营实体的大中型灌区，按相关政策规定，是一个“以库养库”、“以水养水”，自收自支、独立经营的实体。大中型灌区如大中型水库、大型抽水泵站等。如前所述，湖北省沙洋境内的大中型水利设施主要有三类：一是来自特大型水库漳河水库的三干渠灌区，设计灌溉能力为 140 万亩；二是中小型水库，沙洋县境内共有 7 座中型水库，29 座小一型水库，设计灌溉面积在数十万亩；三是引汉灌溉工程，即从汉江引水的灌溉工程，其中仅大碑湾泵站的设计灌溉面积即达 40 万亩。这些大中型水利设施均为人民公社时期修建的，按当时的标准，发生 50 年一遇的天灾，沙洋县境内农田也是可以旱涝保收的。且更重要的是，沙洋县内的各大灌溉设施之间是相互衔接的，大中型水利设施是互补的，中小型水库是作为漳河这个特大型水库的三干渠的补充，而农田水利则与大中小型水利设施直接对接，其对接的基础恰是村社组织，村社是一个有效的灌溉单元。

取消农业税前，村社这个基础的灌溉单元就越来越习惯于拖欠大中型水利设施的水费，且有越来越多的村社逐步脱离大中型灌区，而建立独立的小型水利。有两个原因造成了这种脱离，一是水利设施逐步市场化，水价越来越高，且越是旱情严重，管水单位越是指望通过放水来获取更大收益；二是上游越来越指望通过偷水等搭便车行为来用便宜水，而几十年失修的水利设施的渗漏也越来越严重，下游实际得到的水量与付费水量差异颇大，成本过高。

取消农业税后，之前依靠村社组织向农户强制收取共同生产费，从而由村社组织出面与大中型水利设施对接的体制解体，村社组织退出共同生产事务，农田灌溉被指望由农民自下而上地组成“农民用水户协会”来与大中型灌区对接。这当然是不可能的。其结果就是，大中型灌区根本无法与单家独户农户对接，农户要水而不得，灌区有水放不出。农民形象地称之为“关起水来过天干”。

一旦大中型水利设施与农户不能对接，农户就不得不通过微型水利来自救，而农户的自救行为又进一步减少了对大中型水利设施的需求和复杂化了农户对大中型水利需求的偏好，从而导致村社更难组织起农户来与大中型水利对接。

国家为了粮食安全，必须保证大中型水利设施的基本运转，正如大碑湾泵站管理处负责人说的一样，谁也不敢下令将大碑湾泵站拆掉，因为谁也不敢保证不会再出现大旱之年。但在一般年景，农民通过打井、挖堰而替代了部分大碑湾泵站的灌溉需要。即使天旱得比较严重，因为农户无法组织起来筹资抽水，大碑湾泵站也无法抽水，因此，即使每年灌区内有相当面积农田被旱死，那也只能旱死。若有大旱，农民情绪激烈，又可能有大片稻谷旱死而成为政治性事件，则县市政府会来强制泵站抽水，农民的钱仍然收不上来，县市政府因为抽的是“政治水”，而不得不通过挪用其他经费比如防汛费来支付抽水泵站的电费。

市县政府放“政治水”的大旱年景，其实也是灌区面积越来越小、有水放不出去的灌区急需借放水来收回运营成本的年景。大中型水利设施就是等着这样的大旱时期来放水以获得营运收入。在农户根本组织不起来的情况下，显然只能由政府拿钱放“政治水”。而每放一次“政治水”，都会激化农户与大中型水利的矛盾，导致两者关系的断裂。

近年来，因为国家认识到大中型水利作为粮食安全基础的重要性和连续出现数次水库跨坝的严重事件，而花费越来越多钱维护大中型水利设施，比如大碑湾泵站最近数年先后获得两笔维护费用，分别为1300万元和9200万元，都是巨大的数字。沙洋县境内的中型水库的整险费一般为2000万元，小一型水库为300万元。但其实，大碑湾泵站已有5年未抽水，大多数水库也已成为养鱼的水面，而无法灌溉了。

国家巨额投资大中型水利，但大中型水利因为无法与农户对接，导致大中型水利设施长期无法使用。长期不使用，“用进废退”，水利设施很快又会毁损。更严重的是，因为大中型水利设施不能灌溉，所以无法有营运收入，指望依靠运营收入来养活的灌区管理人员和获得的日常经营经费也就没有可能，这样，灌区只好长期放假，人员流失。以大碑湾泵站为例，全站有100多名职工，每年事业经费才60万元，10多年来，泵站已欠职工工资上千万元。在泵站无法抽水的情况下，“以站养站，以水养水”成为一句空话。无人养护和管理的泵站，国家投巨额资金又有何用？

显然，大中型灌区的特点是可以有比较大的灌溉面积，从而获得比较多的灌溉收益，这些收益不仅可以养活职工，而且可以养护好设施。当前大中型水利设施存在的问题有二：一是设施普遍老化，大都是30年甚至更早以前所建设；二是大中型水利设施无法与农户对接，而乡村组织又已从水利中脱身而去。大碑湾泵站灌区甚至已经5年未与灌区所在4个乡镇的领导见过面，更不用说谈事了。

（六）小结

小结一下以上所讨论五方农田水利的利益主体的情况如下：

1. 国家：粮食安全为最大利益。

2. 地方政府：最少麻烦，最少上访，不出现严重水旱灾害从而不造成由此而来的政治与行政责任。

3. 大中型灌区：灌溉面积大，收费容易，效益好。

4. 村社：爱莫能助，逐步退出农田水利事务。

5. 农户：低成本、少呕气、有保障的水利体系。

有了以上五方利益主体行为逻辑的分析，我们再从不同利益主体的互动中讨论当前农田水利困境的成因，其中的核心是讨论为什么当前大中小型水利由互补变成替代乃至破坏和为什么大中型水利无法与农户对接的原因。其中尤其要讨论国家政策的失误和县乡行政的角色。

四、当前农田水利困境的状况与成因

以湖北省沙洋县境内的水利设施的设计灌溉能力而言，早在人民公社后期，沙洋县境内就已经建成了标准相当高、灌溉能力相当强，甚至可以超过沙洋县境内一般年景灌溉需要一倍以上的灌溉能力。这一灌溉体系是以大中小型水利设施相互补充，且大中小水利设施可以与村社集体良好对接为基础的。可以说大集体时期持续数十年的农田水利建设，彻底地改变了沙洋县的农田灌溉条件，从而可以保证粮食的旱涝保收。同时，因为大中小型水利设施互补配套以及可以与村社集体对接，而使用水体制运作高效，农田灌溉成本很低。一个低风险、低成本、可持续和高效益的灌溉体系已经建成。

但当前的沙洋县境内灌溉体系则出现了巨大问题，择要有以下三点。

1. 大中小型水利设施年久失修、老化严重，很多水库建成以来数十年未进行维护，病险运行。大型灌溉泵站电机老化。灌区渠系毁损严重、渗漏严重、河堰淤积严重等等。

2. 大中小型水利设施的互补配套体系瓦解。以前沙洋县境内建成的大量中小型水库是所谓“结瓜工程”的一部分，即是从特大型水库漳河水库放水过来，以在干旱时作为机动灌溉，是谓“顺藤结瓜”。现在大中小型水利设施不仅是相互脱钩，而且是相互竞争、相互替代和相互破坏。随着中小型水利设施逐步与漳河水库脱钩，漳河水库灌区面积越来越小。而农民自建的微型水利设施又逐步与中小型水利设施脱钩，中小型水利设施的灌区也快速缩小，甚至也已经死掉。小微型水利本来只能作为农田水利的补充，现在已与大中型水利设施脱钩的小微型水利当然无法为农户提供有保障的灌溉能力。且小微型水利的运行成本很高。作为大中型水利设施替代者和破坏者的小微型水利越发展，大中型水利就越是无法发挥作用。反过来也是如此。

3. 农田最小的有效灌溉单元解体。如前已述，在中国式的“家庭承包，双层经营”体制下面，中国绝大多数土地承包使用权是以村民组为单位进行分配的，村民组内的所有人都有权参与土地承包权的分配。在人均耕地很少，且承包地往往分散在多处的情况下，村民组是最小的有效灌溉单元。取消农业税以后，村民组长被取消，以及村社集体不再能向农户收取共同生产费，村民组这个最小灌溉单元解体，农户成为基本灌溉单元。一旦农户成为基本灌溉单元，在户均不过10亩的如此之小的土地上，农户无法与任何超过农户的水利设施对接，不只是大中型水利设施无法使用，而且小型水利设施也不再可以使用。农户最为有效的用水单位是打井和挖堰，且打井和挖堰还是以当代出现的新技术：潜水泵和塑胶管的普及为前提的。潜水泵和可以长达数千米的塑胶软管，可以将井水或堰塘的水抽到相隔很远的地方，从而可以在有水源时，农户多出劳力单家独户抽水灌自己的各个小块田地。

小微型水利存在的问题是其成本高，不可持续及不能抗大旱。所有农民都懂得打井灌溉水稻是不可持续的，因为地下水是有限的，是难以补充的，且一户打了50米的井，以前打的40米井就无水可抽，而另有人打60米的井，50米的井也无水可抽。井越打越深，灌溉成本越来越高，风险也就越来越大。不仅农民知道打井灌溉不可持续，而且县乡干部也都知道不可持续。当地政府还专门下文禁止打井。问题是，在农户无法与大中型水利设施对接的情况下，不允许农民打井，总不能让农民不种稻谷。地方政府因此只能对农民打井睁一眼闭一只眼，听之任之。

当前农田水利存在的严重问题是，成本高，风险高，农户费时费劳甚多。如果说大中型水利能被使用，则农田灌溉成本应在20~30元/亩，现在农户灌溉成本则普遍在100元/亩以上，且以前灌溉费劳甚少，现在灌溉季节，农户几乎天天都在抽水。因为小微型水利不能抗大旱，每到灌溉季节，农村各种矛盾集中暴发，水稻因旱减产甚至绝收的情况也变得常见。农户不能使用大中型水利而修建小微型水利的投资巨大。曾有报道将农户投资小微型水利作为取消农业税后农民农业生产热情高涨的表现，而不知其背后的辛酸，及有人将农民对小微型水利作为资产投资计算，而不知这种资产是进一步破坏了而不是增加了农田水利的灌溉能力。

通过进一步清理，造成取消农业税后农田水利困境的原因主要有以下几点：

1. 村社灌溉单元的解体，而其核心又是一直作为“双层经营”中的一层的村社集体的职能被取消。当前的政策忽视了农户作为一个独立经营者过于弱小和分散的现实，从而导致不一定符合农村实际的政策的出台（如土地政策中的“长久不变”，取消村民组长，取消村社向农户收费的权利等等）。

2. 取消农业税费后，地方政府与农户利益的脱节。取消农业税后，农民失去了与地方政府讨价还价的能力，地方政府也越来越将农业和农村看作麻烦与负担。地方政府说他们的作用是“协调、服务和指导”，而不是直接插手农民的生产事务，正如湖北省荆门市水利局负责人所说：“在这种玫瑰色陷阱中，地方政府推卸了他们在灌溉上的责任”。农户灌溉成本高低，是否方便，是否费时费劳，只要不找政府，政府也就不会去管。

3. 一旦出现严重的旱灾，农民强烈要求地方政府介入农田灌溉，地方政府也只能是应急式式反应，即挪点钱出来让大中型水利设施抽水放水抗旱，但在农户与大中型水利对接机制并未建立起来的情况下，这种应急也就成为了一次性的事情。为了减少农户因旱灾来找政府，政府鼓励农民打井挖堰。正如一个镇政府负责人所说：“打一口井就减少一个可能上访的农户，挖一口万方大堰就减少一方可能上访的农户”。至于农户打井挖堰会对大中型水利造成什么恶果及其灌溉成本多高、风险多大，地方政府就顾不得了。

有些地方的打井甚至就是政府出资完成的，一方面有人畜饮水工程可以打井用于人畜饮水，而这样的井往往比较深，出水量大，正好用于灌溉。一方面，有些地区农户持续上访，政府打一口井，安抚一方，平息一方矛盾。这种做法无异于饮鸩止渴。

4. 中央政府高度重视粮食安全，以及相应地高度重视农田灌溉体系的建设。中央政府减轻农民负担，给农民以各种直补，但中央政府并不信任地方政府和村社组织。中央政府因此倾向于直接投资大中型水利设施和给农户以直接的水利补贴，而不愿意给地方政府和村社组织以水利资金。中央政府及地方各级政府给农民的“以奖代补”资金，基本上都是补贴到户了。而补贴到户的资金越多，以户为灌溉单位的小微型水利就越是分割和破坏了大中型水利。中央投巨资维护的大中型水利设施也就仍然不能发挥作用。

5. 大中型水利设施的市场化改革，使大中型水利设施本身也站在了与农民利益相对立的位置，比如，大中型水利设施希望通过提供灌溉用水来获得收入，以养活人员和养护设施。农民心中不满，认为水库是在大集体时代由自己修的，现在变成少数人赚钱的工具。而国家对大中型水利设施的巨额投资，也变成了大中型水利设施用以向农民赚钱的工具。越是干旱，大中型灌溉越是指望可以从农民那里收取更多灌溉费用，因此越是要卡农民的脖子。农民也因此越是要打“呕气”井，挖“呕气”堰，加速脱离大中型水利体系。而有些水利设施为了养活人员，在农田灌溉以外经营，典型是将水库承包养鱼，而养鱼与灌溉本身是一对矛盾。尤其是大量的小型水库普遍被承包出去养鱼，以致丧失了基本的灌溉功能。

大中型水库本来是具有极强公共性和公益性的事业，这些设施的建设和维护，都来自国家和大集体时期的农民投劳，以及取消农业税前农民出的“两工”，其公共性和公益性的一面，要求大中型水利设施不能按市场价来向农民提供灌溉用水，而应十分廉价但又不至于让农民浪费性灌溉为限。荆门市在取消农业税后，曾提出“两部制水价”的设想，即一方面，灌区所有农田都收取每亩 5 元的基本水费，另一方面降低方量水费的价钱，将每方由 5 分降低到 3 分，这样可以平衡大型灌区上下游的利益关系。其根本则在于降低用水的价格，从而可以将更多农民用利益纳入到大中型灌区的水利体系中来。可惜实践中并不成功。

总结以上取消农业税后农田水利陷于困境的逻辑，大致如下：

1. 取消农业税前，国家向农民收取农业税，乡村向农民收取三提五统和各种集资款，村社集体向农民收取用于共同生产的“共同生产费”。

2. 国家向农民收取税费，地方政府能否完成税费任务，事关地方政府的财政状况。能否按时足额向农民收取税费是地方政府能否维持运转的基本前提，因此收取税费是地方政府的首要关切，是乡村干部必须完成的硬任务。

3. 地方政府要完成收取税费的任务，就要与一家一户农户打交道，农民正好借此要求乡村解决农田灌溉问题，最常见的说法是“因旱减产绝收，所以不交税费”。地方政府有义务和责任为农民提供基本的灌溉保障。

4. 村社组织借向农民收取税费而搭车收取“共同生产费”。因为农业税具有强制性，而使共同生产费实际上也有一定强制性，就是说，拒绝交共同生产费的农户将作为债务记录在村组往来账上。因为有共同生产费，地方政府就可以统筹大中型水利设施与村社集体组织下的农户的农田对接，从而基本上解决灌溉问题。

5. 到20世纪90年代后期，农民负担越来越重，种田比较效益进一步下降，农民缺少种田积极性，且干群关系越趋紧张。农民拖欠税费越来越普遍，地方政府为了完成收取税费任务，而鼓励乡村借贷上缴，乡村债务迅速扩大，农村形势进一步恶化。这个过程中，农田灌溉体系因为村社集体越来越不能按时支付大中型水利设施的抽水费，而破坏了供需双方的基本信任。大中型水利越来越要求村社组织先出钱再放水，村社组织向农民收钱困难，对大中型水利设施的水费只能是能拖就拖。有些地区的大中型水利设施因为村社集体拖欠水费太多而无法运作，大中型水利设施的灌区面积开始萎缩。

6. 到2002年，因为农村形势过于严峻，中央开始推行农村税费改革直至2006年全面取消农业税，其间，中央对农村形成的各种债务关系采取了“冻结”措施，对农户拖欠村社集体和拖欠国家的各种税费，一律停止“清欠”，这造成了实际上的农民所欠税费的一笔勾销，这对于那些按时完成各项税费任务从而不欠集体和国家任何债务的农民是一次巨大打击，这种不分缘由地禁止“清欠”，搞乱了农民基本的权利义务关系，从此使任何自上而上的收费不再可能：农民人人都计划搭这次便车。

7. 国家也不再向农民收取任何税费，且自2004年开始，每年增加对农民的各项直补，到2009年，中央给农民的直补款亩平达到150元左右。同时，因为取消农业税前，地方政府和村社组织在造成严重干群关系和“三农”困境方面的负面形象，中央不再信任地方政府和村社组织，中央采取的惠农政策大多是直面农民，而绕过乡村。并且国家采取了削弱乡村组织的改革措施，比如取消了乡村组织向农民收费的各种权利，限制乡村组织调整农民的土地利益，减少村干部，取消村民组合村并组，撤乡并镇等等。

8. 地方政府不再向农民收取税费，其财政状况也与农民不再有关系。地方政府正好不再去管农田灌溉，不再愿在组织农户与大中水利的对接上发挥作用。如果出现严重旱灾，农民因此而群体上访，地方政府倾向作为应急事务，采取无法制度化的临时措施来安抚上访农民。

9. 取消农业税后，村社集体不再有能力收取共同生产费，村社集体作为一个灌溉单元迅速解体。村社灌溉单元的解体，使得大中型水利设施无法找到对接的对象，因为农户作为市场主体显然太小，不能成为一个有效率的最小灌溉单元。

10. 水利部门在2003年推行水利设施市场化改革，进一步加速了超农户水利设施与个体小农之间的利益竞争关系，面对水利设施卡农民脖子的现象，农户加速通过修挖小微型水利来退出市场化的灌区，农民称这种情况下的打井是打“呕气井”，可谓生动形象。

11. 水利部门在推动农村水利设施市场化改革的同时，试图通过组织农民用水户协会来再造农村基本的灌溉单元。但农民用水户协会因为缺少强制性而先天不足，从全国情况来看，农民用水户协会和“一事一议”制度成功的例子极少。

12. 与大中型水利设施脱节的农户小微型水利快速发展，农民掀起了投资水利的高潮，但这种投资进一步使农民对大中型水利的需求多样化，从而使农民集体组织起来与大中水利对接更为困难。

13. 农民投资小微型水利不能解决农田灌溉问题，农业成灾面积迅速上升，取消农业税后，农民的灌溉困境引起中央注意。中央下决心向大中型水利投资以弥补积年的水利欠账，同时拿出部分资金作为小型水利的“以奖代补”费用。地方政府也拿出资金用于农民修建水利的以奖代补。

14. 农民小微型水利困境，使得干旱季节农民群体到地方政府上访，要求地方政府解决抗旱问题，地方政府挪用资金用于应急。地方政府为了减少麻烦，默许乃至鼓励农民采取短期行为，如打井、挖堰，因为打一口井就防止了一户农民上访，挖一口堰就保了一方的平安。地方政府的默许和鼓励，进一步使脱离乃至破坏大中型水利的小微型水利不可控地发展。

15. 最后的结果就是：国家出了巨资；大中型水利灌区的有效灌溉面积迅速缩小，生存越来越艰难；农户的水利基础条件越来越差，粮食生产越来越难；粮食安全得不到保障；村社集体进一步瓦解；地方政府虽然暂时减少了麻烦，但不久就会发现农村的基本秩序再难维持。这真是一个多方皆输的格局。这种格局显然是不可能存在下去的。

从以上讨论中我们可以看到，农田水利的关节点其实有三：一是村社作为基本的灌溉单元具有合理性。村社这个基本的灌溉单元需要重建。水利部门试图以自下而上的农民用水户协会来代替村社组织曾经发挥的作用，是误判了当前中国农村的实际情况；二是大中型水利设施的基本建设要加强。离开了国家的投入，大中型水利设施的建设就没有可能；三是必须将大中型水利设施与村社这个基本的灌溉单元对接起来。

五、改变农田水利困境的对策建议

从目标上讲，我们是要建立一个低风险、低成本、可持续和高效益的农田灌溉体系，这个体系要在尊重既有水利体系的情况下，充分考虑实际情况的变化，尤其是相关水利技术进步和相关基层组织分化的状况，进行统筹规划、战略决策。

我们可以从两个层面来讨论解决当前农田水利困境的办法。一是建设良好的大中型水利设施；二是建立基本的超出农户的有效率的基本灌溉单元。只有在这两个基础上，才可能建立一个大中小型水利设施相互衔接与互补，以及大中小型水利设施可以与农户良好对接的低风险、低成本、可持续和高效益的农田水利体系。

因此，我们的问题就变得简单，即当前中国农田水利可以从两个方面着手，一是建设和维护有效率的大中型水利，大中型水利可以将灌溉用水放到村社；二是重建村社这个基础的灌溉单元。

具体来讲，我们可以考虑以下一些具体的解决当前农田水利困境的办法。

1. 以国家投入为主，在统筹规划的基础上，以大集体时期的大中型水利设施为基础，重建一个有效率的灌溉体系，这个灌溉体系可以保证有保障的灌溉用水到达村社，即干支斗农渠要修建到村社农田的闸口。

2. 国家不仅应该将水利设施修建到村社闸口，而且必须将村社建设成为一个有效率的灌溉单元，这需要在体制、机制方面做文章。其中之一是可以仿照“粮补”进行“水利补贴”。“水利补贴”并不补到农户，而是按田亩补到村社集体，比如每亩补 30 元。相对目前每亩 150 元的粮补来讲，“水利补贴”不是大数，国家应该是补得起的。

3. 为了调动村社用水管水积极性，可以规定，凡是村社集体灌溉，每年从大中型水利设施灌溉用水超过 300 方/亩，按市场价收取水费，低于 300 方/亩给予一定节约用水奖励。

4. 为了调动农户用水管水积极性，可以规定，农田灌溉要收取一定费用，但这个费用很低，比如每亩 10 ~ 20 元，这个费用比农户用小微型水利的成本要低得多，以至于小微型水利不可能脱离大中型水利而有效率地运作。

5. 从农户收取的费用和从大中型水利设施获得的节约用水奖，均用于村社集体的水利专项基金，这个专项基金的用途有二，一是发放管水员工资。管水员工资可以与其管水效果挂钩。管水员工资可以定得比较高，从而能有效调动管水员的积极性，比如可以按亩平均10元作为管水员工资基数，上下浮动。一个村民组有300亩耕地，则一个管水员一年可以拿3000元工资。考虑到管水的忙季也就3个月，这个工资对调动管水员积极性应是有很大作用的。二是用于维护村社内的小微型水利包括修建村社内的渠系、堰塘，购买必要的抽水设备等。

6. 规定村社内所有灌区农田都必须交纳基本水费，基本水费就是无论村民是否用水都必须交纳的费用，比如每亩10元。村民交纳的基本水费之上，就是根据实际放水量的水费，这个实际放水量的价格就相当低，而对村民从大中型水利设施灌溉里有极强的成本吸引力。

7. 以上第2点至第6点，其实就是要通过制度设计来让村社集体成为一个有效率的基本灌溉单元。这个基本灌溉单元的要点有四：

（1）国家按田亩给村社集体以“水利补贴”，比如每亩水利补贴为30元。一个村有3000亩耕地，即补9万元。这是给到村社集体而非农户个人的。是只能用于灌溉而不能用于其他。

（2）国家允许村社集体向所有农户收取每亩比如10元的基本灌溉费用，无论是否要从集体灌溉中受益，都必须出这个基本灌溉费用。这样又有3万元水利收入。向农民收基本水费的目的是调动农民参加集体灌溉的积极性。此外，凡是参加村社集体实际灌区，由村社集体提供灌溉条件的，每亩可以收20元左右的灌溉费用。

（3）由村社集体负责为农田提供基本的灌溉保证。具体地，可以以村民组为单位，成立农民用水组织（也可以称之为农民用水户协会，但这个用水户协会显然是有一定强制性的），这个农民用水组织是村民组所有农户都参加其中的。农民用水组织的负责人也就是之前的村民组长，又是现在的管水员，一身几任，其收入可以与其保证的农田灌溉面积挂购，比如 300 亩则可以有 3000 元收入。一个村有 10 个村民组从而有 10 个管水员，就有 3 万元的管水员报酬。

（4）村社集体从大中型水利设施中市场化地购水，良好的大中型水利设施应该可以提供到村社的灌溉用水。国家给大中型水利设施一定的水利补贴，从而可以使进到村社闸口的水量比较廉价。同时，村社集体为了保证村社农田基本灌溉的需要，而有效维护村社内的蓄水设施和沟渠，从而既节约用水又可以方便用水（有时候只是小块农田缺水，从大中型水利设施放水既不方便，成本又太高。若村社内堰塘有水，就可以用堰塘的水来灌溉。因此，这时候的小微型水利与大中型水利是互补的）。

我们可以计算一个有 3000 亩耕地的村社内的灌溉经济账。

（1）收入：

①国家水利补贴：30 元/亩 ×3000 亩 =9 万元

②基本水费：3000 亩 ×10 元/亩 =3 万元

③参加灌溉农户的方量用水费，每亩 20 元计，则为 3000 亩 ×20 元/亩 =6 万元

以上三项加起来就有 18 万元。

（2）支出：

①10 个村民组的管水员，每人 3000 元，10 人 ×3000 元/人 =3 万元

②小微型水利的维修及沟渠维护，每年 5 万元

③向大中型水利设施支付方量水费每亩 20 元（浮动），3000 亩 ×20 元/亩 =6 万元

以上三项加起来为 14 万元。

这样一来，在一个平常年景，就有 18 - 14 = 4 万元的灌溉节余。这 4 万元节余可以按照管水员与农户 3:7 的比例分红。即 4 万元的三成作为管水员的节约用水奖，即为 12000 元，每个管水员得到 1200 元节约用水奖。而农户按田亩面积计算则为 4 万元的七成即为 2.8 万元，以 3000 亩平均，每亩可以得到 9 元多的节约用水奖。这样就可以调动起农户与村社两个方面的节约用水积极性。在风调雨顺和节约用水的情况下，每年的节约灌溉费用就比较多。反过来即比较少。

因为节约用水奖的数额比较大，就可以比较有效地调动起管水员的积极性。

8. 为了调动村社节约用水积极性，可以规定从大中型水利设施放水低于每亩 200 方的，可以低价比如 3 分/方，而超过部分则按 5 分/方，甚至更高。

9. 回到第一点，就是目前国家必须真正有效地投资大中型水利设施，尤其是要做好“最后一公里”工程，将大中型水利建到村社闸，村社集体这个基本的灌溉单元可以从村社闸来计量用水。

这样一来，低风险、低成本、可持续和高效益的农田水利体系就可以建立起来。

六、结　语

当前中国农田水利体系建设既要重视硬件建设，又要重视软件建设。国家在建设好大中型水利设施的基础上，还要建设好村社这个基本的灌溉单元。离开村社集体，“人均一亩三分，户均不过十亩”的一家一户的小农根本就不可能与建设得无论多么良好的大中型水利对接。也因此，国家当前对农田水利的投资就不只是要用于工程设施建设，而且要着眼于机制建设。

作者单位：华中科技大学中国乡村治理研究中心

发表刊物：《管理世界》2010 年第 7 期

第五届“中国农村发展研究奖”专著奖提名奖名单

序号	作品名称	出版时间及出版社	姓名	作者单位
1	《中国农户就业决策与劳动力流动》	人民出版社 2010年3月版	王春超	暨南大学经济学院
2	《经济命脉系“三农”——深化农业结构改革》	机械工业出版社 2010年7月版	李昕等	北京大学国家发展研究院
3	《分化与变迁——转型期农民土地意识研究》	经济管理出版社 2010年10月版	陈胜祥	浙江大学中国农村发展研究院
4	《迷局背后的博弈——WTO新一轮农业谈判问题剖析》	社会科学文献出版社 2009年8月版	翁鸣	中国社会科学院农村发展研究所

续表

序号	作品名称	出版时间及出版社	姓名	作者单位
5	《转型视角下的中国农业生产率研究》	科学出版社 2010年4月版	李谷成	华中农业大学经济管理学院
6	《走向新合作——浙江省农民专业合作社发展研究》	科学出版社 2009年1月版	徐旭初等	杭州电子科技大学人文学院、浙江大学中国农村发展研究院
7	《西部农村经济增长方式变革论纲》	经济科学出版社 2009年6月版	曹钢等	陕西省行政学院
8	《新型农村合作医疗制度》	人民出版社 2009年5月版	李立清	湖南农业大学
9	《改革与重建——中国乡镇制度研究》	高等教育出版社 2010年6月版	吴理财	华中师范大学政治学研究院
10	《中国西部农村教育与经济协调发展问题研究》	西南师范大学出版社 2009年10月版	温涛等	西南大学

第五届“中国农村发展研究奖”论文奖提名奖名单

序号	作品名称	发表时间及刊发处	姓名	作者单位
1	《劳动力流迁就业、资本逆向输出与农地流转分析》	《中国人口科学》2010 年第 3 期	曹　亚 陈　浩	盐城师范学院商学院国际经济与贸易系 中南财经政法大学经济学院
2	《二元金融体制与农户消费信贷选择——对合会的解释与分析》	《经济研究》2009 年第 2 期	朱信凯 刘　刚	中国人民大学农业与农村发展学院 中国人民大学商学院
3	《基于社会成本考虑的农民工市民化：一个转轨中发展大国的视角与政策选择》	《中国软科学》2009 年第 4 期	张国胜	云南大学发展研究院
4	《城乡统筹发展评价体系：研究综述和构想》	《中国农村观察》2009 年第 5 期	李　勤等	水利部发展研究中心

续表

序号	作品名称	发表时间及刊发处	姓名	作者单位
5	《近世佃农的经营性质与收益比较》	《经济研究》2010年第1期	龙登高 彭波	清华大学人文社会科学院
6	《公共文化供给的宗教信仰挤出效应检验——基于河南农村调查数据》	《中国农村观察》2010年第6期	阮荣平 郑风田 刘力	北京大学国家发展研究院中国经济研究中心 中国人民大学农业与农村发展学院 德国基尔大学农业经济系
7	《中国人口结构变动对农村居民消费的影响研究》	《中国人口科学》2009年第4期	李春琦 张杰平	上海财经大学
8	《中国农村劳动力的变动及剩余状况分析》	《中国人口科学》2009年第6期	钟钰 蓝海涛	中国农业科学院农业经济与发展研究所 国家发改委产业经济与技术经济研究所
9	《中国区域农业生产要素的投入产出弹性测算——基于空间计量经济模型的实证》	《中国农村经济》2010年第6期	吴玉鸣	华东理工大学商学院经济学系

续表

序号	作品名称	发表时间及刊发处	姓名	作者单位
10	《农民的土地调整意愿及其影响因素分析——基于2006年中国综合社会调查数据》	《中国农村观察》2010年第1期	张三峰 杨德才	南京信息工程大学经济管理学院 南京大学经济学院
11	《地方政府的介入与农信社信贷资源错配》	《农业经济研究》2010年第8期	陈雨露 马　勇	中国人民大学 中国人民银行成都分行
12	《防范农民道德风险的小额信贷机制研究——基于开发性金融理论的视角》	《农业经济问题》2010年第8期	庞瑞芝 吕　越 刘建明	南开大学
13	《影响消费者对可追溯食品额外价格支付意愿与支付水平的主要因素——基于Logisitic、Interval Censored的回归分析》	《中国农村经济》2010年第4期	吴林海 徐玲玲 王晓莉	江南大学商学院
14	《不同土地利用模式与管理实践下的土地经济效益响应》	《农业工程学报》第25卷第10期（2009年10月）	王　成 赵万民 谭少华	西南大学地理科学学院 重庆大学建筑城规学院

第四届“中国农村发展研究奖”专著奖获奖名单

序号	作品名称	出版时间及出版社	姓名	作者单位
1	《共有与私用：中国农地产权制度的经济学分析》	生活·读书·新知三联书店 2007年7月版	赵阳	中央农村工作领导小组办公室
2	《转型时期的中国农民工——长江三角洲十六城市农民工市民化问题调查》	中国社会科学出版社 2007年11月版	钱文荣 黄祖辉	浙江大学
3	《农村公共产品供给效率论》	中国社会科学出版社 2007年8月版	李燕凌	中国社会科学院农村发展研究所
4	《农地习俗元制度及实施机制研究》	经济科学出版社 2008年6月版	洪名勇	贵州大学
5	《现代食品安全与管理》	经济管理出版社 2008年10月版	周应恒	南京农业大学经济管理学院
6	中国农村留守人口研究系列：《别样童年：中国农村留守儿童》、《阡陌独舞：中国农村留守妇女》、《静寞夕阳：中国农村留守老人》	社会科学文献出版社 2008年8月版	叶敬忠等	中国农业大学人文与发展学院
7	《集体林权制度改革与社会主义新农村建设论丛》（七种）	中国人民大学出版社 2008年4月版	王新清等	中国人民大学
8	《国家与家庭的互构——河北翟城村调查》	上海人民出版社 2008年2月版	潘鸿雁	中共上海市委党校

第四届“中国农村发展研究奖”论文奖获奖名单

序号	作品名称	发表时间及刊发处	姓名	作者单位
1	《中国农村劳动力外出的影响因素分析》	《中国农村经济》2007年第3期	盛来运	国家统计局
2	《非农就业是否必然导致农地流转——基于家庭内部分工的理论分析及其对中国农户兼业化的解释》	《中国农村经济》2008年第10期	钱忠好	扬州大学管理学院
3	《中国农村贫困的程度、特征与影响因素分析》	《中国农村经济》2008年第9期	陈光金	中国社会科学院社会学研究所
4	《破解农村剩余劳动力之谜》	《中国人口科学》2007年第2期	蔡昉	中国社会科学院人口与劳动经济研究所
5	《中国新时期农村扶贫与村级贫困瞄准》	《管理世界》2007年第1期	汪三贵等	中国人民大学农业与农村发展学院

续表

序号	作品名称	发表时间及刊发处	姓名	作者单位
6	《农村劳动力二次流动的特点、问题与对策——对浙、闽、津三地外来务工者的调查》	《中国社会科学》2007年第3期	梁雄军 林　云 邵丹萍	台州市打私与海防口岸管理办公室
7	《合作机理、交易对象与制度绩效——温氏集团与长青水果场的比较研究》	收入《中国制度变迁的案例研究》（第六集），中国财政经济出版社2008年11月版	罗必良	华南农业大学经济管理学院
8	《三大历史性变迁的交汇与中国小规模农业的前景》	《中国社会科学》2007年第4期	黄宗智 彭玉生	中国人民大学农业与农村发展学院
9	《中国粮食比较优势与政策支持水平实证分析》	《中国农村经济》2008年第12期	齐　城	河南省信阳市农业局
10	《1985～2002年中国农村地区收入不平等：趋势、起因和政策含义》	《中国农村经济》2008年第3期	万广华 张藕香 伏润民	云南财经大学 安徽农业大学

第三届“中国农村发展研究奖”专著奖获奖名单

序号	作品名称	出版时间及出版社	姓名	作者单位
1	《农户经济可持续发展研究——浙江十村千户变迁）（1986～2002）》	中国农业出版社 2005年5月版	史清华	浙江大学
2	《入世以来中国农业发展与新一轮谈判》	中国农业出版社 2005年4月版	柯炳生等	农业部农村经济研究中心
3	《扶贫小额信贷与公益信托制度研究》	经济科学出版社 2006年12月版	孙同全	中国社会科学院农村发展研究所
4	《中国乡村债务问题研究》	中国财政经济出版社 2006年11月版	段应碧 宋洪远等	中国扶贫基金会 农业部农村经济研究中心
5	《均衡浙江——统筹城乡发展新举措》	浙江人民出版社 2006年12月版	邵　峰	浙江省农业和农村工作办公室
6	《市场化与基层公共服务——西藏案例研究》	民族出版社 2005年5月版	王洛林 朱　玲等	中国社会科学院

第三届“中国农村发展研究奖”论文奖获奖名单

序号	作品名称	发表时间及刊发处	姓名	作者单位
1	《农地制度：所有权问题还是委托—代理问题——土地集体所有的治理结构：需要重新审视的基本制度问题》	《经济研究》2006 年第 7 期	陈剑波	中央财经领导小组办公室
2	《中国金融发展与农民收入增长》	《经济研究》2005 年第 9 期	温　涛 冉光和 熊德平	西南大学经济管理学院 重庆大学贸易与行政学院 扬州大学经济学院
3	《工业化、城镇化和农业现代化对应关系战略研究》	收入《新农村建设战略研究》（论文集），中国农业出版社 2006 年 11 月版	赵长保	农业部农村经济研究中心

续表

序号	作品名称	发表时间及刊发处	姓名	作者单位
4	《中国农村劳动力转移动因与障碍的一种解释》	《经济研究》2006年第4期	程名望 史清华 徐剑侠	同济大学
5	《社会主义新农村建设一要大干二要大改——对新一轮城乡配套改革的思考与建议》	《调研报告》（内部）2006年	顾益康	浙江省农业和农村工作办公室 浙江大学中国农村发展研究院
6	《农村公路基础设施对减缓贫困的影响研究》	收入《中国农村发展研究报告 No.5》（文集），社会科学文献出版社2006年1月版	吴国宝	中国社会科学院农村发展研究所
7	《给农民专业合作经济组织构建一个发展壮大的制度平台——关于农民专业合作社立法的思考和建议》	《农村经营管理》2005年第5期	郑有贵	农业部农村经济研究中心

第二届“中国农村发展研究奖”专著奖获奖名单

序号	作品名称	出版时间及出版社	姓名	作者单位
1	《中国农村土地承包制度研究》	中国财政经济出版社 2003年1月版	廖洪乐　刁银生　张照新等	农业部农村经济研究中心
2	《中国农村社区公共产品供给制度变迁研究》	中国财政经济出版 2003年1月版	林万龙	中国农业大学经济管理学院
3	《“皇粮国税”的终结》	中国财政经济出版社 2004年9月版	唐仁健	中央财经领导小组办公室
4	《民营经济与制度创新：台州现象研究》	浙江大学出版社 2004年5月版	史晋川　江　炜　钱　滔等	浙江大学经济学院

第二届“中国农村发展研究奖”论文奖获奖名单

序号	作品名称	发表时间及刊发处	姓名	作者单位
1	《中国粮价与通货膨胀关系（1987～1999年）》	《经济学季刊》2002年7月（第1卷第4期）	卢峰 彭凯翔	北京大学中国经济研究中心
2	《乡镇企业产权改革、所有制结构及职工参与问题研究》	《管理世界》2004年第1期	杜志雄 苑鹏 包宗顺	中国社会科学院农村发展研究所
3	《西部地区农户禀赋对农业技术采纳的影响分析》	《经济研究》2004年12期	孔祥智 方松海 庞晓鹏 马九杰	中国人民大学农业与农村发展学院
4	《食品安全:消费者态度、购买意愿及信息的影响——对南京市超市消费者的调查分析》	《中国农村经济》2004年第11期	周应恒 霍丽玥 彭晓佳	南京农业大学经济管理学院
5	《农村合作基金会的行业与政府干预——两类农村合作基金的比较研究》	收入《中国农村发展研究报告NO．4》，社会科学文献出版社2004年9月版	李静	中国社会科学院农村发展研究所
6	《农地制度与农业绩效的实证研究》	《中国农村观察》1998年第6期	姚洋	北京大学中国经济研究中心
7	《农业公共投资、竞争力与粮食安全》	《经济研究》2003年第1期	朱晶	南京农业大学经贸学院

第一届“中国农村发展研究奖”专著奖获奖名单

序号	作品名称	出版时间及出版社	姓名	作者单位
1	《回乡，还是进城：中国农村外出劳动力回流研究》	中国财政经济出版社 2002年9月版	白南生 宋洪远等	中国人民大学农业与农村发展学院 农业部农村经济研究中心
2	《陇中黄土丘陵沟壑区生态环境建设与农业可持续发展研究》	黄河水利出版社 2003年4月版	高世铭等	甘肃省农业科学院
3	《中国农村发展：理论和实践》	中国人民大学出版社 1999年2月版	程漱兰	中国人民大学农业与农村发展学院
4	《中国农村的土地制度变迁》	中国农业出版社 2002年5月版	张红宇	农业部产业政策与法规司
5	《中国农村改革决策纪实》	珠海出版社 1999年2月版	张根生等	中共广东省委
6	《黄河边的中国——一个学者对乡村社会的观察与思考》	上海文艺出版社 2000年9月版	曹锦清	华东理工大学社会学院
7	《城市发展中的土地制度研究》	中国社会科学出版社 2002年11月版	黄祖辉 汪晖	浙江大学

第一届“中国农村发展研究奖”论文奖获奖名单

序号	作品名称	发表时间及刊发处	姓名	作者单位
1	《土地资本的增值收益及其分配——县以下地方政府资本原始积累与农村小城镇建设中的土地问题》	《管理世界》1996年第5期	温铁军 朱守银	中国人民大学农业与农村发展学院　农业部农村经济研究中心
2	《中国农村信用合作社体制改革的争论》	《金融研究》2001年第1期	谢　平	中国人民银行
3	《取消农业税，改征增值税——关于进一步深化农村税费改革的思考》	《宏观经济研究》2003年第7期	许善达 杨元伟等	国家税务总局
4	《中国农村城镇化进程中的改革问题研究》	《中国农村观察》2000年第6期	朱守银	农业部农村经济研究中心
5	《农地分配中的性别平等问题》	《经济研究》2000年第9期	朱　玲	中国社会科学院经济研究所
6	《农村劳动力转移、市场就业的趋势和对策——28个县（市）农村劳动力跨区域流动的调查研究》	《中国农村经济》1995年第5期	崔传义	国务院发展研究中心

续表

序号	作品名称	发表时间及刊发处	姓名	作者单位
7	《历史在这里拐了一个弯——记农村改革突破阶段的艰难历程》	收入《改革理论20年》，湖南人民出版社1999年3月版	吴象	农业部
8	《中日农产品贸易战的政治经济学分析》	《农业经济导刊》2002年第7期	何秀荣 T. Wahl 陈永福	中国农业大学经济管理学院 华盛顿州立大学
9	《社区型农村股份合作制产权制度研究》	《改革》2001年第5期	傅晨	华南农业大学经济贸易学院
10	《“民工潮”的形成、趋势与对策》	《中国社会科学》1995年第4期	宋林飞	江苏省社会科学院
11	《从家庭承包制的土地经营权到股份合作制的“准土地股权”——理论矛盾、形成机理和解决思路》	《经济研究》1995年第7期	黄少安	山东大学经济研究中心

续表

序号	作品名称	发表时间及刊发处	姓名	作者单位
12	《中国农业增长（1981～1995年）：需求角度的分析》	《中国农村经济》1999年第5期	王秀清	中国农业大学经济管理学院
13	《当前我国农村金融市场主体行为研究》	《金融论坛》2001年第5期	曹力群	农业部农村经济研究中心
14	《乡镇企业是国民经济发展的推动力量》	《经济研究》1990年第5期	黄守宏	国务院研究室
15	《农民交易条件波动的影响与成因》	《农业经济问题》1994年第7期	胡文政	中国政法大学商学院
16	《转型期乡村社会性质研究》系列论文	《中国社会科学》 2002年第1期 2002年第2期 2002年第3期	仝志辉 贺学峰 董磊明 冯小双	清华大学公共管理学院NGO所 华中师范大学中国农村问题研究中心 中国社会科学杂志社